정세현의

통찰

국제질서에서
시대의 해답을 찾다

정세현의

통찰

정세현 지음

푸른숲

일러두기

- 이 책은 2021년 11월 9일부터 2022년 6월 8일까지 정세현 저자와 가진 총 열 차례의 인터뷰를 토대로 만들어졌으며, 저자의 고유한 입말을 살리기 위해 구어체는 되도록 고치지 않았다.
- 지명 및 인명 등은 국립국어원의 표기를 따르되, 몇몇 경우는 관용적 표현을 살렸다.
- 단행본은 《 》, 신문, 잡지, 영화, 단편소설 등은 〈 〉로 표기했다.

내 직업적 전공은 통일 문제다. 반평생 통일 문제를 다루는 현장에 있었다. 그래서 이 책을 접할 독자들은 그런 내가 난데없이 왜 외교에 간섭을 하고 나서는가 하는 의문을 제기할 수 있다. 본래 나의 학문적 전공은 국제정치학이다. 학사와 석사, 박사 과정까지 모두 국제정치학을 공부했지만, 일을 하면서는 항상 통일 문제를 먼저 놓고 국제정치를 이해했다. 오랜 시간 통일 문제를 둘러싼 주변 국가들의 동향을 분석하는 일을 습관적으로 하다 보니, 머릿속에 떨쳐지지 않는 어떤 생각 하나가 자리를 잡았다. 대한민국 외교가 자국 중심성을 갖추지 못하면 통일 문제를 풀어나가는 게 어렵겠다는 나름의 판단이었다.

사실 나는 외교관이 되기 위해 서울대학교 외교학과에 입학했다. 입학식이 끝난 뒤, 학과 오리엔테이션 자리에서 학과장인 이용희 교수가 분단국가인 대한민국에서 국제정치학을 가르치고 배우는 이유는 딱 하나, 통일 문제 때문이라고 이야기하셨다. 그 말씀이 나에게 굉장히 강하게 꽂혔다. 외교관을 꿈꾸며 외교학과에 진학했지만, 통일 문제로 관심이 옮겨 갔다. 통일은 단순히 남북을 합치면 해결되는 것이 아니라 국제정치적인 맥락에서 풀어가야 한다는 사실을 비로소 알게 된 것이다. 그때부터 항상 국제정치학을 공부하면서도 남북관계나 통일 문제와 연결해 생각했다. 그것이 바탕이 됐는지 1977년부터 국토통일원에서 공무원 생활을 시작했다.

통일원에서 일하면서도 북한만 들여다보거나 국민들의 통일 열망만을 생각하진 않았다. 복잡한 국제정치의 역학관계 속에서 어떻게 해야 남북관계를 좋게 발전시킬 수 있을지 또 국민들의 통일에 대한 비원을 풀어줄 수 있을지 고민했다. 자연스럽게 대한민국 외교가 옳은 길을 갈 때도 있었지만 때로는 엉뚱한 길로 가는 게 보이기도 했다. 통일에 도움이 안 되는 쪽으로 가거나 통일 문제를 풀어나가는 데 있어 자국 중심성, 자기 목표를 지향하지 못하는 상황이 되면 마음이 아팠다. 국가정책은 대통령의 뜻에 따라서 바뀔뿐더러 내가 나설 수 있는 위치가 아니었던 시절에는 그저 지켜볼 수밖에 없었다. 그러다 세월이 흘러 내게도 통일이나 남북관계 문제 등의 국가정책 결정 과정에서 발언권을 행사할 수 있는 기회가 왔다. 그때부터는 하고 싶은 이야기도 하고 때로는 정책에 곧장 내 뜻을 반영할 수도 있었다.

대학 시절, 이용희 교수는 이런 말씀도 자주 하셨다. "외교의 세계에서는 내 나라가 아니면 모두가 남의 나라다. 여러분들은 앞으로 외교관이 되더라도 남의 나라 이익을 위해서 종사하는 외교관이 되지 말고, 내 나라의 이익을 위해서 고생하는 그런 외교관이 돼라. 정신을 똑바로 차리고 일을 해야 한다. 국제정치의 세계에서 내 나라와 남의 나라를 분별하는 습관을 들이지 않으면 결과적으로 어느 국가의 이익을 위해서 분주하게 뛰었는지 알 수 없는 그런 어리석은 결과를 가져오게 될 것이다."

이런 이야기를 줄곧 듣다 보니 통일원에서 일할 당시 우리나라 외교가 자국 중심성을 우선에 두고 있는지, 내 나라라는 의식을 가지고 일을 하는지, 아니면 미국을 위해서 일하는지 늘 생각해 보게 됐다. 그런데 잘 모르겠더라. 김영삼 정부 시절 청와대에서 3년 8개월간 비서관 생활을 할 때였다. 국방부, 외교부, 통일부, 국정원에서 보고서가 각각 따로 올라오는데, 네 군데의 보고서 중 특히 외교부 문서는 어느 나라의 외교를 하는지 가늠하기 어려운 보고서나 판단서가 많았다. 그걸 보면서 '이러면 안 되는데……' 하며 안타까워하곤 했다.

새 정부가 들어서면서 대한민국 외교의 자국 중심성뿐만 아니라 남북관계나 통일 문제가 국가 목표에서 그 우선순위가 낮아지는 건 아닌가 하는 걱정이 든다. 이런 상황에서 50년 가까이 학문적으로

저자의 말

그리고 직업적으로 천착했던 국제정치 속 남북관계가 나아가야 할 길, 그리고 대한민국 외교의 자국 중심성에 대한 나의 생각과 경험을 통일·외교·안보 분야에 종사하는 후배 공무원과 연구자 들에게 남겨야 할 책임이 있다고 생각했다.

내게 국제정치와 남북관계에 대한 전문성이 조금이라도 있다면 그건 국민의 세금으로 봉급을 받으면서 생긴 것이기 때문에 일종의 공공재라고 할 수 있다. 그걸 다시 세상에 내놓아야 한다고 늘 생각했다. 그래서 그동안 강연이나 언론 인터뷰, 방송 출연도 많이 한 셈이다. 그러면서도 나의 경험을 보다 많은 사람과 공유할 수 있는 방법을 찾고 있는데, 운 좋게도 2021년 봄 푸른숲 출판사의 김수진金穗辰 부사장이 그 경험과 생각 들을 책으로 묶어보자고 제안했다.

이 책은 김수진 부사장이 묻고 내가 대답한 것을 토대로 틀을 짜고 목차를 정리했다. 남북관계와 관련된 국제관계 중 주요 사건들을 되짚는 한편, 내가 국토통일원 산하 민족통일연구원, 청와대, 통일부, 민주평화통일자문회의에서 일하면서 경험하고 고민한 바를 정리한 것이다. 외교사적 관점에서 대한민국의 외교는 어디로 가야 하는지, 또 앞으로의 통일 문제 나아가 북핵 문제를 어떻게 다루어야 하는지에 대한 나의 견해를 솔직하게 담았다. 그런 점에서 이 책은 대한민국 외교의 자국 중심성에 대한 나의 고언苦言이다.

푸른숲 출판사의 김수진 부사장이 아니었다면 이 책은 세상에 나올 수 없었다. 다시 한번 그에게 감사드린다. 그리고 교정과 편집, 소통 등으로 고생한 김단희金檀熙 대리에게도 감사드린다.

2023년 1월

정세현

목차

저자의 말 5

1부   국제정치의 세계

1장__ 국제정치란 무엇인가?

우크라이나 사태로 본 국제정치의 민낯 18 | 우크라이나가 안
전해질 방법 20 | 2022년 푸틴이 읽은 국제질서의 변화 22

2장__ '국제'를 떼고 '정치'라는 건 무엇인가?

폭력 장치의 또 다른 이름, 정치 26 | 법은 멀고 주먹은 가깝다
32 | 폭력 장치는 국제정치에도 있다 35 | 영해는 왜 3해리였
는가 37

2부 '팍스 시니카' 이후
서구 세력의 등장과 팽창하는 일본

1장 __ 팍스 시니카란 무엇인가?

천하를 거느린 중국식 국제질서 44 | 대^한중국 복속은 언제 시작되었나? 45 | 중국의 국제질서 만들기 48

2장 __ 19세기 일본은 어떻게 강대국이 되었나?

중국이 아니라 영국을 배우자 51 | 일본이 무력으로 다룬 첫 나라, 조선 54 | 중심과 변방의 이론 56 | 일본의 도전, '전범국에서 넘버2'로 57 | '팍스 자포니카'의 꿈 59

3장 __ 한국, 일본, 중국은 가까워질 수 있을까?

한국과 일본, 오랜 역사로 얽힌 은원관계 63 | 한국과 중국, 가까워도 같지 않은 두 나라 69 | 일본과 중국, 동아시아를 차지하려는 경쟁관계 81

3부 미소 냉전 시기의 국제정치

1장 __ 미국은 어떻게 국제질서를 만들었나?

군사질서에서 경제질서로 그리고…… 90 | 정보질서가 만들

어지는 과정 92 │ 소련과 경쟁하던 시대 96

2장___ 20세기 한국의 국제관계는 어떠했나?

이승만 정부: 친미와 반공, 명분이자 도구 99 │ 박정희·전두환 군사정부: 친미를 통한 정통성 만들기 103 │ 노태우 정부: 북방정책과 미국 모시기 106 │ 미국이 우리 정통성의 근거인가? 110 │ 외교정책의 1번 목표, 안보의 첫 번째 수단은? 112

4부 미국 일방주의시대, G2로 올라선 중국과 선진국이 된 한국

1장___ 미국의 세력권은 어디까지일까?

미국 중심 국제질서의 시작 117 │ 유럽, 마음의 고향 119 │ 중동, 석유가 있는 곳 121 │ 중앙아시아, 러시아를 견제하다 123 │ 아프리카, 미국의 직접적인 영향권은 아니지만 123 │ 아시아 태평양 지역, G2 중국이 있다 126

2장___ 중국은 어떻게 힘을 키웠나?

두 개의 백년의 꿈 129 │ 중국몽 추구는 잘못된 것일까? 132 │ 고속 성장의 잠재력, 인구 134 │ "나토의 안보에 도전하고 있는 존재" 136 │ 미국의 착각과 환상 138 │ 정치가와 정책가는 반드

시 달라야 한다 143

3장 __ **미국 일방주의시대의 한국**

김영삼 정부: '버르장머리' 정신과 한미공조 145 | 김대중 정
부: 설득하고 끌고 갔다 152 | 노무현 정부: '바보 노무현'과 전
략적 거래 156 | 이명박 정부: 미국에게만 '이보다 더 좋을 수
없는' 동맹 173 | 참모의 자세 181 | 국제정치는 결국 배짱의 문제
184

5부 21세기 G2시대, 다시 격동하는 국제질서

1장 __ 21세기 G2시대 한국 외교는 어떤가?

국제질서 격변기에 서 있는 한국 189 | 박근혜 정부: 북한붕괴
론과 미국의 우격다짐 195 | 투자와 호구의 결정적 차이 202
| 17세기 조선과 21세기 한국의 평행 이론 204 | 국제정치를
국내 정치에 이용하면 207 | 모시는 버릇과 머릿속 대미 종속
성 210

2장 __ 우리는 북핵 문제를 어떻게 풀 수 있을까?

북핵 문제, 누구의 책임인가 214

3장 __ 문재인 정부:

짧았던 한반도의 봄, 무엇을 기억해야 할까?

운 좋게, 평창올림픽 234 | 정상회담, 어떻게 이루어졌나? 239 | 강고한 기득권의 세계, 군산복합체 244 | 사사건건 발목 잡는 '한미워킹그룹' 247 | 타미플루 사건과 하노이 회담 결렬 252 | 악마의 디테일, '완전한 조율' 255 | 애써온 문재인 정부에는 미안하지만 261 | 한미관계, 국력만큼 자주적으로 만들어야 할 때 264 | 군산복합체를 뚫을 현실적 전략의 모색 267 | 잊지 말아야 할 투자 리스트 270

4장 __ 우크라이나 사태,

북핵 문제와 우리 외교에 어떤 영향을 미칠까?

우크라이나가 믿은 약속 273 | 북한에게 이제 CVID는 없다 276 | 북한의 6차 핵실험은 5+1차가 아니다 278 | 한미일 삼각동맹에서 한국의 위치 281 | 미국에 너무 가까이 가면 일본 밑으로 들어갈 수 있다 283 | 북핵 문제를 푸는 다른 시각, 남북연합 286

1부

국제정치의 세계

1장

국제정치란
무엇인가?

모두 평화를 원한다고 말한다. 2018년 남북정상회담과 북미정상회담을 지켜보면서 더 안정적인 평화를 누릴 수 있을 것 같아 몹시 설레었고, 하노이 회담의 결과는 그만큼 아팠다. 왜 우리에게 평화는 이렇게 어려운가? 한반도의 평화는 누가 결정하나? 2022년 우크라이나 사태는 충격이었다. 우크라이나가 나토(NATO, 북대서양조약기구)에 들어가겠다는 게 러시아가 우크라이나를 침략한 이유란다. 왜 우크라이나는 온전히 자신들의 뜻에 따라 나토 가입을 결정하지 못하나? 누가 우크라이나의 평화와 전쟁을 결정하나? 도대체 무엇이 세계를 움직이나?

우크라이나 사태로 본
국제정치의 민낯

국제정치의 민낯을 보여주는 우크라이나 사태에서 시작해 보자. 나는 국제정치라는 게 조폭의 세계와 같다고 생각한다. 조폭들은 보통 법보다 주먹이 가깝다고 믿는다. 폭력을 사용할 때 핑계나 명분은 나중에 만들고 먼저 행동부터 한다. 또한 자기 조직의 '영역'을 침범하는 뜨내기 깡패들을 가만 놔두지 않는다. 그 뜨내기 깡패들에게 배후가 있을 경우에는 더 극렬하게 저항을 하거나 반격한다. 명분도 구실도 필요 없고 무조건 치고 들어가서 버르장머리를 고쳐놓는 것이다. 그렇게 무릎을 꿇을 수밖에 없도록 만들려고 든다. 간단히 말하자면 블라디미르 푸틴Vladimir Putin 러시아 대통령은 지금 그런 짓을 하고 있는 것이다.

러시아 입장에서 우크라이나는 흑해와 지중해를 거쳐 대서양으로 해서 영국, 프랑스로 갈 수 있는 회랑 역할을 할, 전략적으로 굉장히 중요한 지정학적 요충지다. 지금은 북극해를 통해 영국 앞으로 나가거나 블라디보스토크 쪽에서 태평양으로 나와야 하는데, 그러면 경비가 너무 많이 든다. 그 길들은 러시아의 중심과도 너무 멀다. 러시아 사람들을 먹여 살린 곡창지대가 있는 우크라이나는 과거 러시아의 속국이었다. 1917년 레닌의 지도 아래 볼셰비키 혁명의 성공으로 탄생한 소비에트사회주의연방공화국, 바로 소련이 1922년 우크라이나를 먹었다. 그렇게 69년 동안 소련 밑에서 살다가 1991년 독립했다. 그런 우크라이나의 현 대통령인 볼로디미르 젤렌스키^{Volodymyr Zelensky}가 나토에 들어가야 되겠다고 결심을 하자 러시아가 놀란 것이다. 러시아는 과거 우크라이나의 상전이었기 때문에 언제든지 무엇이든 요구할 수 있다고 생각했을 것이다. 우크라이나의 서쪽 지역은 땅덩어리도 크고 인구도 많고 우크라이나어를 쓰는 우크라이나 민족이 사는데, 러시아하고 가까운 동쪽은 러시아어를 쓰고 민족도 다르다. 그런 상황에서 젤렌스키 대통령이 러시아와 가까운 우크라이나 동쪽에 있는 친러 세력들이 자신에게 위협이 될 수 있다는 생각을 하는 것은 당연하다. 동쪽 친러 세력들이 러시아의 후원을 받아 반란을 일으켜서 자신을 쫓아낼 수도 있다는 불안 때문에 이들을 뭉개버리려면 나토를 끌고 들어와야 한다는 계산을 했을 것이다.

우크라이나는 친러시아 대통령과 친유럽 대통령이 교대로 집권했다. 그런 과정에서 친유럽 대통령 젤렌스키가 너무 단순한 계산으로 나토 가입 의사를 밝히자 푸틴 대통령은 '최소한도 동쪽 지역을 중립화시킨다'라는 명분으로 2022년 2월 24일 우크라이나를 치고 들어갔다. 푸틴 대통령은 이런 계산을 했을 것이다. '동쪽 지역을 친러 독립국가로 만들어 놓는 선에서 끝나겠지만, 적어도 동쪽 지역을 차지하려면 서쪽까지 치고 들어가 피해 규모, 살상 규모를 키워서 동쪽만큼은 포기하도록 만들자.' 전략적으로 중요한 동쪽 지역을 차지하면 러시아는 유럽의 남부 지역을 위협할 수 있게 된다.

그러니까 우크라이나 사태는 그야말로 조폭들이 자신의 영역이 위협받을 경우 불문곡직하고 상대 세력을 치고 들어가 때려 부수면서 굴복을 요구하고, 그 배후 세력이 감히 범접을 못 하도록 하는 영역 다툼, 그 이상도 그 이하도 아니다.

핑계 내지 명분은 그다음에 나온다. 러시아는 아마도 이기고 난 뒤 '우크라이나가 그나마 중립적으로 있었기 때문에 러시아와 유럽 사이에 평화가 유지되고 있었는데, 나토 쪽으로 가버리면 러시아가 세력 면에서 절대적으로 기울게 되고 세계 평화가 깨진다. 그러니 가만둘 수 없었다. 이것은 국제 정의에 어긋난다'라는 세력균형론을 펼치며 자신들의 우크라이나 침략을 정당화하려고 할 것이다. 우크라이나가 러시아 민족의 고향이어서 포기할 수 없다는 말도 다 명분일 뿐이다. 마음의 고향을 이렇게 무자비하게 짓밟는 경우가 어디 있나.

우크라이나가
안전해질 방법

우여곡절을 겪겠지만, 결국 우크라이나는 러시아어를 쓰는 슬

라브인들이 사는 동쪽의 돈바스 지역을 중립화하든지, 일부를 러시아한테 할양하든지 해야 전쟁을 멈출 수 있을 것이다. 그리고 결국 나토 가입은 포기해야 될 거다. 러시아로부터 멀리 떨어져 있는 동유럽 국가가 나토에 가입하는 것은 러시아가 신경을 쓰지 않았다. 그러나 우크라이나는 지정학적으로 미국과 서유럽의 나토 국가들이 욕심을 낼 만한 위치에 있다. 러시아 입장에서는 그 지역을 뺏기면 인중에 비수가 꽂히는 위협이나 마찬가지이므로 우크라이나의 그런 움직임을 절대로 용인할 수 없는 것이다.

우크라이나는 친나토도 아니고 친러시아도 아닌 중립으로 가는 외교를 해야만 조용히 살 수 있을 듯하다. 친유럽 노선을 선택하면 어떤 결과로 이어지는가는 이미 알았고 그렇다고 친러로 가면 또다시 러시아의 속국처럼 될 테니 말이다.

러시아와 국경을 맞대고 있는 우크라이나는 사실 조심했어야 한다. 우크라이나는 자신들의 위치가 위태롭다는 현실을 여태까지 인정하지 않았지만 이제는 받아들이고 주변국과 강대국 들을 슬기롭게 계속 관리해야 한다. 우크라이나 사람들은 지난 69년 동안 받았던 불이익, 시달림 때문에 러시아에 대한 감정이 좋지 않다. 하지만 국경을 맞대고 있는 이상, 강대국인 러시아와 척을 지고서는 안전하게 살 수 없다. 동유럽 국가들이 대부분 그렇지만 지정학적으로 러시아와 서유럽 사이에 끼어 있는 우크라이나 역시 외교에서 자국 중심성을 잘 챙겨야 한다. 다른 나라들 사이를 왔다 갔다 하면서 등거리 외교에 힘을 쏟고, 간교하다는 말을 들을 정도로 복잡한 상황에 대비해서 처신을 잘해야 한다. 다음번 우크라이나 대통령은 단순하게 친러나 친유럽으로 쏠리지 않고 머리를 복잡하게 굴리는 사람이어야 할 거다.

우크라이나 사태는 지정학적으로 강대국 사이에 끼어 있는 한국 같은 국가가 어떤 외교를 해야 하는가에 대한 학습 기회로 삼을 만하다.

2022년 푸틴이 읽은 국제질서의 변화

러시아의 이런 야망은 어제오늘 일이 아니다. 그런데 왜 하필 지금 우크라이나를 친 걸까? 푸틴 대통령은 미국의 힘이 빠지고 있다는 사실을 아니까 2022년 우크라이나를 친 거다. 2014년 크림반도 쪽에서 우크라이나 영토를 한번 점령해 본 러시아는 우크라이나를 통째로 먹을 수 있겠다고 판단한 거다. 내가 직접 물어보지는 않았지만, 푸틴 대통령도 정치를 오래했고 또 한때 소련이 공산권 제국을 운영하던 시절의 소련 정보기관인 케이지비^KGB 출신이다. 우리나라로 치면 중앙정보부 출신이 대통령이 된 것이다. 우리 속담에 "썩어도 준치"라는 말이 있지 않나. 푸틴 대통령은 국제정치 판세를 읽는 것이 몸에 밴 사람이다.

미국은 최근 중국을 억누르려고 한다. 제2차세계대전 이후 동아시아 지역에서 구축해 놓은 절대적인 지위, 헤게모니가 흔들린다는 판단하에 중국을 포위해 들어가고 있는데, 여기에 한국, 일본 등 여러 동아시아 국가들을 끌어들이고 있다. 바로 이런 사실이 미국의 힘이 빠지고 있다는 증거다. 도널드 트럼프가 됐건 조 바이든이 됐건, 미국 대통령 입에서 동맹이라는 단어가 계속 나오는 것 자체가 바로 미국 혼자 힘으로는 중국을 상대 못 하겠다는 뜻이나 마찬가지다.

미국은 지금 혼자 중국을 압박하기에는 힘이 달린다. 2010년 중국이 국내총생산GDP에서 일본을 제치고 미국 다음가는 G2가 됐다. 그 뒤 미국의 경제는 아주 저속으로 올라가는 반면 중국의 경제는 빠른 속도로 올라가면서 두 나라 GDP 격차가 점점 더 좁아지고 있다. 아이엠에프IMF에 따르면 2010년 중국 GDP가 미국 GDP의 40퍼센트, 2012년 53퍼센트, 2015년 61퍼센트, 2018년 67퍼센트, 2020년에는 71퍼센트, 2021년에는 74퍼센트였다. 70퍼센트를 넘으면서 빠른 속도로 간격이 좁혀지는데 중국이 머지않아 총생산량에서 미국을 추월할 가능성이 크다는 얘기다. 중국에서는 중화인민공화국 수립 100년이 되는 2049년에는 중국 GDP가 미국 GDP를 능가

할 것이라는 전망을 내놓고, 그것을 중국몽中國夢이라고 부른다. 그만큼 미국의 상대적인 힘이 줄어들고 있다는 것이다. 미국의 바이든 정부가 동맹이라는 단어를 좋아해서가 아니라 바이든 정부 시기에 미국의 힘이 더 줄어들었기 때문에 트럼프 정부 때보다 동맹 타령을 더 많이 하는 거다. 트럼프 정부 때까지만 해도 미국 단독으로 관세장벽 등의 무역정책을 통해 중국의 성장을 저지할 수 있었지만 바이든 정부가 들어선 후 국력의 차이가 더 좁혀지면서 중국을 견제하기 어려워졌다. 그래서 미국은 중국과의 관계가 어느 날 뒤집힐지 모른다는 생각 때문에 말 잘 듣는 동맹 국가들을 자기편으로 끌어들이려고 '동맹'을 강조하고 있다.

미국은 중국 견제에 많은 힘을 쏟아야 하고 북핵 문제에도 신경을 많이 써야 한다. 따라서 가진 힘 가운데 60-70퍼센트는 동아시아에 쓰고 있는 셈이고 남은 힘이 30-40퍼센트밖에 안 된다. 러시아의 힘은 물론 미국의 절반도 되지 않는다. 하지만 러시아는 우크라이나의 경우 지리적으로 러시아에 가깝고, 미국은 멀리 있으니 좀 밀어붙여도 간섭하는 데 한계가 있을 테고, 우크라이나 전체는 아니더라도 흑해로 나가는 통로 역할을 하는 돈바스 지역쯤은 잘하면 확보할 수 있을 거라는 계산을 했을 것이다.

미국이 처음에는 우크라이나를 돕는다고 했지만 다른 나라들에도 물자 지원을 요청한다. 아프가니스탄에서 철군한 것도 그렇고

튀르키예가 핀란드와 스웨덴의 나토 가입에 반대하고 나서는 것을 제지하지 못하지 않나. 미국의 힘이 빠지고 있다는 표지는 여럿이다. 중국도 미국의 힘이 빠지고 있는 판세를 읽었기 때문에 더욱더 치받고 있으며, 그러한 상황 때문에 미국의 힘이 더 빠지고 있다.

'국제'를 떼고
'정치'라는 건 무엇인가?

어떤 나라는 빼앗고 어떤 나라는 빼앗긴다. 어떤 나라는 세계를 움직이고 어떤 나라는 휘둘린다. 한 나라가 제 마음대로 할 수 있는 힘은 어디서 나오나? 세계를 움직이는 원리를 파고들어 가기 전에 먼저 세계를 구성하고 있는 그 나라들을 움직이는 힘은 어디에서 나오는지 이야기해 보자.

폭력 장치의 또 다른 이름,
정치

지구상에 있는 200여 개 나라들은 모두 각자 어느 편인가에 속해 살고 있다. 경우에 따라서는 완전히 피라미드 모양의 판도에 들어가 중간 보스가 되기도 하고 맨 말단에서 근근이 명맥을 유지하기도 한다. 어쨌든 이런 식으로 큰 나라가 작은 나라를 좌지우지하는 것을 국제정치International Politics라고도 하고 국제관계International Relations라고도 한다. '정치'는 찍어 누르는 느낌이 들고 '관계'는 좀 대접을 해주는 용어 같지만 본질은 다르지 않다.

나라와 나라 사이 '외교'라고 하면, 점잖은 표현을 많이 쓰고, 비싼 양복 입고 웃으면서 사진 찍고, 화려한 파티도 해가면서 사이좋게 협력하는 것처럼 보인다. 하지만 그 이면에는 목적을 달성하지 못하는 작은 나라의 말 못 할 속상함이 있다. 결국 실질적으로 국제관계가 돌아가는 원리는 상명하복으로 움직이는 조폭 세계와 다름없다. 상하의 관계, 강약의 관계가 분명히 존재하기에 큰 나라는 작은 나라들한테 심부름도 시키고 무리한 요구도 서슴지 않는다. 이것이 국제정치, 국제관계다.

국제정치에서 '국제'는 나라와 나라 사이라는 뜻이다. 그러면 국제를 떼고 '정치'는 뭔가. 국내 정치를 통해 보자. 대한민국 헌법 제1조에는 "대한민국은 민주공화국이다. 대한민국의 주권은 국민에게 있고 모든 권력은 국민으로부터 나온다"라고 명시돼 있다. 우리나라와 미국 같은 민주주의 국가뿐 아니라 거의 모든 현대국가들은 국민이 권력의 주체라고는 하지만, 국가권력 행사 과정은 사실 강압적인 경우가 많다. 국가는 국민에게 쓸 수 있는 폭력 장치Gewalt Apparatus, 즉 군대, 경찰, 검찰 그리고 정보기관 등을 통해 국민을 지배한다. 그러면서도 주권재민主權在民을 외친다. 경찰이 치안을 맡는데 잘 작동되지 않는 경우, 위수령을 거쳐 계엄령이 선포되면 경찰보다 무서운 군대가 나온다. 이런 권력 장치를 이용해서 국민들을 꼼짝 못 하게 하고 제멋대로 끌고 다닌다. 세금을 내라고 하면 내야 한다. 나라를 운영하고 치안을 유지해서 편안하게 살게 해주고 군대를 키워서 다른 나라가 침략하지 못하도록 지키는 데 돈이 필요하다면서 세금을 거둔다. 그렇게 폭력을 정당화하는 논리가 바로 통치 명분이라는 거다. 민주주의라는 것도 명분이다. 죄를 지었으면 형벌을 받고 목숨까지 내놓아야 되는 이유는 많은 사람을 좀 더 편히, 안전하게 살게 해주기 위해서다. 바로 그것이 국가가 지향해야 할 정의라며 폭력 장치의 사용을 정당화한다. 1970년대 초 내가 대학원 석사 과정 시절에 열심히 읽은 《군주론》에서 마키아벨리는 이러한 국가의 권력 행사와 원리를 냉철하게 설명했다.

도시국가 피렌체에서는 우두머리 노릇을 하는 메디치가Medici家의 세뇨르Seigneur 메디치가 군대와 세금 걷는 집단을 가지고 있었다. 도시국가의 재정을 확보하려면 세금을 걷어야 한다. 군대는 다른 나라들이 쳐들어오지 못하도록 지켜줌과 동시에 세뇨르의 권력에 주민들이 도전하지 못하도록 통제하는, 대외 방어와 대내 통치 두 가지

역할을 했다. 이 두 가지가 바로 권력 유지의 수단이다. 피렌체라는 나라의 우두머리 세뇨르와 그가 거느리고 있는 군대 조직과 세금 조직, 이 셋을 합쳐 이태리어로 스타토^{Stato}라고 했는데 이것이 영어로는 State, 즉 국가를 의미하게 된 것이다. 다시 말해 Stato가 바로 State, 국가의 기원이다. 현대국가의 통치 조직도 기본적으로 조그마한 피렌체의 통치 조직과 큰 차이가 없다. 옥상옥^{屋上屋}을 만들어 총리와 여러 장관들도 두지만, 권력의 측면에서 보면 군대 조직과 세금 거두는 조직이 기본이다. 그런 점에서 국가권력은 폭력 장치 위에 서 있는 셈이다.

세뇨르가 세금은 거둘 대로 다 걷고 피렌체니 베네치아니, 프랑스와 전쟁할 때를 대비해 군대를 두면서 동시에 국내에서 반기를 드는 세력들을 제압하는《군주론》의 내용은 1960-1970년대 박정희 정부와 1980년대 전두환 정부 시절 우리나라 상황과 많이 겹친다. 박정희 대통령 군사독재 시절, 경찰이 치안 유지를 못 하면 군대가 탱크를 끌고 나왔다. 곤봉밖에 없는 경찰로 도저히 안 되면 위수령, 그다음 계엄령이 선포되는데 그때 탱크가 나오는 걸 보았다. 그러면서 국내 정치 역시 국제정치처럼 주먹이 전부고 결정적인 순간에는 군인이 직접 국내 통치에 개입하는구나, 실감했다. 군인들이 기본적으로 외침을 막아주지만 통치권자의 권력 유지와 강화를 위해서는 국민을 상대로 폭력도 행사하는 걸 보면서, 정치라는 게 마키아벨리 시대하고 큰 차이가 없고 그게 정치의 본질이라는 생각을 했다.

국내 정치에서 '정치'는 국가가 가지고 있는 권력 장치, 즉 폭력 장치의 활용 과정이다. 선거로 뽑혔건 세습으로 왕이 됐건 기본적으로 통치자가 사람들을 다스리는 수단은 폭력 장치다. 그리고 폭력을 정당화시키기 위해서 명분을 정치 이념의 형태로, 좀 더 구체적으로는 법률의 형태로 제시한다. 그러면 거기에 딱 갇혀 꼼짝 못 하고 하라는 대로 끌려가는 것이 국가 구성원들의 신세다. 자유민주주의 국가에서는 그 명분이 비교적 합리적일 수 있다. 그러나 독재국가에서는 권력을 행사하는 핑계 또는 이유가 합리적이지 않은 경우가 굉장히 많다. 박정희 정부 시절인 1972년 10월 선포된 10월 유신도 그랬다. 난데없이 국회를 해산하고 헌법을 정지시키고 유신체제를 만들어 놓고는 남한의 정치체제를 강화해야 하는 이유로 북한을 핑계 삼았다. 신군부가 1980년 5월 5.18 광주민주화운동에 참여한 시민들을 상대로 군사력을 행사해 학살하고 난 뒤 그걸 정당화할 때 내놓은 명분 역시 북한군이 침투해 배후 조종한 반란이라는 거였다. 이 폭력 행사와 그걸 정당화하는, 현실로 받아들이게 만드는 명분, 더 쉬운 말로 핑계는 전혀 합리적이지 않은 경우가 많다.

그 원리가 국가 사이에도 그대로 쓰인다. 김일성 북한 전 주석이 생전에 즐겨 쓰던 말이 있다. "이 지구상에 크고 작은 나라는 있지만 높고 낮은 나라는 없다." 멋있는 말이다. 그런데 실제로 들여다보면 크고 작은 나라들의 관계는 높고 낮은 관계로 형성돼 버린다. 지금 세상을 지배하는 국가들 가운데 작은 나라는 없다. 일단 덩치가 커야 한다. 초등학생들 세상에서도 덩치 큰 놈이 일단 대장이 되지 않나. 아주 기운 세고 덩치 크고 멍청하지 않으면 대장을 할 수 있다. 대장이 조금 모자란 경우에는 옆에서 보태주는 놈이 나온다. 그 덩치 크고 기운 센 녀석이 하는 행동을 정당화시켜 줄 말을 만드는 놈이 반드시 나오게 되어 있다.

권력이란 그런 거다. 골목대장들의 세계가 커지면 국가인데, 국민에게 행사하는 폭력을 정당화하는 명분들을 만들어 내는 국가권력자가 바로 정치인이다. 조폭의 세계는 좀 더 노골적이고, 국제사회는 말을 번드르르하게 하지만 원리는 똑같다. 국내 정치에서는 독재 권력이 폭력적으로 나오면 5.18 광주민주화운동처럼 들고 일어나기라도 하지만, 국제정치에서는 다른 나라끼리 손을 잡고 큰 나라한테 대드는 경우가 별로 없다.

또 민주주의 국가는 의회나 사법부 같은 견제 장치로 그나마 조율, 조정을 할 수 있고 국민들이 일부 보호를 받을 수 있다. 그런데 국제정치에는 그런 게 없다. 독재국가처럼 의회나 사법부 같은 견제 장치 없이 굴러간다. 센 놈이 밀어붙이면 반론을 제기할 수가 없다. 유엔[UN]이 있지만 유엔도 요즘은 초기와 달리 유엔의 이름으로 미국 편을 들어주고 정당화해 줄 뿐이지 미국에게 안 된다는 얘기를 감히 못

한다. 찍소리도 못 하고 때리면 맞고 죽이면 죽어야 한다.

국제정치의 세계에서 약소국은 옳으냐 그르냐 따질 계제도 별로 없다.

법은 멀고
주먹은 가깝다

국제정치에서도 법은 멀고 주먹은 가깝다. 핑계나 명분이 말이 되든 안 되든 무력행사, 폭력 행사를 어쩔 수 없이 받아들이게 된다. 이유보다 무력이 중요한 거다. 대학에 들어가 국제정치학 강의에서 무력과 명분 사이의 관계를 배울 때, 중학교 2학년이던 1958년 가을 어느 날 전주역에서 본 장면이 떠올랐다.

나는 전주에서 중학교를 다녔다. 토요일에 시골집에 갔다가 일요일 늦게 전주로 가는 일정이니 전주역을 자주 드나들 수밖에 없었다. 1950-1960년대 기차역은 사람이 많이 왕래하고, 그들을 상대로 한 음식점, 술집, 여관이 역 주변에 즐비했는데 전주는 전라북도의 도청 소재지라 역이 크고 광장도 굉장히 넓었다. 껄렁패들이 거기를 어슬렁거리다가 기차 타고 오고 가는 사람들 가운데 만만하게 생긴 사람을 불러 시비를 거는 일도 허다했다. 상대가 주저주저하면

"여긴 우리 구역인데 외지에서 왔으면 고개 뻣뻣이 들고 다니면 안돼, 그러다 맞아" 그러면서 "너 돈 있냐, 술이나 한잔 사고 가라"며 어르다가 으슥한 데로 데리고 가기도 했다. 한 대 때리고 돈을 뺏는 것 같았다. 같잖은 핑계를 대, 돈을 뺏고 폭력을 쓰는 걸 보며 이런 의문을 품었던 것 같다. '어떻게 저런 말을 하면서 때리지? 저게 어떻게 핑계가 되지? 저게 어떻게 이유가 되지? 힘 있다고 저러나?' 게다가 "법은 멀고 주먹은 가깝다"라는 당시의 유행어처럼 경찰은 코빼기도 보이지 않았다. 중학교 3학년 때 본 고등학생들의 패싸움도 잊히지 않는다. 10월쯤이었을 텐데, 고등학교 교복을 입은 전주의 모 고등학교 학생들과 익산의 모 고등학교 학생들 사이에 패싸움이 붙었다. 그때는 익산이 아니고 이리裡里였는데 전라선 호남선이 갈리고 군산선이 시작되는 교통의 요지였다. 인적 왕래가 많고 물류가 많으면 당연히 '먹을 것'이 생기니까 주먹들도 많았다. 전라북도에서는 이리 역전 출신들이 가장 주먹이 센 걸로 소문이 나 있었다. 그런데 이리의 모 고등학교 학생 몇 명이 전주에 왔다가 전주의 모 고등학교 학생들한테 당한 것이 분해 원수를 갚으러 대규모 원정군이 온 거다. 키도 별로 크지 않고 중학교 3학년밖에 안 된 내 눈에는 덩치가 아주 크고 수염도 난 그들이 무섭게 보였다. 막상 내가 고3이 돼서 보니까 그렇지 않던데 말이다. 어쨌든 패싸움하는 고등학생들이 수류탄까지 들고서 위협하고 그랬다. 6.25 전쟁이 휴전으로 끝난 지 5-6년밖에 안 된 시절이라 수류탄은 군부대에서 흘러나온 것이었을 테다. 강에다 수류탄을 던져 물고기 잡는 사람들도 있을 때였다. 아무튼 싸움 구경을 하는 것도 조마조마 무시무시했다. 그런데 주먹으로 소문난 이리 모 고등학교 학생들이 결국 전주 학생들에게 밀렸다. 원정군이었기 때문이다. 토박이인 전주 학생들은 세가 불리하면 자기 친구들을 더 불러들일 수가 있었으니까. 결국 전주 고등학생들이 이리 고등학생들을 무릎 꿇려놓고, 왜 피가 흐를 정도로 심하게 때릴 수밖에 없었는지 그들이 무엇을 잘못했는지 설명했다. 일단 주먹부터 써서 제압을 하고 난 뒤에 그들이 자초했다며 여러 이유를 대는데 그저 핑계였다. 하지만 진 쪽은 맞서지 못했다. 이런 폭력을 행사하는 데도 핑계가 있구나 싶었다.

그런 싸움이 벌어졌는데 경찰도 개입을 못 했다. 역전 파출소가 있었지만 경찰들이 호루라기 불면서 왔다 갔다만 할 뿐이었다. 정부를 수립한 지 10여 년밖에 안 돼서 질서도 제대로 안 잡혔을 때고 경찰이 우선 수적으로 달렸다. 그걸 현장에서 봤다.

내가 국제정치의 세계가 조폭들의 세계와 다르지 않고, 국제정치의 세계에서 만국공법이니 국제법이니 뭐니 하지만, 강국들이 자기 맘대로 일을 벌이면서 내세우는 명분-핑계 같은 정당성의 원천이 결국은 이론보다는 무력-폭력이라는 현실을 아주 세속적으로 쉽게 이해할 수 있었던 것은 중학생 시절의 이런 경험 때문이다.

폭력 장치는
국제정치에도 있다

폭력 장치는 국내 정치뿐 아니라 국제정치에도 있다. 미합중국 인도-태평양사령부, 나토도 사실은 모두 폭력 장치다. 한미연합훈련은 무력시위를 하는 거다. 국제정치에서는 세금은 안 걷는 것 같지만 큰 나라가 작은 나라들에게 무기를 팔아먹는다. 주둔군 비용을 내라고 하고, 관세도 있다. 그런 갖가지 핑계로 돈을 거둬들인다. 세금과 별 차이가 없다.

1959년 가을 전주 역전에서 본 고등학생들끼리의 패싸움을 통해 조폭의 세계와 국제정치의 세계가 일맥상통한다는 것을 일찌감치 깨달았고, 마키아벨리를 공부하면서는 국내 정치도 같다는 것을 알았다.

지금 내가 이런 생각을 하게 된 데는 김일성의 말이 역설적으로 영향을 줬다. 1950년대 중후반부터 소련과 중국의 틈이 벌어지면서 1960년대 말 두 나라가 흑룡강 지류인 우수리강 가운데에 있는 전바오珍寶섬의 소유권 문제로 맞붙었다. 사실 이곳은 원래 청나라 땅이었는데, 중국이 아편전쟁(1840)에서 영국한테 지고 난 뒤 서양 세력들이 중국을 얕잡아 보고 이놈 저놈 다 와서 중국 땅을 찢어 나눠 가질 때 이곳을 러시아한테 뺏겼다. 1960년대 들어 중국을 계속 압박해 오는 소련에 저항하는 과정에서 총격전이 벌어지기도 했다. 그렇게 중소 분쟁이 심할 때 북한은 중국과 소련 사이에서 소련 편도 됐다가 중국 편도 됐다 하는 등거리 외교를 통해 두 나라 모두에게서 받아낼 것을 다 받아냈다. 중국이나 소련이 얼마나 큰 나라인가. "이 지구상에 크고 작은 나라는 있지만 높고 낮은 나라는 없다"라는 말은 김일성이 중국과 소련의 간섭을 거부하려는 나름의 논리였다. 이 말은 듣기에는 멋있을지 모르지만 국제정치 현실과는 전혀 맞지 않다. 말로는 높고 낮은 나라가 없다고 했지만 북한도 소련과 중국 사이를 왔다갔다 하면서 그들 밑으로 들어간 거 아닌가. 높고 낮은 나라는 없기 때문에 '나 좀 줘, 그래야 내가 당신하고 이렇게 같이 손잡는 것을 우리 인민들한테 정당화시킬 수 있지' 하는 식으로 뜯어내면서 살았다. 실제로 완전한 중립은 아니었다.

권력정치 이론에 따르면, 강한 나라가 세력을 형성하면 그 안에는 나라들의 서열이 생겨서 딱 피라미드 형태를 이룬다. 그리고 어느 한 나라가 갑자기 커져서 기존 질서를 위협하면 나머지 나라 중 힘있는 나라가 조무래기들을 긁어모아 세력을 키워 세력균형을 만들어 낸다. 이렇게 보면 국제정치라는 게 별거 아니다.

영해는
왜 3해리였는가

아편전쟁으로 중국이 무너지고 19세기 중후반 서양 세력이 독단적이고 폭력적으로 동양으로 밀고 들어오면서 내세운 이른바 만국공법이니 국가 간의 관례니 하는 명분은 힘 앞에서 굴복할 수밖에 없게 만드는 핑계로 쓰였다. 오늘날 국제법이라고 하든 국제관례라고 불리든 만국공법이라는 개념이 서양 세계에서는 당연한 것으로 받아들여졌을지 모르겠다. 하지만 동양에서는 처음 듣는 얘기고 처음 겪는 일이었다.

완전한 상하관계였던 동양과 달리 서양은 산업혁명을 통해 무력, 군사력을 비슷비슷하게 키운 여러 나라가 식민지를 놓고 싸우면서 국제관계라는 게 형성됐다. 가장 기본적인 만국공법은 영해의 범위를 3해리까지만 인정하는 것이었다. 서양 제국주의 국가들은 영해 3해리를 만국공법이라고 주장했다. 그전까지 영토 개념은 있어도 영해 개념이 없던 동양에서는 영해의 범위라는 것 또한 생소했다. 그런데 3해리는 당시 해외 식민지 개척에 나선 서양 국가들이 가졌던 대포의 착탄 거리다. 외적이 쳐들어왔을 때 해안선에 배치한 대포를 쏘면 포탄이 날아가는 거리 즉, 3해리까지만 지킬 수 있었고 그 너머는 감당할 수 없었다. 그래서 3해리까지만 영해에 대한 주권을 인정한 거다. 이것을 만국공법이라고 하는 이면에는 나름의 계산이 있다. 3해리까지만 영해라고 인정해야 3해리 밖에서는 마중 나온 배를 치는 것을 포함해 무슨 짓을 해도 정당화할 수 있고, 그 범위 바깥 넓은 바다에서 마음대로 휘젓고 다니며 자유항행을 할 수 있는 것이다. 그 명분이 바로 '국가의 권력은 무기의 힘이 미치는 곳에서 끝난다'이다. 1해리가 1.852킬로미터니까 영해는 5.556킬로미터밖에 안 된다. 18세기 서양 사람들이 대포를 갖춘 배를 앞세워 벌인 강압적 외교를 함포 외교, 포함 외교Gunboat Diplomacy라고 표현하기도 한다.

대포의 사거리가 늘어나고 대포뿐만 아니라 미사일이 생긴 뒤에도 서구 국가들은 영해는 계속 3해리라고 주장했다. 그러다 자기들에게 불리하니까 배타적경제수역(EEZ, Exclusive Economic Zone)이라는 걸 만들어서 자국 연안으로부터 200해리까지를 사실상의 영해로 인정하는 꼼수를 쓰기 시작했다.

또한 서양 사람들은 외교에 있어 상하관계는 없고, 전부 일대일이라고 주장했다. 수백 년 동안 피라미드식 국제질서의 정점에 있던 중국이 볼 때 조그마한 서양 나라가 조공을 바치겠다면 몰라도 무역이나 수교를 하자고 보낸 친서에 대꾸할 필요가 없었다. 서양은 중국이 대꾸 안 한 그 행동이 만국공법에 어긋난다며, 무력행사를 정당화했다. 청나라는 만국공법이 뭔지 알지 못하지만 무력에 굴복해 어쩔 수 없이 서양이 주장한 만국공법을 받아들여야만 했던 것이다. 이렇듯 명분은 무력 사용을 정당화하는 데 쓰였고 무력 없이 명분만으로는 아무것도 할 수 없는 것이 국제정치의 세계다. 협상하겠다며 위협하면 그건 굴복시키겠다는 말이다.

일본도 처음에 서양 문화를 받아들일 때 몹시 시달렸다. 철선을 타고 온 서양 사람들이 총칼을 든 사람들을 뒤에 세워놓고, 무조건 수교하자고 이런저런 서류를 내밀면서 만국공법이라 주장하니까 어쩔 도리 없이 받아들인 거다. 서양 세력은 폭력 장치에 만국공법이라는 명분을 앞세워 중국을 굴복시켰다. 그런데 일본은 중국이 서양 세력에 무릎을 꿇는 걸 보고 도리어 서양을 빨리 배운다.

국제정치에서 명분이 아무리 좋아도 작은 나라는 권력 또는 권력 장치가 확실하게 센 나라가 힘을 부리면 결국 굴복하고 끌려갈 수밖에 없다. 모든 나라가 주권국가라고 하는데, 국제정치 세계에는 분명히 높고 낮음이 있고 그리고 최상위의 국가가 있다.

우리는 현재 미국 중심의 국제질서를 받아들여 그 속에서 살고 있다. 그러나 중심은 늘 움직였다. 앞으로 우리 외교가 지향해야 할 바를 제대로 찾기 위해서는 어떤 국제질서 속에서 살았는지 과거와 현재를 제대로 이해하고 성찰해야 한다.

2부

'팍스 시니카' 이후
서구 세력의 등장과 팽창하는 일본

1장

팍스 시니카란
무엇인가?

2세기 무렵 로마가 유럽의 웬만한 나라들은 다 정복해서 대제국을 이루었던 대략 200년 동안의 국제질서를 팍스 로마나Pax Romana라고 한다. '팍스'가 라틴어로 피스Peace, 평화니까 팍스 로마나는 로마식의 평화, 로마가 완전히 모든 것을 장악하고 결정할 수 있는 체제 안에서의 평화라는 말이다. 겉으로는 무역을 한다, 외교를 한다고 하지만 팍스 로마나 체제에서 벗어나려 하거나 저항하면 죽임을 당하거나 노예로 끌려갔다. 이스라엘 유대 민족은 이 체제에서 천대받고 박해받는 집단이었다. 제일 큰 로마가 피라미드 꼭대기에 있고 그 밑에 작은 나라들이 로마제국에 협조하면서 다시 피라미드 더 아래쪽에 위치한 더 작은 나라들을 거느리고 착취하는 일종의 먹이사슬이 형성되었다.

천하를 거느린
중국식 국제질서

유럽에 팍스 로마나가 있었다면 동아시아에는 2천 년 동안 중국이 주도권을 쥐었던 팍스 시니카^{Pax Sinica}, 즉 중국 중심의 천하 질서가 있었다. 중국이 하늘처럼 가장 높은 나라여서 다른 나라는 무조건 중국에 복종하고 복속해야 했다. 작은 나라가 중국에 조공을 바치고 모시면, 덩치 큰 중국은 반대급부로 작은 나라들을 보살펴 준다는 사대자소^{事大字小}라는 중국식 국제질서에는 일방적인 압제나 착취가 아니라 보호도 해주는 의리관계가 작동했다. 임진왜란 때 명나라가 원병을 보냈듯이 필요에 따라서는 작은 나라들이 침략을 받으면 군사를 보내 도와줬다. 조공도 일방적이지 않았다. 가령 조선이 특산물을 바치면 땅 넓고 물건 많은, 지대물박^{地大物博}한 중국은 그 답례로 조선에 없는 고급 비단 또는 남쪽에서 나는 바나나, 파인애플 같은 희귀한 과일이나 보석을 보냈다.

로마는 군대를 보내 다른 나라들을 정복해 복속시켰다면 중국은 강제적인 수법보다 오히려 문화의 힘으로 거느렸다. 그런 국가들을 한자문화권이라고 부른다. 한국, 북한, 오키나와*, 베트남, 일본이

---

*   과거 '류큐왕국'이라 불리는 독립된 나라였지만, 1972년 일본과 합병되었다.

대표적인 한자문화권에 속한 나라들이다. 현대 베트남어는 17세기 프랑스 선교사가 만든 표기법을 기초로 로마자에 성조를 표시하여 기록하는데, 예전 베트남어는 한자로 쓸 수 있었다. 베트남의 문화유적지에서 흔히 한자를 볼 수 있는 이유다. 심지어 하노이에 있는 성균관터 입구에는 한문을 새긴 비석들이 쭉 서 있다.

팍스 시니카의 운영 원리였던 '작은 나라는 큰 나라를 섬기고 큰 나라는 작은 나라를 보살핀다'는 사대자소도 자세히 들여다보면 명분은 '자소'이지만 행태는 행패인 경우가 많았다. 임진왜란 때 원병으로 조선에 왔다는 명나라 군인들이 함께 싸워주기보다 처음부터 일본과 협상하라고 종용하면서 잔치를 벌이고 조선 여자들을 종부리듯이 못살게 굴었다. 조선은 이를 두고 재조지은再造之恩, 망해가는 나라를 다시 구해 세워줬다며 미화했다.

대對중국 복속은
언제 시작되었나?

삼국시대까지는 우리가 중국 밑에 있지 않았다. 특히 고구려는 수나라나 당나라에 조공을 바치거나 그 밑에 들어갈 생각이 아예 없었다. 영토 규모가 작지 않아서 오히려 맞먹으려고 했다. 수나라가

치러 왔다가 청천강에서 을지문덕 장군에게 대파당한 살수대첩(612)이 고구려 때 일이다. 당 태종이 직접 대군을 이끌고 멀리까지 왔다가 양만춘 장군의 화살에 눈을 다쳐 중간에 돌아갔다는 안시성의 싸움(645)도 고구려 때 벌어진 일이다. 국력뿐 아니라 지리적으로도 수나라, 당나라 수도가 지금 중국의 수도 베이징보다 더 서쪽에 있었기 때문에 영토를 놓고 다투기에는 너무 멀었다. "네 떡 너 먹고 내 떡 나 먹는다" 하는 식이었다고 할까.

당나라와 손잡은 신라가 660년에 먼저 백제를 멸망시키고 8년 뒤에 고구려까지 멸망시켰다. 통일신라(668-935)를 이룬 후 중국 중심의 국제질서 속으로 들어가 당나라의 선진 문물을 받아들이면서 한반도가 중국의 영향을 크게 받게 됐다. 최치원이 대표적인데 당나라에 건너가 과거에 급제하고 벼슬까지 하다가 돌아왔다.

그때부터 정체성도 많이 달라졌는데, 지금 우리가 쓰는 중국식 성씨 제도도 그때 들어왔다. 삼국시대 신라의 왕족이나 귀족 들은 성이 있었지만 평민들은 거의 없었고, 고구려나 백제 사람 들은 두 글자 성씨를 썼다. 그러다 신라가 당나라와 정치적으로 결합하고 문화적으로 한 덩어리가 되는 바람에 완전히 중국 중심의 천하 질서 속에서 중국의 왕을 천자로 모시고 사는 처지가 됐다.

당나라가 망한 뒤 여러 복잡한 상황을 지나 들어선 송나라와 고려도 상하관계였다. 이른바 문명한 송나라를 밀어내고 베이징을 차지한 원나라는 달랐다. 서양을 벌벌 떨게 만든 무지막지한 유목민족의 원나라는 송나라도 무시했고 고려도 무시했다. 그저 폭력으로 군림했다. 물건뿐 아니라 사람도 조공으로 바치라고 겁박했다. 여러 문화권에서 결혼은 정략의 하나였는데, 중국 문화권에서는 중국과 주변 국가들이 상하관계로 얽히는 수단으로 쓰였다. 한나라 때부터 중국을 괴롭히거나 귀찮게 하는 나라들을 자기편으로 만들려는 화친정책 차원에서 여자들을 왕빗감으로 보냈다. 한나라는 왕실 궁녀인 왕소군王昭君을 공주라고 속여 흉노의 왕에게 시집보내어 흉노를 사위 국가로 만들었다. 원나라 때는 고려 여인들을 공녀貢女로 바치도록 해서 궁녀로 썼다. 그중에 기奇씨 성을 가진 공녀가 나중에 황후에 오른 일도 있다. 반대로 공민왕은 원나라 황제의 딸 노국대장공주를 왕비로 맞이하고 원나라 황제의 사위가 되었고 고려는 자연히 원나라의 사위 국가가 됐다. 처음에는 중국이 주변 나라들을 형제 국가라고 했다가 만만해지면 부자관계로 만들어 버리는 거다. 고려 임금 이름에 들어간 '충', '공'은 '충성을 바치겠습니다', '공경하겠습니다'라는 뜻이다. 결국 당시의 국제질서는 중국이 상국이 되고, 주변 세력은 중국 문화의 혜택을 받는 대가로 하사품 격인 여자를 주로 두 번째나 세 번째 왕비로 삼아서 중국을 모시는 방식이었다. 요즘 말로 하면 중국과 주변 국가들은 정략결혼을 통해 친인척 관계를 맺고, 문화적으로 앞선 중국이 주변 국가들을 거느리고 다스리는 식의 질서를 유지했다.

중국의
국제질서 만들기

중국이 혼인 등 화친정책으로 주변 국가들을 다스리다가도 무력을 사용해서 주변 국가들을 복속시키던 때도 있었다. 하지만 대부분은 앞선 문화의 힘이 더 효과적이었는데 천문을 읽는 능력이 대표적이었다. 농경시대였기 때문에 언제쯤 비가 올지, 언제 씨앗을 뿌리고 수확을 해야 최대의 성과를 낼지 아는 과학기술을 바로 중국이 가지고 있었다. 중국이 주변 국가들을 다스리는 가장 확실한 방법이 천문을 이용한 농업기술 정보였기 때문에 그 날짜를 아는 기술을 절대로 가르쳐주지 않았다. 명나라는 주변 국가들이 보낸 동지사*에게 세배를 받고, 그다음 해의 파종 시기나 수확에 필요한 절기들, 예컨대 입춘, 입하, 입추, 입동, 춘분, 하지, 추분, 동지, 청명, 곡우 등 농사에 중요한 날짜를 알 수 있는 농사 달력인 농력을 줬다. 우리 같은 주변 국가들은 24절기 날짜와 윤달이 언제 들어오는지가 농업뿐 아니라 어업에도 절대적인 정보이자 치국의 근본이었기 때문에 농력을 꼭 받아 와야 했다.

중국은 현재 지리적으로 몽골, 러시아, 미얀마, 인도, 카자흐스

---

* 冬至使. 해마다 동짓달에 중국으로 보내던 사신

탄, 네팔, 베트남, 한반도, 키르기스스탄, 부탄, 파키스탄, 라오스, 타지키스탄, 아프가니스탄, 이렇게 14개 국가와 육지로 국경을 맞대고 있는데 그 국가들은 어쩔 수 없이 중국과 복잡한 은원恩怨관계를 맺고 살아왔다. 대부분 중국을 침략하기도 하고 싸웠지만 거꾸로 중국이 문화의 힘으로 그들을 교화해 복속시켰다.

중국 중심의 국제질서에 들어 있는 나라 가운데 우리가 중국에 사신을 제일 많이 보냈다고 한다. 고려·조선 때는 한 해에 네 번씩 갔다. 왕이 죽고 새 왕이 등극할 때도 반드시 책봉 사절이 가서 임명장을 받아 와야 했다. 베트남은 한 해에 세 번 정도였고, 다른 주변 국가들은 핑계를 대고 1년에 한두 번만 가기도 했다고 한다.

그런데 조선의 세종은 조선 사람들은 조선의 조건에 맞게 살아야 한다고 생각했던 것 같다. 중국에서 받아 온 농력이 우리 실정에 안 맞아서 농사짓는 데 어려움이 있으니 우리 현실에 맞춰주고 싶은 마음이 있었다. 우리는 중국보다 동쪽에 있어서 해가 더 빨리 뜨고 더 일찍 진다. 그러니 중국 베이징을 기준시로 잡으면 최소한 우리는 30분에서 한 시간을 먼저 살아야 한다. 절기도 중국과 다르다. 우리는 이미 설인데 중국은 섣달그믐이고, 중국에서 가져온 농력에 따르면 비가 온다는 청명, 곡우에 비가 안 오는 경우도 많았다. 세종은 거기서 벗어나 우리 절기에 맞춰 씨 뿌리고 수확하려 했을 것이다. 해시계 앙부일구仰釜日晷를 만든 것은 그래서 중요하다. 대신들이 명나라가 알면 큰일 난다며 거세게 반대했지만 결국 만들어 사용했다.

한글도 한자가 말과 다르고 배우기 너무 어려워서 "백성들이 하고 싶은 말이 있어도 그 뜻을 쉽게 전달하지 못하니" 말을 그대로 문자화할 수 있는 기호를 만들려고 했을 거다. 이 역시 반대가 많았다. 오죽하면 세종이 우리가 만들려는 글자가 중국의 옛 글자라고 정당화시키면서까지 한글 창제를 밀고 나갔을까. 영화 〈천문〉(2019)에서 세종이 천문기구 간의簡儀를 만드는 것을 두고 '명나라가 허락하지 않을 거'라고 반대하는 신하들에게 "너는 명나라의 신하냐 조선의 신하냐"라고 묻는 장면이 잊히지 않는다.

중국의 천하에서 살고 있지만 그래도 현실 조건에 맞아야겠다는 생각에서 문자를 따로 만들고 농력을 따로 만들려고 했을 거다. 결국 문자는 만들어 지금도 쓰고 있지만 농력은 끝까지 중국식을 썼다.

이렇게 동아시아는 한자, 농력 같은 문화력이 월등히 앞선 중국 중심 국제질서의 지배를 받고 있었다.

2장

19세기 일본은
어떻게 강대국이 되었나?

19세기 들어 비유럽권에서 최초로 서구 열강과 맞먹은 나라가 있었다. 문명, 인구, 힘이 월등했던 중국을 누르고 동아시아를 지배한 세력은 보잘것없던 일본이었다. 일본은 어떻게 천하의 중심이었던 중국을 이기고 서양 강대국과 식민지를 놓고 다투는 강대국이 되었을까? 무엇이 조선, 중국, 일본의 운명을 갈랐나?

중국이 아니라
영국을 배우자

조선의 지배층은 우리 문자, 측우기, 해시계도 못 만들게 할 정도로 완전히 중국화되어 철저하게 소화小華를 자처했다. 중국을 가장 문명한 세계의 중심, 중화로 떠받들고, 우리는 작은 중화, 소화를 자처하면서 일본을 무시했다.

조선 초까지 중국 중심 국제질서의 변두리에 불과했던 일본은 중국에 조공을 바치고 어떻게든 선진문화를 전수받아 문화민족으로 살고 싶은 간절한 바람이 있었다. 이미 한자를 받아들여 일본 문자의 주류가 되었고, 지금까지도 한자문화권의 어느 나라보다 한자를 많이 쓰고 안다. 그런데 중국이 조선이나 베트남, 심지어 지금은 일본의 일부가 된 류큐왕국보다도 아래로 취급을 하면서 조공도 못 바치게 했으니 중국 중심의 천하 질서 속에서 일본이 얼마나 소외감을 느꼈겠나? 그랬던 일본이 중국을 이겼다.

1590년 도요토미 히데요시가 일본을 통일하기 전에도, 후에도 전란이 끊이지 않았다. 도요토미 히데요시는 일본열도 내 전쟁이 채 끝나지 않은 1591년 조선에 사신을 보내 가도입명假道入明, 명나라로 가는 길을 빌려달라고 주장했다.

당시 조선은 200년 넘게 전란을 겪지 않아 분쟁이 빈번한 지역에만 상비군이 있었다. 무신을 업신여기며 선비의 도를 강조했던 조선과 달리 일본에서는 글 쓰는 사람보다는 칼잡이가 더 대접받았다. 국내 정치를 무력으로 관리하는 최고 권력자가 쇼군將軍이었고, 모든 관료가 무사였으며, 모든 사람이 무사가 되기를 바라며 무사도를 강조하는 문화 속에서 군사력은 더욱 강화되었다.

1592년 칼잡이가 사회의 중심인 변방의 일본이 글 쓰는 사람이 중심인 소화 조선을 침략하자, 1593년 명나라 원군이 조선에 도착했지만 일본은 밀리지 않았다. 도요토미 히데요시가 죽지 않았다면 일본이 물러갔을까? 물론 임진왜란(1592)과 정유재란(1597)이 이순신 장군 덕분에 끝났다고 해석할 수도 있지만, 도요토미 히데요시가 죽은 후 일본 내부의 정치적 변화 때문에 더 이상 전쟁을 지속할 수 없어 일본이 끝내고 간 측면이 크다고 할 수도 있다. 만약 백병전으로 들어갔으면 어땠을까? 조선 인구는 그때도 일본 인구의 절반쯤이었을 텐데, 운이 좋았다. 전쟁이 끝난 후 조선에는 명나라에 대한 사대가 더 굳어졌고 일본은 완전히 무사 국가가 됐다.

이런 바탕에서 부국강병을 이룬 서구 문명과의 만남은 중국, 조선, 일본, 세 나라 모두에게 커다란 전환점이었다. 문명국가라는 중국이 무력이 없어서 '조그마한' 나라, 왕이 해적 프랜시스 드레이크 Francis Drake에게 기사 작위를 주는 영국에게 무릎을 꿇은 아편전쟁 (1차, 1840-1842)은 일본이 탈아입구脫亞入歐를 선택하는 중요한 계기가 되었을 것이다. 이때 일본은 '나를 무시하더니. 그래 좋다, 우리는 아시아 국가가 아니다. 빨리 서구 유럽 문명을 받아들여 군사력을 강화해서 우리를 무시했던 저것들을 혼내주자' 이렇게 생각했을 것이다. 일본은 청일전쟁(1894-1895)을 정당화하는 명분으로, 탈아입구를 내걸었다.

　무력을 강화해 식민지를 개척하고 세력을 키운 영국 못지않게 일본이 부러워했던 나라가 네덜란드다. 유럽 최초의 무적함대를 만든 네덜란드와 스페인 무적함대를 꺾고 팍스 브리타니카^{Pax Britanica}를 누리는 영국. 이 두 나라는 중화 문명권 변두리에서 설움받던 일본이 선택한 새로운 국제질서의 모델이자 중심이었다.

　무력의 중요성을 깨달은 일본은 1868년, 서구 열강을 따라잡기 위해 부국강병을 핵심으로 한 개혁을 시작했다. 메이지유신明治維新을 실행한 것이다. 국비로 인재들을 영국으로 유학 보내며 열심히 유럽을 따라 배운다. 대표적인 인사가 대한제국이 을사늑약(1905)을 체결하도록 강제하고, 제1대 조선통감을 맡았던, 하얼빈에서 안중근 의사가 쏜 총에 맞아 사망한 이토 히로부미다. 그는 영국의 명문인 유니버시티칼리지런던에서 화학을 공부했다.

일본이 무력으로 다룬 첫 나라, 조선

　서양 무기를 사들이고 그걸 보고서 스스로 개발도 하고 군함까지 갖춘 일본이 그 무력을 맨 처음에 써먹은 나라가 조선이다. 일본 입장에서는 가깝기도 하고 임진왜란 때 보아하니 싸움도 못하던 것들이 중국 놈 앞잡이 노릇하면서 일본을 무시했던 데 대한 원한도 있었다. 1875년 일본이 강화도를 쳐들어온 것이 운요運揚호 사건(운양호 사건)이다. 운요호는 일본이 영국에서 사온 서양식 철선이다. 일본 사람들은 처음 서양 배를 보고 흑선이라고 불렀다. 임진왜란 때는 조선도 일본도 모두 목선을 사용했는데, 일본은 서양 문물을 받아들이면서 이제 철선을 앞세워 도발한 것이다.

조선의 군사력은 형편없었다. 무방비였다. 조선은 중국을 따라 문화 통치를 했기 때문에 외적이 쳐들어오면 감당하지 못했다. 임진왜란 때도, 병자호란(1636) 때도 관군이 별로 없어서 결국은 승병이 나오고, 의병이 나올 수밖에 없는 상황에서도 전혀 바뀐 게 없었다.

중국은 아편전쟁에서 진 뒤 뒤늦게 군사력의 필요성을 깨닫곤 양무洋務운동을 펼쳤다. 서양의 대포 같은 무기와 배 등을 사들여서 군사대국이 될 수 있다고 생각했던 것이다. 그러나 무기를 독자적으로 개발하는 기술이 없었고 또 그 체계를 운영하는 리더십이 종래의 중국식 리더십과 잘 맞지 않았기 때문에, 서양식으로 무장했음에도 불구하고 1895년 청일전쟁에서 일본한테 지고 만다.

중심과
변방의 이론

2천 년 동안 중화로 군림했던 중국과 소화를 자처했던 조선, 그리고 변방이었던 일본이 이렇게 전혀 다른 역사를 경험한 것을 이용희(1917-1997) 전 서울대학교 외교학과 교수의 저서 《정치와 정치사상》(1958) 속 '중심과 변방의 이론'이라는 권역 이론으로 설명할 수 있다.

중국 중심의 국제질서를 중국을 한가운데 놓고 그린 동심원으로 표현하면 놓인 위치가 중국에 가까울수록 중국과 교류가 많아지면서 국가 체제와 문화 등이 비슷해지는데, 그러면 문명국이다. 반면 중국과 멀어서 영향을 덜 받으면 미개하고 저열한 국가가 된다. 위에서 보면 동심원이고 옆에서 보면 피라미드다. 그런데 국제질서가 바뀔 때는 변두리에 있는 나라는 빨리 빠져나갈 수가 있다. 그래서 일본은 중국 중심의 국제질서에서 얼른 영국 중심의 국제질서로 옮겨 갈 수 있었고, 우리는 소화를 자처하면서 중심에 가까이 있었던 만큼 변화에 보수적이어서 끝까지 빠져나오지 못했다. 위치가 결과적으로 일본한테는 기회였다고 할 수 있다. 일본은 아시아에서 제일 먼저 서구 문명 안으로 들어가 빠른 속도로 부국강병을 이뤘고, 그 힘으로 조선을 식민지로 만들었다. 결국 우리는 일본의 무력에 당하고 시달렸다.

일본의 도전, '전범국에서 넘버2'로

일본은 유럽 열강을 보고 배워 중국 중심의 천하 질서를 깨뜨리고 일본 중심의 천하 질서를 세우려고 했다. 나는 일본의 조선 침략과 만주 침략, 중국 대륙 침략에는 천대받던 것에 대한 일종의 복수심이 작용했다고 본다. 그런 데다 힘이 생기니까 중국을 찍어 눌러서 무릎 꿇리고 동아시아 전체를 자기네 세력권으로 삼아 일본 중심의 국제질서를 세우려고 했던 것이 대동아공영권 개념이다. 대동아공영권은 한마디로 팍스 자포니카^{Pax Japonica}였다.

일본은 중국 밑에 있으면서 자신들을 무시하고 거드름 피우던 조선부터 먹고, 중국으로 들어가기 위해 중국 대륙의 뒤통수인 만주를 먼저 점령해야 했다. 그래서 1905년 러일전쟁에서 이긴 일본은 미국과 가쓰라-태프트^{桂-Taft}협정을 맺어 미국이 필리핀을 먹고 일본이 조선을 갖기로 서로 승인했는데도 조선 조정이나 백성들은 그런 일이 일어나고 있다는 것조차 전혀 몰랐다. 그 연장선상에서 나온 것이 조선의 외교권을 일본에 넘긴 을사늑약이다. 을사늑약으로 이토 히로부미가 조선통감으로 부임했다.

일본은 조선을 침략해서 1905년 보호국으로 만들고 1910년에는 속국으로 만들었다. 힘을 더 길러서 1931년에 만주를 점령했고 친일 괴뢰 국가인 만주국을 세웠다. 청나라 마지막 황제였던 푸이傅儀를 황제로 모셔놓았지만 통치하는 실무자들은 전부 다 일본인 관료들이었다. 이렇게 만주국을 토대로 중국 대륙 전체를 장악해서 일본 영토로 만들기 위해 일본은 1937년 드디어 중일전쟁을 일으켰다.

중국 사람들의 저항으로 전쟁이 뜻대로 빨리 끝나지 않았는데도 일본은 1941년 12월 7일 하와이 진주만을 공격했다. 그때까지 하와이는 미국 땅이 아니었지만 미국 함대와 비행기가 집결된 미국의 군사기지를 공습함으로써 미일전쟁으로 번졌다. 바로 태평양전쟁 (1941-1945)이다. 일본은 중국뿐 아니라 미국도 밀어내려고 했던 게 아닐까.

태양이 떠오르는 땅이라는 뜻인 일본이라는 국명이나 지금도 일본이 들고 다니는 빨간 태양이 떠오르는 모양의 욱일기旭日旗 모두 일본이 중심이고 일본의 영광이 전 세계로 퍼져 나간다는 개념을 담고 있다. 일본은 그 욱일기를 들고 전쟁을 벌였다. 태평양전쟁에 일본군은 욱일기를 군기처럼 들고 돌격했다. 일본은 동아시아 전체를 자신들의 세력권으로 삼는, 일본 중심의 국제질서를 세우려는 꿈이 있어서 중국과 조선을 욕심낸 것이다.

일본은 섬나라 영국이 이룬 팍스 브리타니카를 보면서 섬나라인 일본도 얼마든지 세계를 지배할 수 있다고 여기며 팍스 자포니카를 꿈꿨다. 중국이 누렸던 권세를 누리고 싶어 조선과 중국을 침략하고 미국에까지 대들었지만, 패전하면서 미국 밑으로, 팍스 아메리카나의 질서로 들어가 첫 번째 중간 보스가 됐다.

'팍스 자포니카'의 꿈

일본이 미국에 굴종적인 것 같아 보이지만 일본 사람들은 미국 유학은 잘 가지 않는다. 자기들끼리도 잘할 수 있다고 여긴다. 일본은 언젠가 미국의 힘이 떨어지면 중국과 경쟁할 수 있다고 생각한다. 중국은 여전히 성장 중이고 미국은 이미 저성장으로 가고 있는 것을 일본도 보고 있으니까.

큰 욕심으로 미국과 전쟁을 벌여 팍스 자포니카의 꿈이 좌절된 것에 대한 반성이기도 할 텐데, 일본의 계산은 아마 이럴 것이다. 다시 아시아의 주인이 되려면 그때처럼 해서는 안 되고, 일단 미국의 등에 업혀 국력을 유지해 나가면서 정상 국가가 돼야 한다. 정상 국가가 되도록 밀어줄 수 있는 나라는 미국밖에 없고 그러니 철저하게 미국 편에 서서 미국 입맛대로 놀아야 된다. 일단 중국을 견제하고 싶어 하는 미국을 이용해 중국의 힘을 빼고, 그러다 미국의 힘이 빠지면 후계자가 돼서 중국을 견제할 수 있는 나라가 될 생각인 것이다. 즉 덩샤오핑鄧小平 시절의 중국처럼 도광양회韜光養晦로 가고 있다. 그러다가 미국의 힘이 더 빠지고 자신들의 힘이 더 커졌다는 것을 확인하면 그때 일어나서 할 일을 하려고 할 것이다. 도광양회, '재능을 숨기고 힘을 기르면서 밖으로 드러내지 않는다'. 유소작위有所作为, '힘이 생긴 뒤에는 해야 할 일은 한다'. 화평굴기和平崛起, '그동안 꿇었던 무릎을 펴면서 평화롭게 우뚝 선다'. 그리고 중화부흥中華復興, '중국이 천하의 중심이었던 시절의 영광을 부흥시킨다'. 일본도 중국과 비슷한 길을 가고 있다. 중국이 중화부흥을 향해 나아가고 있듯이 일본은 대화부흥大和復興을 꿈꾸고 있다고 나는 생각한다. 일본 사람들은 스스로를 높일 때 화和 자를 쓴다. 지금 일본이 미국의 중국 경제 견제 전략에 적극적으로 동참하는 속마음에는 그런 비수가 숨겨져 있다. 소리장도笑裏藏刀. 공손한 태도로 웃고 있는 것 같지만 가슴 속에는 비수를 품고 있는 것이 일본이라고 봐야 한국 외교가 뒤통수를 맞지 않을 수 있다.

그리고 일본이 미국에 찰싹 붙을 수 있는 것은 우리와 달리 중국과 거리가 있어서다. 또, 일본은 한때 이기려고 했던 중국 밑으론 자존심 때문에 못 간다. 그러나 지금 쇠퇴하는 미국 밑에 들어가는 것은 잘하면 그 자리를 차지할 수 있다는 야망을 이루기 위해서니까 자존심이 상한다고 생각하지 않을 것이다. 도요토미 히데요시가 오다 노부나가 밑에서 자존심 죽이고 굽실거리면서 컸고, 도쿠가와 이에야스도 도요토미 히데요시 밑에서 자존심 죽이고 꾸욱 참으면서 때를 기다렸던 것과 같은 이치다. 이처럼 일본은 미국 밑에서 때를 기다리고 있다고 본다.

미국은 알지만 필요해서 일본을 대리인처럼 키웠다. 태평양전쟁에서 적국으로 싸우며 일본이 만만치 않다는 것을 확인했고, 일본이 가진 일종의 잠재력을 아주 높게 본 것이다. 지금도 일본을 이용가치만큼 대접해 주는 거다. 일본은 지금 세계 5위의 군사대국이다. 미국·일본·인도·오스트레일리아 4개국의 반反중국 군사동맹인 4자 안보회담 쿼드QUAD에서도 미국이 생각하는 일본의 이용가치가 드러나고 있다. 언젠가는 배반할 줄 알지만 중국을 견제해야 하는 상황에서는 더욱 일본이 필요하기 때문이다.

3장

한국, 일본, 중국은
가까워질 수 있을까?

최근 한국 사람들이 일본에 느끼는 반감은 더욱 커진 것 같다. 중국을 향한 반감도 만만치 않다. 일본과 중국에서도 그런 정서들이 있다고 한다. 이런 국민감정이 우리 외교 방향을 흔들기도 하고 국가 간의 갈등을 더하기도 한다. 우리는 이웃한 이 두 나라와 어떤 관계를 맺어야 할까?

나는 한국과 일본 그리고 중국은 각각의 역사 때문에 서로 가까워질 수 없다고 생각한다. 한·일·중은 지리적으로 가까운 만큼 역사적으로 복잡하게 얽혀 있고 그만큼 오랜 감정들이 쌓여 있기 때문이다. 나는 그 시작이 고대부터 천년 넘게 천하의 중심이자 초강대국이었던 중국이 일본을 무시한 데 있다고 본다.

한국과 일본,
오랜 역사로 얽힌 은원관계

일본으로 건너간 백제 후손들에게 한반도는 빼앗긴 땅

우리와 일본 사이에 얽힌 감정의 뿌리는 식민지 경험보다 한참 오래된, 임진왜란보다도 더 오랜 역사에서부터 살펴볼 만하다. 오늘날 도쿄의 서북쪽 사이타마현 히다카시日高市는 1895년까지만 해도 고마무라高麗村라는 지명으로 불렸고,* 규슈에는 구마모토熊本라는 지명이 있다. 고마는 고구려의 약자인 고려를 일컫는 것으로 이 지역에는 여전히 고구려의 흔적이 남아 있다. 구마모토의 한자 표기에서 웅은 한때 백제의 수도였던 공주의 옛 이름인 웅진熊津에서 비롯되었으며, 지명은 본향인 사람들이 사는 곳이라는 뜻으로 볼 수 있다. 이처럼 한반도와 일본열도는 얽히고설킨 역사를 이어왔다.

7세기 중엽 나당연합군과의 전쟁에서 패배한 백제의 지배층을 비롯한 유민들이 일본으로 건너가 지배층으로 자리 잡았다. 백제는 패망 이전에도 일본 왕실과 가깝게 지냈기 때문에 그런 일이 가능했다. 유민들에게 신라는 자기네를 쳐서 쫓아낸 적국이니 적대 의식이

---

* 히다카시에는 여전히 고마역과 고마가와역 등 고마가 붙은 지명과 유적이 많다. 대표적인 유적으로는 고마신사가 있다.

생길 수밖에 없고 한반도는 '빼앗긴 땅'이었을 게다. 모국에 대한 그리움과 원망이 겹쳐서 애증이 교차하는 곳, 한반도……. 1986년 출간된 최인호의 장편소설 《잃어버린 왕국》에 이런 사정이 잘 묘사되어 있듯이 백제와 일본은 매우 가까웠다. 백제 18대 전지왕腆支王은 일본에 있다 돌아와서 왕위를 승계했을 정도로 일본 왕실과 백제의 왕족들은 가까웠다. 또한 백제가 불교 등 선진문화를 일본에 전수해 주었기 때문에 신라에게 패망한 후 유민이 되어 일본으로 건너간 백제 사람들이 자연스럽게 일본의 지배층이 될 수 있었던 것이다.

지금 일왕의 할아버지 히로히토裕仁가 재임 중에 "우리 조상은 반도에서 왔다"고 밝혔고, 그 아들 아키히토明仁 일왕도 그걸 인정했다. 신라와의 전쟁에서 전사한 백제 성왕의 셋째 왕자인 임성태자의 후손이 2009년에 익산과 부여를 방문했는데 그때 "일본국가의 형성에 커다란 공헌을 한 임성태자의 업적을 기리며 백제의 후손임을 잊지 않고 대대손손 살아왔다"라고 할 만큼 일본에서 백제 유민들은 주류였다. 이런 역사적 은원관계 때문에 한반도와 일본열도 사이에는 앙금이 가시질 않았다.

같은 맥락에서 고려를 귀찮게 한 왜구도 단순하게 노략질만을 위해 반도에 왔다고 하기에는 지나치게 끈질겼다. 고려 때 특히 반도 해안지방과 내륙지방에까지 왜구가 많이 올라왔다. 고려 말에는 개성에 있던 이성계가 경상도 함양과 전라도 고창까지 왜구를 물리치러 내려가야 할 정도였고, 왜구의 침략이 고려 패망의 주요 원인이라고 할 수 있다.

조선시대에도 왜구가 해안에 출몰해 왜변이 끊이질 않았고, 임진왜란 전 조선과 일본이 교류한 내용을 보면 두 나라 모두 상대에게 대놓고 무례했다. 조선 조정은 통신사 파견을 요청하는 일본의 사신에게 '교화가 미치지 않는 야만국의 사신' 운운하며 거부했다. 결국 일본에 파견된 조선의 통신사가 일본에서 받은 대접도 무례함 그 자체였다. 후일 일본을 통일한 도요토미 히데요시는 조선 왕이 직접 자신을 알현하라는 요구를 한 적도 있고, 조선 조정이 '정명가도征明假道'를 거절했다는 명분을 앞세워 임진왜란을 일으켰는데, 삼국통일 후 800년 넘게 앙금으로 남아 있던 반도에 대한 그리움과 원한이 묘하게 작용해 터진 군사행동이었다고 볼 수 있다.

뒤에서 차세히 다룰 테지만, 당시 일본과 중국의 관계도 복잡했다. 일본은 국제질서의 중심인 중국에게 조공을 바치고 싶었다. 그런데 중국이 조공을 아무한테나 받지 않았기 때문에, 조선 초 일본은 중국한테 소개 좀 해달라고 조선에 요청했지만 들어주지 않았다. 우리보다 아래라고 봤기 때문이다. 일본의 영토가 되기전, 지금의 오키나와에 있던 당시 류큐왕국은 중국에 조공을 바칠 수 있는 나라였다. 일본은 최소한 조선만큼은 대접받고 싶었으나 끝내 무시당한 열패감과 조선이 도움을 주지 않은 데 대한 원망이 컸을 것이다.

대만도 일본 식민지를 겪었지만

우리는 1910년 대한제국이 일본과 한일병합조약에 강제 체결한 후 1945년까지 만 35년 동안 일본의 식민지였고, 대만은 청일 전쟁에서 패한 청나라가 1895년 일본한테 할양한 뒤 1945년 10월 25일 해방될 때까지 50년간 일본의 식민지였다.

그런데 우리나라와 대만 사람들의 일본관을 비교하면 큰 차이가 있다. 1973년 가을, 대만 유학을 가서 보니 대만 사람들은 진심으로 일본 사람을 좋아했다. 음식점이나 술집에서 일본 사람들을 극진하게 대하는 대만 사람들을 보고 벨도 없다고 생각했다. 식민 통치 기간이 우리와 불과 15년 차이인데 저렇게 완전히 일본화될 수 있나 하는 의구심도 들었다. 좀 더 알아보니 대만 사람들은 우리처럼 임시정부를 세우는 등 독립군 또는 광복군으로 나가거나 항일운동을 한 적이 없었다. 거기에는 역사적 맥락이 있다.

대만을 먼저 찾은 것은 중국 세력보다 서양 세력이었다. 17세기 초 해양 강국이던 네덜란드연방공화국의 국영기업 동인도회사가 37년 동안 점령하면서 포르모사Formosa, 아름다운 섬이라고 불렸다. 지하자원이 많고 경치가 수려한 보물섬이라는 의미였을 것이다. 이 시기를 흔히 네덜란드령 포르모사Nederlands-Formosa라고 부른다. 그나마 대만이 처음 중국과 의미 있는 관계를 맺게 된 계기는 청나라에 패망해 건너온 복명운동을 하는 사람들 때문이었다. 명나라를 다시 세울 힘을 키워서 본토로 돌아오겠다는 세력이었는데, 본토 공략 실패 후 타이완섬으로 쫓겨왔지만 결국 청나라 군대에 다 잡혀서 죽었다. 청나라가 태평성대를 누릴 때는 대만과 제일 가까운 곳이던 지금의 푸젠福建성 사람들을 강제 이주시켜서 대만을 중국화시키려고 했다. 즉 식민화한 거다. 그래서 대만 원주민들은 산속으로 밀려 올라가야 했다. 오늘날 그들은 대만에서 고산족으로 불린다. 이후 장제스蔣介石의 국민당이 중국 대륙의 주인이던 때도, 국민당과 마오쩌둥毛澤東의 중국공산당이 내전을 벌일 때도 대만은 그냥 잊힌 땅이었다. 일본의 식민지배를 받을 당시 대만 사람들은 청일전쟁에 패한 후 청나라가 자기네들을 서슴지 않고 버렸다는 데 서운해했다고 한다. 그리고 국공내전(1927-1949)에서 마오쩌둥의 공산당에 패한 장제스의 국민당이 1949년 난데없이 대만으로 도망와서 대륙 수복의 기지로 삼은데에도 불만이었다. 오늘날 국민당 후보를 누르고 연임에 성공한 차이잉원蔡英文의 민진당이 대륙 수복 대신 대만 독립을 지향하는 것은 이런 역사적 뿌리가 있다.

조선과 달리 대만은 중앙정부가 없었고, 스스로 중국 대륙과 한국가 한 민족이라는 개념이 별로 없어서 일본 사람들하고 쉽게 가까워질 수 있었던 것 같다. 또 대만 사람들이 누리고 있던 문화가 일본과 비교해서 우월하지 못했다. 신발도 없이 맨발로 살았는데 일본 사람들이 고무신을 신겨줬다고들 했다. 그렇게 문화의 충돌에서 오는 고통 같은 걸 느끼지 않고 그냥 바로 일본화된 데는 나름 다 배경이 있다고 생각한다. 그리고 일본은 조선에서와 달리 대만에서는 곡식이나 자원을 수탈해가지 않았다. 일본과 거리도 멀었고 대륙으로 가는 관문이라고만 생각했지 대만의 자원은 그다지 중요하게 생각하지 않았던 것이다.

우리가 해방 후 반민족행위자 처벌을 북한만큼 확실하게 못 한 것도 냉철하게 따져보면 이유가 있다. 평양에는 중앙정부가 없었기 때문에 일본 총독부 쪽에서 일했던 조선 사람들이 서울만큼 수가 많지 않았다. 미군이 들어온 뒤 서울에서는 총독부에서 일했던 사람들이 계속 미군정에도 협조했다. 사실 미군정 입장에서 볼 때, 일본 총독부에서 일하는 동안 조선 사정을 꿰뚫고 행정 경험도 있는 사람들을 협조자로 쓰는 것이 편리했을 것이다. 일제에 협조했던 사람들은 미군정에서도 쓰이다가 서둘러 수립된 대한민국 정부에서도 요직에 들어갔다. 말로는 반민족행위자를 처벌하겠다고 했지만 그 수가 너무 많고 반민족행위를 밝히는 일이 복잡하게 얽히고설켰기 때문에 손을 댈 수가 없었다. 반민족행위특별조사위원회도 1년 만에 해체됐다. 반면에 평양에는 중앙정부가 없었기에 일제에 협조한 사람들의 수가 서울보다는 적었고, 또 소련 군정이 평양에 들어섰을 때 친일 성향의 사람들보다는 조만식 선생 같은 반일민족주의 성향의 인사들이나 김일성 같은 친소 성향의 그룹들이 영향력이 있었기 때문에 북한 정권 수립 후 반민족행위자 색출과 처벌이 남쪽보다 신속하고 확실하게 이뤄졌다.

꼭 김일성이 잘나고 공산당이 잘해서가 아니라 북한에서는 친일 세력을 과감하게 처내버릴 수 있는 조건이 갖춰져 있었던 것이다.

한국과 중국,
가까워도 같지 않은 두 나라

중국에게 불가근불가원 원칙을 고수한 한국

우리는 지리적으로 중국 정치의 중심에 가까이 있지만, 바로 그런 이유로 역사적으로 중국에 불가근불가원의 원칙을 계속 유지했다. 조공을 바치고 중국으로부터 책봉을 받고 한자를 쓰면서도 중국 문화에 동화되지 않은 독특한 독자성과 정통성은 고수한다는 의식이 굉장히 강했다. 우리말을 유지하고 우리 문자를 새로 만들어 쓰고 역사도 고유하게 정리해 왔다. 우리말 발음과 비슷하게 표기하도록 만든 한글을 보편적으로 사용하면서 민족의식이 확실하게 뿌리 내리지 않았을까. 지리적으로 중국과 매우 가깝게 자리 잡고 있으면서, 또 중국 한자를 1,500년 이상 쓰면서도 고유한 말과 글자를 사용하고 민족의 정체성을 유지한 나라는 한국밖에 없다. 이건 흔한 일이 아니다.

몽골은 몽골제국과 원나라를 세워 중국 대륙을 지배하고 유럽까지 정벌해 대제국을 이루었지만 지금 몽골어를 제대로 말하고 쓰는 사람은 많지 않다. 몽골에서는 몽골어가 공용어지만 문자는 러시아 키릴문자를 쓰고, 중국 네이멍구內蒙古 자치구의 몽골족 대다수는 몽골어로 소통을 못 하고 중국어를 사용한다.

청나라를 세워 중국 역사상 가장 방대한 영토를 통치한 만주족, 여진족 가운데 지금 만주어를 아는 사람은 거의 없다. 만주어는 청나라의 공용어였음에도 오늘날의 만주족 사람들은 대부분 표준 중국어를 사용한다. 2008년쯤 베이징에 갔다가 청나라가 가장 번성했던 시절의 세 황제가 묻혀 있는 동삼릉東三陵을 둘러봤는데 만주족 안내인이 만주어를 못한다고 자백을 했다.

만주나 몽골은 베이징을 차지하고 왕조를 세워 중국 전체를 지배했음에도 불구하고 오히려 중국화되었다. 그런 면에서 중국과의 지리적인 근접성으로 말하면 만주, 몽골과 비슷했던 고려, 조선 그리고 한국은 독특하다. 한국은 인구가 5천만 명 정도밖에 안 되는 분단 국가임에도 G10까지 올라온 것을 보면 우리 DNA 속에 중국에 가까이 있으면서도 중국화되지 않는 독립성, 일본의 지배를 받으면서도 일본화되지 않고 정통성을 되찾아 일본과 겨뤄보려는 독특한 저력이 있는 것 같다. 만 35년 일본 밑에서 사는 동안 창씨개명한 사람들도 있었지만 독립운동을 하는 사람들도 있었다. 그렇게 해서 우리말이 유지됐고 우리 문자도 살아남았다.

우리는 항일 독립운동을 했던 분들을 높이 받드는데 대만은 그렇지 않다. 일본이 한때 점령했던 동남아시아 국가들도 우리만큼 치열하게 항일운동을 하지 않았다. 분단되지 않았으면 남북한의 인구가 7,500만 명인데 그러면 영국, 프랑스는 벌써 따라잡았을 것이다. 친한적인 생각을 가진 미국 전문 학자들의 얘기라 감안해서 들어야 하겠지만, 한국의 발전 속도가 이대로 유지된다면 10여 년쯤 뒤에는 독일이 일본을 제치고 G3 자리에 올라가고, G4는 영국이나 프랑스보다 한국이 차지할 가능성이 있다고 전망할 정도로 한국은 독특한 잠재력을 가지고 있다. 역사성에 뿌리를 둔 어떤 저력이 지금 피어나기 시작하는 것이다.

"일본 놈보다 조선 놈이 더 밉다"

중국과 한국이 가까워지기 어려운 원인에는 두 나라 모두 일본의 지배와 침략을 받았다는 역사적 사실도 있다. 일본이 세우고 경영한 만주국에서는 일본인이 1등 국민, 조선인이 2등 국민, 중국인이 3등 국민이라 했다고 한다. 그런데 2등 국민이라는 조선인들이 피지배계급인 중국 사람들을 괴롭히는 일제의 앞잡이 노릇도 했다. 많은 조선인들이 만주국의 군인이 됐는데, 일제 입장에서는 만주의 중국인들보다는 일찍 식민지배 통치를 받은 조선인들이 일본어도 알고 이미 일본화되어 부리기가 쉬웠기 때문이다. 간도에서는 조선인 출신 일본군 장교들이 독립운동가 토벌대를 지휘했다. 만주군 장교가 돼서 조선인에게 폭력을 휘두를 정도면 중국 사람들한테는 더 말할 것도 없었을 거다. 일제가 천년만년 갈 줄 알고 이들에게 협조하며 고압적으로 군림했던 조선 사람들은 전쟁이 끝나고 귀국할 때 중국 사람들한테 곤욕을 많이 치렀다고 들었다. 두들겨 맞기도 하고 죽임을 당하기도 하고. 중국 사람들이 일본 놈보다 조선 놈이 더 밉다고 했단다.

그런데 나는 일본이 그렇게 만든 면이 있다고 생각한다. 일본이 무력으로 만주를 점령해서 통치하는 데 조선 사람들을 하수인으로 쓰면서 '중국 사람들은 안 씻는다, 거짓말 잘한다, 뒤통수 잘 때린다'고 교육시켰다. 전통적으로 일본보다는 중국에 가까웠던 조선 사람들의 마음이 일본 쪽으로 오도록 만들기 위해서, 중국 사람들을 악마화시키려고 그런 이미지를 만들었을 것이다.

국제정치의 세계에서 이렇게 '적'을 설정하고 그 적을 악마화시키는 건 기본이다. 대부분의 사람들이 넘어간다. 국내 정치에서 야당 정치인들이 권력을 빼앗아 오기 위해 정부가 하는 일은 뭐든지 비판하면서 정부와 여당을 악마화한다. 국제정치의 세계에서도 누군가를 악마로 지목해야 한다. 악마가 최소한 하나는 있어야 한다. 일제시대 만주국과 조선에서는 그 악마를 중국인으로 잡은 거다. 그들을 가리켜 부르던 '되놈'이라는 말 속에는 더럽고 거짓말 잘하고 음흉한 이미지가 농축돼 있지 않나. 중국 문화권에서 미개한 족속이라고 멸시하며 이르던 오랑캐라는 말보다 더 얕잡는 말이 '되'다. 일본은 신생 제국으로서 하나라도 더 협조자를 끌어내기 위해 덩치도 크고 역사가 긴 중국을 악마로 설정했고 조선 사람들한테 그런 인식을 강하게 심어줬다.

중국 사람들은 우리를 어떻게 생각할까?

그런데 실질적으로 중국은 한국을 조금 아래로 보는 경향이 있다. 결혼 후 1973년 가을 타이베이로 유학을 가서 처음에 아파트에 방 하나를 세 얻어 들어갔다. 한국에서 왔다니까 집주인의 첫 질문이 '한국에 수돗물이 나오느냐, 길에 아스팔트 포장이 돼 있느냐'였다. 고등학교를 졸업하고 직장생활을 하는, 우리 부부보다 고작 네댓 살밖에 안 많은 젊은 부부가 그런 얘기를 하길래 무척 놀랐다. 대만이 그때 이미 집집마다 냉장고, 전기밥솥이 있고 텔레비전 방송이 컬러로 나오기에 우리보다 조금 선진국이라는 생각은 했지만 우리나라를 아주 형편없다고 보니 속으로 반발심이 확 일었다. 우리보다 수출을 조금 먼저 해서 돈을 많이 벌었는지 모르지만 우리가 전쟁만 안 겪었어도 너희 못지않았다, 하는 생각을 했다.

그러던 중 학교 도서관에서 이 책 저 책을 보다가 우연히 중국

고대사에 관한 책을 읽곤 깜짝 놀랐다. 조선이라는 나라의 유래를 설명하는데 이런 대목이 있었다. 진시황이 불로초를 구하기 위해 서복 徐福을 대장으로 삼아 어린 남녀 3천 명씩을 배에 태워 산삼이 많다는 조선의 명산인 금강산에 보냈단다. 그 옛날에는 바다를 가로질러 건너가지 못하고, 풍랑이 불면 언제든지 바로 육지에 닿을 수 있도록 해안을 따라 연안 항해를 했다. 그래서 시간이 많이 걸렸다. 보하이 만渤海灣에서 뤼순, 다롄을 지나 신의주, 남포 이렇게 서해안에서 남해안으로, 다시 동해안을 따라 금강산으로 올라가야 하는데, 그들이 중간에 들렀던 거제에 주저앉아 버렸다. 그래서 서복 일행이 오늘날 조선 반도에 사는 사람들의 조상이라는 거다. 거제 앞바다에 서복이 이곳을 지나갔다고 크게 새겨놓은 바위도 있다고 쓰여 있었다.

이는 믿을 만한 근거가 있는 역사적 사실이라기보다 구전된 이야기일 텐데 중국 사람들은 이런 내용을 역사로 배운다. 조선 사람을 중국 사람들의 후손이라고 읽고 배웠기 때문에 우리를 낮춰 보는 것이다. 그들이 한반도에 사는 사람들의 조상이라는 주장은 중국은 춘추시대 공자와 비슷한 시기, 우리로 따져보면 고조선 직후에 기자가 조선 땅으로 와서 퍼트린 자손들이 오늘날 한반도에 사는 사람들이라는 '기자동래설'에서 비롯되었는데, 근거는 태부족이다.

시리즈로 만든 역사책에 우리는 중국의 방계라고 정리돼 있으니 중국 사람들이 우리를 낮추어 볼 수밖에 없겠다는 생각이 들었다. 그 역사책은 중국 사람들, 적어도 국민당 치하 대만 사람들이 널리 보는 자료였다. 내가 열심히 찾아서 본 것도 아니다. 대만 국립정치대학 도서관에서 쉽게 접근할 수 있는 자리에 그 시리즈가 있었다. 그 뒷부분을 읽고는 더욱 깜짝 놀랐다. 삼국통일 이후와 원나라가 중국을 지배한 고려 후기부터는 완전히 속국으로 묘사되어 있었다.

생각해 보면, 원나라에 충성하고 공경하겠다고 고려 후기 임금 이름에 충 자, 공 자를 넣어 짓지 않았나. 대만으로 유학 가기 전 한국에서 석사 과정을 공부하며 미중관계를 연구한 하버드대학교 교수 존 킹 페어뱅크John King Fairbank, 수 위 탱Suu Yü Têng이 상세한 자료에 근거해서 쓴 책《청대의 조공제도On The Ch'ing Tributary System》(1941)를 보니까, 우리나라 중세사 시기에는 중국에 조공 바치느라 정신이 없었다. 중국하고 가까워지면 가까워질수록 문명국, 선진국이고 안전할 거라는 당시의 생각은 지금 미국하고 가까워지면 가까워질수록 안보가 확실해지고 국격이 올라간다는 생각과 똑같았던 것이다.

앞서 말했듯 대표적으로 동짓날 중국으로 떠나는 동지사가 있었다. 그래서 연경, 지금 베이징에 섣달그믐쯤 도착해서 신년 하례로 중국 황제—천자도 아닌 예부상서禮部尙書한테 조선 왕의 인사장을 올린다. 천자 얼굴도 못 봤다. 예부상서는 우리 식으로 하면 예조판서지만 천자의 나라는 장관이 상서고, 제후의 나라는 판서다. 우리가 공물을 바치면 중국이 답례로 그보다 훨씬 더 많이 주긴 했지만, 어쨌든 우리는 그렇게 지극정성으로 조공을 바쳤다. 1년에 네 번이라는 횟수를 꼬박꼬박 지키면서. 그쪽에 새 황제가 즉위하면 축하한다고 사절을 꼭 보내야 했고 다른 축하할 일이 있어도 보냈다. 우리 임금이 죽고 세자가 새 임금이 되려고 해도 중국 황제가 왕으로 인정한다는 명령을 받은 책봉사가 중국에서 올 때까지는 공식 임금이 아니었다. 선거에서 당선돼도 중앙선거관리위원회에서 당선증을 줘야만 당선자가 되고, 취임식을 해야 대통령이 되듯이. 중국에서는 조선 왕이라고 하지도 않았고, 이 지역을 다스리는 장군이라고 했다. 군권과 입법권, 예산권 등 행정권을 다 주지만 장군으로 임명했다. 중국 사람들이 이런 내용을 배운다. 과거 국경을 육지로 맞대고 있는 나라는 조공을 바치는 속국, 좀 더 점잖게 쓰면 번병藩屛 국가라고 배운다. 울타리 번, 병풍 병.

　　나는 그런 줄도 모르고 대만을 지리적으로 가까운 나라로만 알고 있었다. 대만으로 쫓겨 온 1970년대의 국민당 정부가 지금의 대만 사람들보다 그런 의식이 더 강했을 거다. 조그만 섬에 쫓겨 오느라 상한 자존심을 한때는 자신들이 아시아 전체를 호령했고 자신들에게 신세 진 나라들이 많다며 스스로 달래지 않았겠나.

　　국민당 정부가 일본에 치받히고 공산당에 쫓겨서 난징으로 그리고 충칭까지 밀려가면서도 대한민국임시정부를 데리고 다닌 것은 오랜 우호관계 때문이기도 하지만 중국 외교의 전통 원칙이었던 사대자소의 정신에 따라, 즉 조공 바치던 나라를 보호하는 게 당연하다고 여겨서였을 수도 있다.

그 역사책들을 읽고 나니 집주인이 왜 그런 말을 했는지 이해가 됐지만 다시 한번 강한 반발심 같은 것이 마음속에 일었다. 중국 사람들이 우리를 낮춰 보지 못하도록 하루빨리 국력이 커지고 국격이 높아지도록 노력해야겠다는 생각이 그때 강하게 들었다.

중국을 미워하는 마음

여론조사 설문을 어떻게 하느냐에 따라서 달라지겠지만, 요즘 중국을 싫어하는 국민 정서가 높다고 한다. 바로 옆에 있는 큰 나라고 우리와 교역도 많은 큰 시장이라 잘 지내야 한다는 것은 알겠는데, 어쩐지 좋아할 수가 없다는 것이다. 중국이 홍콩을 운영하는 방식, 공산당 정책 등에 비판적이었던 중국의 유명인들이 홀연히 사라졌다가 나타나서는 체제에 순응하는 모습을 보면서 후지다고 느낀다고 한다.

반중 정서가 최근 급격히 커진 데는 미세먼지가 중국 때문이라는 보도와 시진핑이 2012년 1인 장기 독재의 문을 연 뒤에 중국의 애국주의를 목격하고 부딪힌 경험들, 그리고 코로나19도 영향을 미쳤을 거다.

독재정권 시절에는 우리도 후졌다. 우리도 소득이 낮을 때는 애국심이 맹목적이고 유난스러웠다. 잘살게만 해주면 독재도 좋고 독재하는 대통령도 존경해야 한다고 말하는 사람들이 많았다. 독재정권은 상징 조작, 선전 선동을 이용해 애국심을 통치자에 대한 존경심으로 연결시켰다. 잘사는 집의 자식들은 뿔뿔이 놀지만 못사는 집 가족들은 단결력이 더 강하지 않나. 애국심도 결국은 집단주의다. 그런데 우리의 국민소득이 높아지면서 애국주의가 많이 옅어졌다. 개인주의로 가버린 사람들 눈에는 집단주의적인 애국심이 후져 보이는 거다. 반중 정서가 특히 강하다는 젊은이들은 우리의 1인당 국민소득GNI이 1만 달러 미만이었던 시절에 애국심으로 군사독재를 참고 견뎠다는 사실을 이해할 수 없을 것이다.

시기상 2016-2017년 사드THAAD 즉, 고고도미사일방어체계를 배치한 이후 한한령限韓令 때문에 우리 소상공인들이 많이 무너진 것도 중국에 대한 부정적 정서가 커지는 데 큰 영향을 미쳤다고 할 수 있다.

한편 박근혜 정부는 집권 말기 북한의 핵·미사일 때문에 사드를 주한 미군기지 내에 갖다 놓는 걸 허용해야 한다는 논리로 사드 배치를 정당화했다. 그러나 사드 체계의 일부인 엑스밴드 레이더의 탐지 거리는 2천 킬로미터나 된다. 따라서 주한미군 기지 내 사드 배치로 인하여 미국은 중국의 베이징과 상하이 등 주요 도시가 있는 화북·화동 지방과 동북3성 일대의 군사적 움직임을 감시하고 견제할 수 있게 됐다. 바꿔 말해, 북한 평계를 대고 주한미군 기지에 배치한 사드로 중국이 미국의 손바닥 안에 들어간 셈이 된 것이다. 중국의 한한령은 미국이 대중국 압박정책을 실행하는 데 협조한 한국에 대한 보복의 성격이 컸다. 그런데 이런 상황은 앞으로도 계속될 것으로 보인다. 미국과 중국이 힘겨루기를 시작한 2010년부터 경제력에서 중국이 미국을 따라잡는 속도가 빨라질수록 부국강병의 원리에 따라 중국의 군사력도 더 강화될 것이다. 그동안 미국이 태평양 사령부, 주일미군, 주한미군으로 동아시아를 호령했는데 중국한테 위협을 받게 된 상황에서 군사적으로 대비를 안 할 수는 없고, 그래서 불가피하게 한국에 사드를 배치했다. 그리고 그 유탄을 우리나라 기업과 소상공인 들이 맞은 거다. 관광회사, 비즈니스호텔 들이 다 망했다. 중국 관광객이 많던 명동, 신촌, 인사동, 홍대 등등의 기념품점과 식당 들도 다 망했다. 그러니까 중소상인의 가족들 입장에서는 중국 놈들 한한령 때문에 굶어 죽게 생겼다고 생각하지 않겠나. 근본 원인은 미국의 대중정책이고 더 근본적인 문제는 미국과 중국의 힘겨루기라는 설명을 해도 그게 무슨 소용 있겠나.

중국을 미워하는 마음이 자연스러울 수 있지만 해결책을 찾아야 할 때는 주의해야 한다. 싫고 좋은 것이 결정되면 그다음부터 선악으로 대체해 버리게 된다. '쟤는 미워, 나빠', 이런 생각에 빠져 있으면, 즉 싫은 것을 나쁜 것으로 여기게 되면 실질적으로 문제를 해결할 수 있는 방법이 안 보인다. 못 찾는다.

민주주의 체제에서는 정권 교체가 되면 권력자가 친한 정치인들을 아무 데나 박아버리는 바람에 정확한 문제 해결책을 찾기 어려워지기도 한다. 그러나 정치인들은 이념 논쟁을 할지라도 특히 정책을 세우는 장관, 차관이나 청와대 수석 들은 그런 논쟁에 사로잡히지 말고 해결책을 찾아야 한다.

중국을 좋아할 필요까지는 없지만 척을 져서는 안 된다. 무엇보다 군사력 세계 3위인 중국이 지척에 있는 지정학적 위치에서 우리는 빠져나갈 수가 없다. 땅덩어리를 짊어지고 이사 갈 수도 없다. 경제적인 측면에서 보면 중국과의 교역액이 우리 전체 대외 교역액의 25퍼센트다. 미국, 일본과의 교역을 합친 것보다 더 많다. 게다가 일본에는 절대적으로 적자고 미국에서 조금 흑자인데 지금까지 중국과는 절대적으로 흑자다. 그 이익으로 세계 10위 경제대국에 이르렀고 지금 우리가 먹고살고 있다. 명동, 신촌, 강남에 중국 관광객들이 북적이는 풍경이 문 닫은 가게들 보는 것보다 훨씬 좋지 않나.

힘과 이익으로 움직이는 국제정치의 세계에서 어떻게 하면 우리가 피해를 적게 볼지, 그러려면 중국과 미국 사이에서 어떤 외교를 해야 할지, 이 문제를 고민해서 그에 맞는 길을 찾아야 한다.

일본과 중국,
동아시아를 차지하려는 경쟁관계

일본은 중국을 지나라고 불렀다

일본은 지금 우리보다 한자를 더 많이 쓰고 한자를 변형시킨 가나를 문자로 쓰고 있다. 유럽 문명을 만나기 전까지 일본은 어떻게든 중국 중심의 국제질서에 들어가려고 많은 노력을 했다. 강대국과의 관계는 생존을 좌우하니까. 하지만 중국이 상종을 안 해주는 바람에 중국 중심의 국제질서 속에서 일본은 완전히 변두리, 가장 밑바닥에 있어야 했다. 일본은 항상 중국에 선망과 멸시, 열등감과 질시라는 양가감정이 있다.

중국이 일본을 상대하지 않은 이유는 우선 지리적으로 국경에서 멀리 떨어져 있는 관계로 굳이 관리할 필요가 없었기 때문이다. 기후 탓이지만 속옷에 두루마기까지 겹겹이 입고 관을 써서 의관을 정제하는 중국 문화권의 예의 관점에서 일본 사람들의 행동거지와 차림새를 상스럽게 여겼다는 견해도 있다. 그런데 중국이 일찍부터 지금의 오키나와인 류큐왕국의 조공을 받은 것을 보면 의관은 핑계일 것 같고, 류큐왕국이 위치상 일본보다는 상대적으로 가까워 일찌감치 중국과 거래하면서 중국 문화를 받아들이다 보니 조공을 받는 관계가 된 것 같다.

그런데 중국으로부터는 무시를 당하고 조공도 못 바쳤지만, 일본은 일본 나름으로 야망이 있었다. 일본이 세계의 중심이고 일본의 영광이 사방으로 퍼져 나간다는 개념을 담은 욱일기를 이미 6세기부터 사용했다. 태양이 떠오르는 땅이라는 뜻을 가진 일본이라는 국호도 6세기부터 썼다. 19세기 중후반 서구 유럽 문명을 접하면서 중국 중심의 아시아 국제질서의 끝자락에서 벗어나 차라리 유럽 중심의 국제질서 속으로 들어간다는 탈아입구를 선언하고 서양식 부국강병을 이뤘다. 일본은 그 욱일기를 들고 1894년에 청일전쟁에서 이겼고 1905년에 러일전쟁에서도 이겼다. 그 여세를 몰아 1905년 7월 29일 미국과 가쓰라-태프트협약에서 미국은 필리핀을 먹고 일본은 조선을 먹기로 밀약한 후 같은 해 11월 17일 조선-대한제국의 외교권을 빼앗는 을사늑약을 강제적으로 체결했다. 이어서 1910년에 한일병합조약으로 중국 밑에 있으면서 거드름 피우던 조선을 강제로 병탄했다. 제1차세계대전에 연합국 측으로 참전해 1914년 중국 칭다오를 점령했고, 1931년 중국 대륙의 뒤통수인 만주를 먼저 점령해 1932년 괴뢰국으로 만주국을 세우고 그걸 토대로 중국 대륙을 일본 영토로 만들기 위해 1937년에는 중일전쟁을 일으켰다. 급기야 1941년에는 태평양전쟁을 일으켰다. 일본은 이런 식으로 동아시아 전체에 일본 중심의 국제질서를 세우려고 했다.

중국 중심의 국제질서에서 벗어나 승승장구하던 일본은 중국을 중국이라 부르고 싶어 하지 않았다. 별 볼 일 없어진 중국한테 '천하의 가운데'라는 말을 붙여주기 싫었던 것이다. 그 대안이 일본에게는 지나支那였다. 전국시대 말 천하를 통일한 진秦나라가 서양에 차이나China로 알려지면서 붙여진 중국의 이름인데 지나는 China의 음역인 셈이다. 20세기 초중반 일본은 중국을 군이 지나로 불렀고, 이는 천하의 중심 국가라는 뜻을 가진 '중국'을 부정하고 싶은 의지의 발로가 아니었나 싶다. 우리나라에서도 중국을 지나로 지칭한 적이 있다. 1919년 3.1기미독립선언서에 지나가 나오고, 《한국통사》(1915)를 쓰고 임시정부 2대 대통령을 지낸 백암 박은식 선생도 중국을 지나로 불렀다. 아마 우리한테도 중국은 이미 천하의 중심이 아니라는 인식이 있었지 않나 싶다.

일본과 중국은 서로 좋을 수 없다

중국도 우리와 비슷하게 일본의 침략과 지배에 대한 반감이 있다. 아무것도 아닌 것들이 찝쩍거리더니 중국을 심지어 패배자로까지 만들었다는 원한 같은 것이다. 특히 일본이 중국을 점령하려고 1937년 12월부터 1938년에 걸쳐 난징 인민 수십만 명을 무자비하게 죽이고 학대한 난징대학살 사건이 있었다. 일본은 잡아떼지만 중국은 우리와 마찬가지로 일본을 상대로 과거사 문제를 제기하면서 사과하고 배상을 하지 않으면 상종하지 않겠다는 입장이다. 천하를 호령하던 중국이 일본한테 패배한 것도 부끄러운 일이고, 치욕스럽게 시달렸던 기억이 있는 데다 지금 일본이 미국 등 여러 동맹 국가 뒤에 숨어 실질적으로 중국을 압박하도록 부추기고 있으니 아마 중국으로서는 미국보다 일본에 대한 감정이 더 좋지 않을 거다. 표면적으로는 앞장서 밀고 들어오고 사사건건 문제를 제기하는 미국이 귀찮고 밉지만 그 뒤에 일본이 숨어 있다는 걸 아니까. 중국으로서는 기회만 오면 언젠가 한번은 일본을 치고 싶다는 생각을 가지고 있지 않겠나.

우리는 일본에 대한 미움 때문에 작은 나라로 보지만 사실 일본은 큰 나라다. 인구수는 한국의 두 배가 넘고 2021년 말 IMF 추계에 따르면 GDP 면에서 미국, 중국에 이은 세계 3위 경제대국이다. 2010년 중국한테 2위 자리를 내주기 전에는 부동의 2위를 누린 적도 있었다. 군사력도 미국, 러시아, 중국, 인도, 일본, 한국 순이니, 자위대일 뿐인데도 우리를 앞선 군사력을 가지고 있다.

한때는 아시아에서 가장 강한 나라였고 그 힘으로 조선을 침략하고 만주도 침략했다. 중국 대륙 지배를 꿈꾸며 태평양전쟁까지 벌였다. 1941년 미국한테까지 대들었다가 원자탄을 맞고 좌절됐지만, 일본은 자국 중심의 국제질서인 대동아공영권—팍스 자포니카를 세워서 아시아의 주인 행사를 하고 싶었던 그 꿈을 아직 품고 있다고 나는 본다. 중국은 중국대로 팍스 시니카의 부활을 꿈꾸고 있다. 팍스 자포니카를 성사시키려는 꿈과 팍스 시니카 부활의 꿈은 서로 충돌한다. 그런 점에서 일본과 중국의 관계는 처음부터 좋을 수가 없다. 그나마 우리가 중국하고 그런대로 사이좋게 지낼 수 있던 것은 우리에게는 적어도 팍스 코리아나의 꿈이 없기 때문이다. 팍스 코리아나의 꿈을 꿀 수 없는 건 우리가 지정학적으로 강대국 사이에 끼어 있고, 더구나 분단의 역사를 겪고 있는 영향이 크다.

3부

미소 냉전 시기의 국제정치

1장

미국은 어떻게
국제질서를 만들었나?

영국은 미국보다 산업혁명에 먼저 성공한 나라다. 미국이 유럽 여러 나라의 식민지배를 받을 때 영국, 프랑스, 스페인 등 유럽 국가들은 여기저기 식민지를 개척하고 거느리면서 제국을 이뤘다. 하지만 2차대전 이후에는 군사, 경제, 기술, 문화 등 분야를 가리지 않고 미국을 당할 나라가 없었다. 미국이 세계를 움직이는 힘은 어디서 나오나?

군사질서에서 경제질서로
그리고……

1차대전 직후에는 영국이 힘이 있었지만 그동안 힘을 비축해 온 미국의 기세를 당할 수 없었다. 시간이 지날수록 힘의 격차는 벌어졌다. 역시 인구수가 중요하다. 영국은 본토 인구가 현재 6,800만 명 정도다. 영국에서 임명한 총독이 통치하는 해외 영토까지 포함하더라도 1억 명쯤 되려나. 그중에는 영국 국력에 도움이 되는 경우도 있지만 부담인 나라도 있다. 반면 미국은 본토 인구만 3억 명이 넘는다.

미국은 우선 덩치가 크니까 2차대전이 끝난 뒤 비공산권에서 완전히 대장이 됐다. 처음에는 막강한 군사력 때문이었다. 군사질서에서 우두머리가 된 것을 기회로 경제적으로도 세력을 키웠다. 휘하에 들어와 있는 나라들에게 원조를 해주면서 '바이 아메리칸 정책Buy American Policy'을 들이밀었다. '살 거 있으면 미국 물건 사라'는 정책이다. 우리나라에도 이 정책을 썼다. 1950년대 우리는 증기기관차밖에 없었다. 증기기관차는 석탄으로 움직이니까 석탄만 있으면 자력갱생할 수가 있다. 광부들이 탄광에서 고생을 좀 해야 하지만 말이다. 미국은 그런 우리나라에 디젤기관차를 보내줬다. 이때 '바이 아메리칸 정책'이 함께 따라왔다. '아주 편리하고 속도도 빠르고 힘도 세다. 근데 우리 미국이 만든 디젤유를 사다 써야 돼.' 기계를 주고 그것을 움직이는 데 필요한 자재, 원료, 소모품은 미국 제품을 사서 쓰도록 만들면서 점점 경제적 종속관계로 만들어 가는 거다.

일본도 그렇게 됐다. 일본이 기술 개발력이 높지만 무기는 미국에 의존할 수밖에 없다. 전범국가이기 때문이다. 우리도 미사일을 만들 기술이 있었지만 미국이 허락을 안 해줘서 못 만들었다. 그러다가 2021년 5월 21일 워싱턴에서 열린 문재인-바이든 한미정상회담에서 미국이 미사일 지침을 해제해 줌으로써 사거리가 긴 미사일을 비로소 만들 수 있게 됐다. 42년 만이다. 미사일 사거리 제한이 풀리니까 이제는 우주선도 발사할 수 있다. 우리 외교의 성과이기도 하지만 중국을 견제하려면 한국을 키워줘야 한다는 미국의 계산도 작용했다.

군사질서를 장악해서 경제질서도 미국화시키고 외교 안보도 완전히 미국 중심으로 돌아가게 만들더니 그다음은 무슨 짓을 하는가. 정보질서를 장악한다. 미국은 보고 들을 수 있는 장비도 많고 여러 나라에 파견된 외교관이나 정보원도 많다. 그것들로 세계의 경제 정보나 군사, 안보 관련 정보 등을 수집하고 가공해 제공함으로써 동맹국들이 미국의 품 안에서 살 수밖에 없도록 유도한다. 그들이 쓰는 좋은 장비를 내주지 않기 때문에 북한 핵이나 대륙간탄도미사일 ICBM 동향에 대해서도 우리는 도리 없이 미국이 제공하는 정보에 의존해 정책을 수립하고 대처할 수밖에 없다. 눈과 귀를 미국한테 맡기고 사는 셈이다. 그것도 미국이 수집한 원정보는 듣지도 보지도 못한 채 가공된 정보만 제공받는다. 그러니까 미국이 새로 만든 무기를 팔고 싶으면 우리가 미국 무기를 안 사고는 위험해서 못 살 것처럼 만든다. 그러면 우리는 그 무기를 갖다 놔야 안심을 하고 그렇게 국방비를 늘리는 식으로 끌려간다. 물론 모든 것은 '동맹 강화, 확장 억제'라는 말로 정당화되고 미화된다.

정보질서가
만들어지는 과정

초등학교 저학년 때 시골 큰집에 가면 동네에 아재들이 많았는데 세상 물정을 모르는 나를 그야말로 데리고 놀았다. "세현아, 이 모퉁이 돌면 아주 맛있는 과일이 열리는 나무들이 있는데 혼자 가면 귀신 울음소리 나고 비 오는 날에는 도깨비도 나온다." 나는 무서워서 어쩔 수 없이 아재들 말을 잘 들으면서 심부름도 하고 따라다녔던 적이 있다. '혼자 가면 위험해. 항상 나하고 같이 움직이고 내가 하자는 대로 해야 돼.' 정보질서는 이렇게 만들어지고 작동한다.

국제정치의 세계에서 최상위에 있는 국가는 나 어릴 적 큰집 동네 아재들처럼 허술하거나 역전 껄렁패들처럼 노골적일 수는 없으니 핑계를 그럴듯하게 대야 한다. 그런 명분을 만드는 게 싱크탱크의 역할이다. 미국도 국가이익을 키우기 위해서 가지고 있는 힘, 즉 무력, 정보력, 경제력 그리고 그동안에 여러 나라들과의 은원관계에서 구축된 정치력 등을 행사할 때 상대가 저항할 수 없도록 핑계나 명분을 만드는 싱크탱크를 여럿 가지고 있다.

국제정치의 세계에서 정부, 언론, 학계는 굉장히 강하게 유착되어 있다. 예를 들면 언론은 싱크탱크가 만든 핑계를 미국 영향권 안에 있는 여러 나라에 퍼트리고 이를 진짜 정보로 둔갑시켜 기정사실화한다.

대표적인 예로 미국이 북한 문제를 어떻게 다루는지 살펴보자. 미국은 각종 정찰기, 휴민트HUMINT 등을 이용해 정보를 모으고, 그것을 싱크탱크에서 정리해 내놓는데, 죄다 미국의 입장을 정당화할 수 있는 핑계이기 일쑤다. '앞으로 북한의 추가 핵 보유 가능성에 대해 여러 의견이 있지만, 북한이 사실상의 핵보유국이 되는 것을 막으려면 협상보다는 압박이 잘 먹힌다는 것에는 전반적으로 의견이 같다.' 싱크탱크가 이런 의견을 내놓으면, 정부 당국자도 한마디씩 하고, 언론은 그걸 크게 실어 확산시킨다. 대한민국, 일본에서 〈워싱턴포스트〉나 〈뉴욕타임스〉에 나오는 얘기는 무조건 진실로 받아들여진다.

미국은 누구도 물어보지 않았지만 북한이 지속적으로 핵 활동을 하고 있다고 수시로 중계방송을 하는 한편 한국에는 무기를 판다.

1 미국은 어떻게 국제질서를 만들었나?

'북한이 끊임없이 개발하는 핵과 미사일을 막기 위해서는 좀 비싸지만 새 정찰기를 너희 한국이 사야 돼.' '북한 미사일을 막는 사드를 우리가 배치할 테니까 찍소리 말고 가만히 있어.' 북한 핑계를 대며 비싼 무기를 사게 만들고 중국을 겨냥한 사드를 배치할 수 있는 것은 미국이 국제 정보질서를 좌지우지하는 힘이 있기 때문이다.

1차 산업 시기에 중국이 농사에 꼭 필요한 천문 정보를 가지고 주변 국가들을 관리한 것처럼, 지금 미국은 안보 관련 정보질서를 장악해서 우리나라, 일본, 대만, 유럽 등 여러 나라를 관리하고 무기를 판다. 정보를 모을 수 있는 좋은 장비를 안 주고 북한 동향이나 핵, ICBM에 대한 가공하지 않은 정보, 즉 원정보를 주지 않기 때문에 미국이 주는 정보를 믿고 그들이 팔려는 무기를 사는 수밖에 없다.

군사 정보는 특히 더하고, 경제 정보 역시 그것을 다루는 연구 기관, 발표 기관이 대부분 미국 영향력 아래 있다. 그런 식으로 군사질서를 장악해 꼼짝 못 하게 하고, 경제질서를 장악하면서 경제적으로 예속시킨다. 외교 쪽에서도 완전히 미국의 말만 듣게 만든다. 그리고 정보질서를 장악해서 군사·경제질서를 영속화하는 데 이용한다.

국제정치 세계에서 처음에는 폭력 그 자체가 힘이었는데 이제는 전쟁을 할 필요가 없다. 폭력을 노골적으로 쓰기보다 휘하의 나라들을 위협할 수 있는 잠재적 적성 국가들의 군사 상황 정보를 흘려놓으면, 동맹국들은 꼼짝 못 하고 미국 품 안으로 들어올 수밖에 없다. 예전에 중국이 조공을 받는 대가로 작은 나라들을 보살펴 줬다면 미국은 무기를 팔아먹는 대가로 정보를 주고 동맹이라며, 보호해 준다며 끌고 가는 식이다.

이렇게 미국은 점점 세력을 넓혀 군사대국이 되고 경제대국이 되고 국제 정보질서를 장악해서 조그마한 나라들이 딴짓 못 하고 미국 말을 듣게 만든다.

앞서 말했듯 김일성은 "이 지구상에 크고 작은 나라는 있지만 높고 낮은 나라는 없다"라고 말했지만, 그건 중·소의 간섭과 통제를 벗어나려는 나름의 명분이나 주장일 뿐이었다고 할 수 있다. 국제정치의 세계에는 분명히 높고 낮은 나라가 있다. 크고 높은 나라는 군사·경제·정보질서를 장악해 나가면서 작은 나라들을 낮은 나라로 평가하며 줄 세우기 하는 것이 예사다. 그런 일들은 군사력의 강약에서 비롯되지만 민주주의니 가치동맹이니 하는 각종 명분을 동원해 정당화하고 동맹국들을 마취시킨다. 그리고 경제적으로도 긴밀해지는 것이 좋다고 믿도록 만든다.

소련과
경쟁하던 시대

2차대전이 끝난 뒤 팍스 아메리카나와 소련 중심의 공산권 국제질서라고 할 수 있던 팍스 소비에티카^{Pax Sovietica}가 전 세계를 갈라 먹었다. 소련은 1922년부터 1991년까지 69년 동안 완전히 상명하복하는 동유럽 위성국가들을 거느렸다. 북한도 중국도 한때는 소련 밑에 있었다. 땅도 넓어서 지구 육지 면적의 6분의 1을 차지했다.

미국은 소련의 팽창정책을 막으려고 1950년 이전에 '컨테인먼트 폴리시^{Containment Policy}'라는 봉쇄정책을 공표했다. 소련에게 동유럽 국가들을 데리고 노는 건 좋지만 서유럽까지 나오는 건 안 된다고 밝힌 거다. 그렇게 서쪽을 막고 동쪽으로는 소련과 공산 중국의 팽창정책을 막을 봉쇄선^{Containment Line}을 발표했다. 원래는 봉쇄선이 38선을 지나 대만해협까지 이어졌는데 1950년 1월에 난데없이 미국의 국무장관 딘 애치슨^{Dean Acheson}이 봉쇄선을 38선이 아니라 대마도해협을 거쳐 대만해협으로 물린다고 선언해 버렸다. 봉쇄선 안에 한국을 포함시키지 않는다는 의미였다. 그러자 김일성이 '이때다' 하고 1950년 6월 25일 소련제 탱크를 앞세워 남침을 감행한 것이다.

냉전시대라는 국제정치 상황에서 강대국인 미국이나 소련은 휘하의 나라들에게 고압적이었지만 서로 경쟁관계였기 때문에 중간

지대가 있을 수밖에 없었다. 인도, 이집트, 인도네시아 등 중간지대에 있는 나라가 반대편으로 가지 않도록 초청도 하고 방문도 해주고 원조도 해줬다. 작은 나라 입장에서는 어느 한쪽에 확 붙어 지원을 받으면 종속성이 커진다. 얻어먹는 만큼 굽히고 들어가야 하니까.

20세기 한국의 국제관계는
어떠했나?

신라가 고구려와 백제를 무너뜨린 이후 한반도에 들어선 나라들에게 '국제'는 오직 중국뿐이었다. 다른 나라와 관계를 맺을 필요가 없는 시기가 길다 보니 여러 나라가 부상하는 새로운 국제질서를 체험하지 못했다. 그런 역사를 가지고 독립한 대한민국이 어떤 국제질서 속에서 어떻게 국제관계를 맺어왔는지, 정권마다 어떤 변화가 있었는지 살펴보자. 이해할 점도 있을 테고 다시 생각해 보고 새로 결심해야 할 대목도 있지 않겠나.

이승만 정부:
친미와 반공, 명분이자 도구

어차피 한국의 국제관계는 한미관계를 중심으로 풀어나갈 수밖에 없다. 이승만 정부 시기부터 이야기해 보자.

1-3대 대통령을 지낸 이승만은 조선시대에 태어나 한국의 독립운동에 적극적으로 참여하다 투옥됐다. 석방 후 배재학당에서 미국인 선교사를 만나 미국으로 건너갈 기회를 얻어 학사, 석사, 박사학위를 취득했고 주로 미국에서 독립운동을 했다. 나중에 미국 대통령이 된 토머스 우드로 윌슨Thomas Woodrow Wilson이 프린스턴대학의 총장일 때 이곳에서 박사과정을 밟던 이승만이 난데없이 윌슨 총장을 찾아가 딸을 자기한테 달라고 했다고 한다. 미국에서는 이승만을 머리 검은 미국인으로 여겼단다. 영어에 능통했고 반공 의식이 굉장히 강했던 이승만으로서는 한반도가 남북으로 분단되고 북한에 친소정권이 들어설 가능성이 높은 상황에서 미국에 기댈 수밖에 없었을 것이다. 대한민국 정부 수립 후 대통령에 취임한 이승만은 반공을 분명히 해야만 미국이 도와줄 것을 귀신같이 읽었다. 그때부터 우리가 미국 밑으로 들어갔고 그래서 반공이 국시처럼 자리를 잡았던 것이다.

냉전시대에는 미국이 지금보다 덜 일방적이었다. 작은 나라도 운신의 폭이 좀 있었고 미국은 그런 나라들을 자기네 편으로 끌어들이기 위해 베풀고 배려하기도 했다. 그런 상황에서 우리나라는 처음부터 철저하게 미국에 의존했다. 예컨대 6.25 전쟁 발발 19일 만인 7월 14일 이승만 대통령은 한국군의 전시작전통제권을 유엔군 사령관, 즉 주한미군 사령관한테 넘겨버렸다. 미국과는 완전히 사대자소의 관계로 들어간 셈이다. 중국이 천하를 호령하던 시절, 주변의 작은 나라가 큰 나라인 중국을 섬기면事大 중국은 그 작은 나라를 보살핀다는字小 중국식 국제관계 운영 원칙이 사대자소였다는 점에서 우리 국군에 대한 전시작전통제권을 유엔군 사령관에게 이양하고 미국의 보호를 받기로 결정한 것은 참으로 안타깝고 씁쓸한 외교정책 결정이 아닐 수 없었다.

철저하게 미국의 말에 복종하니 미국이 참전해 군대를 보내 싸워주었고 전쟁이 끝난 뒤에는 식량 원조도 많이 해주었다. 과거 중국과 사대자소 관계라는 선례가 있는 이 한반도에서 6.25 전쟁을 계기로 한미관계가 비슷하게 고착되었다고 하면 과한 말일까? 세월이 흘러 조선 사람이 양복을 입고 넥타이를 매고 단발을 한 한국 사람이 됐지만 머릿속에서 외교란 여전히 사대자소에서 시작했다. 이승만 대통령이 왕조적 개념이 아직 남아 있던 전환기의 인물이라는 점도 영향을 미쳤을 거다. 1960년 3월 15일 대통령 선거를 앞두고 내가 중 3이었던 1959년 말인가 1960년 초에 헬기를 타고 전주까지 와서 전주공설운동장에 전주 시민과 학생 들을 모아놓고 연설을 할 때였다.

그때 나는 그분 연설을 직접 들었는데, 국민이라는 단어를 써야 할 대목에서 계속 백성이라는 표현을 썼다. 매우 의아했다. 백성? 왕조시대 임금이나 대신 들이 쓰던 말 아닌가? 미국 유학까지 했다면서 백성이라는 말이 입에서 쉽게 나오다니 참 이상하다는 생각을 하지 않을 수 없었다.

2차대전 후 분단된 한반도 남쪽에 미군정이 들어선 상황에서 어떻게든지 권력을 잡으려면 미국 편에 서야 했다. 미군정 사람들의 도움을 받아야 했고 그러려면 권력을 잡을 때까지는 그 사람들을 불편하지 않게 해줘야 했다. 그렇게 미국을 떠받들게 됐고 상해임시정부 법통 같은 것은 무시할 수밖에 없었다. 이승만의 배후 조정으로 그렇게 된 건 아니겠지만 미군정은 상해임시정부 사람들을 배제했다. 대한민국임시정부라는 정통성을 가진 부담스러운 집단이었기 때문에 무시가 아니라 배제했다. 상해임시정부의 직함은 전혀 인정하지 않았다. 한꺼번에 들어오지도 못했다. 임시정부 주석이었던 김구 선생을 비롯한 상해임시정부 요인들은 개인 자격으로 들어왔다. 미국이 보기에 대한제국 법통을 이어받은 민족사적 정통성이 있는 대한민국임시정부는 미국과는 별개로 움직였다. 게다가 김구 선생만 해도 국내에 들어와서 정치적으로 뿌리를 내리면 미국 말을 안들을 것 아닌가. 당연히 미국은 고분고분 말을 잘 듣는 사람들을 원했다. 그리고 미군정 내에서는 이미 일제에 협조했던 사람들이 전문가 자격으로, 행정 관리로 계속 일을 하고 있었다. 이들 역시 독립운동가들이 들어와서 행세하면 곤란했다. 자신들의 반민족행위가 드러나니까.

임시정부 초대 대통령 자리에서 탄핵됐던 이승만은 주한미군 군정에 협조하며 그들을 적절하게 활용했다. 이승만이 반공을 분명히 하면서 협조하겠다고 하니 미국은 그를 대통령으로 밀어줬다. 반공은 자기 권력 장악의 명분이면서, 미국 밑으로 들어갈 수밖에 없는 이유였다. 지금은 자유총연맹으로 이름을 바꾼 관변단체 반공연맹을 만들어서 국민 정서를 반공으로 끌고 갔고, 반공을 권력 장악 및 유지의 명분으로 내세우고 활용했다.

반공이 옳으냐 그르냐의 문제가 아니다. 권력을 행사할 때 내세우는 명분은 옳고 그름이 없다. 권력자 입장에서는 그 순간 핑계 대고 넘어갈 수 있으면 되는 것이다.

이승만 대통령이 다시 한번 북쪽으로 밀고 올라가 압록강, 두만강을 수복해야 한다고 휴전을 반대하는 바람에 우리가 6.25 전쟁 휴전협정에 서명을 못 했다고 얘기하는 사람도 있다. 하지만 그건 잘못 알고 있는 거다. 이승만 대통령이 휴전을 반대한 건 사실이지만, 전시작전통제권이 없어서 휴전협정에 서명할 자격이 없었기 때문에 서명을 못 한 것이다. 휴전협정이란 원래 군사령관들이 서명하는 법적 권능을 가진 조약이다. 1950년 6월 25일에 전쟁이 터지고 사흘 만에 부산으로 피신했고, 전쟁 발발 19일 만인 7월 14일 유엔군 사령관 모자를 쓴 주한미군 사령관한테 한국군의 전시작전통제권을 넘겨준 사람이 바로 이승만 대통령이다.

박정희·전두환 군사정부: 친미를 통한 정통성 만들기

그다음에 들어선 박정희, 전두환 그리고 노태우 정부까지, 이들은 기본적으로 군사정부의 존재 이유를 북한의 남침 가능성에서 찾았다. 언제 다시 북한이 전쟁을 일으킬지 모르는 상황에서 한국의 대통령은 그냥 정치인이 아니라 군인이어야 한다는 주장을 했고, 국민이 그걸 당연하게 받아들이도록 만드는 여러 조치가 있었다. 그중에는 상징 조작도 있었다. 박정희 정부 때인 1968년 광화문 한가운데 세워진 이순신 장군 동상이 대표적이다. 이순신 장군 영정을 모신 현충사에도 박정희 전 대통령의 글씨를 새긴 현판이 걸려 있고, 행주대첩비가 있는 행주산성 내 권율 장군 영정을 모신 충장사의 현판과 행주대첩비의 제자題字도 당시 박정희 대통령이 직접 쓴 것이다. '나라를 구하는 것은 군인이다'라는 의미일 텐데, 사실 권율 장군은 문관 출신으로 임진왜란 때 도원수를 맡았었다(조선에서는 전쟁이 나면 총사령관인 도원수에 문관을 앉혔다).

아무튼 박정희 대통령 시절에는 초등학교마다 충무공 동상을 세웠다. 군인이 나라를 구한다는 상징 조작이었다. 또한 그때는 군사독재를 운명으로 받아들이고 순종하게 만들기 위한 명분이 반공이었다. 6.25 전쟁을 겪으며 남북이 분단된 데다가 최빈국이었고, 1970년대까지는 국력이 비등비등하던 북한과 체제 경쟁을 해야 했기에 반공과 미국을 선택한 것은 불가피한 측면이 있었다. 하지만 현실에 비해서 지나치게 북한 핑계를 댔다. 중앙정보부가 간첩 사건을 만들기도 했다. 대표적으로 인혁당 사건이 있다. 법원이 판결을 내리고 24시간이 채 지나기도 전에 사형을 집행했다. 반체제 인물이 될 가능성이 있다고 하면 멀쩡한 사람을 간첩으로 조작해서 죽였다. '대들면 이렇게 되는 수가 있어' 하는 식으로 경종을 울리는 효과가 있으니 몇 사람을 희생양으로 만든 거다.

박정희 대통령은 자주국방의 기치를 내걸었다. 1970년대 국방부 건물 꼭대기에 쇠로 크게 자주국방이라고 새겨놓았다. 미국은 우리가 진짜 자주국방을 이뤄서 한미동맹 위상이 부차적으로 떨어지면 주한미군을 나가라고 할 수 있다고 여겨서, 이때부터 미국과 박정희 대통령과의 사이가 불편해졌다. 우리가 자주국방으로 갈 수 없도록 만드는 미국의 미사일 사거리 제한 같은 조치도 이때 나왔다.

1980년대로 넘어오면서 중국의 개혁·개방 본격화 등 국제정세의 변화로 북한이 경제적으로 마이너스 성장을 시작하게 되자 대남 차원에서 1970년대만큼은 힘을 쓰지 못했다. 그러나 전두환 정부 역시 군인이 대통령이 돼야 한다고 강조하려니까 북한 핑계를 댈 수밖에 없었다. 그래서 북한 대남 적화 전략을 자꾸 부각시키면서 전두환 대통령을 중심으로 뭉쳐야 한다고 강조했다. 북한이 금강산 쪽 북한강 상류에 댐을 쌓고 있는데, 공사가 끝난 뒤 남쪽을 향해 있는 수문들을 동시에 열어 물을 방류하는 '수공작전'을 펴면 여의도 국회의사당이 꼭대기 둥근 지붕만 보일 정도로 서울이 물바다가 된다면서, 이를 무력화시킬 '평화의댐' 건설을 위한 모금운동을 벌이기도 했다. 그런 겁박성 홍보를 하는 동안 국민들 사이에서는 반북-반공 의식이 강화됐고, 이는 군사정권의 존재 이유로 자연스레 연결됐다. 이런 상황에서는 비판이나 불만을 제기하면 안 된다고 믿도록 끌고 갔다.

사실 남한이 빠른 경제성장을 한 1970년대를 지나면서 북한은 이미 남한의 적수가 아니었다. 그런데도 군사정권은 관성적으로 반공을 앞세우며 폭압 정치를 정당화하려고 했다. 대표적인 사건이 1980년의 5.18 광주민주화운동 무력 진압이다.

박정희·전두환 정부는 군사독재를 정당화하는 핑계로 반공을 내세웠고 그걸 평화통일로 포장했다. 통일을 달성하려면 우선 반공을 전제로 국력을 강화해야 한다는 말을 반복하며 통일을 군사독재 정권의 존재 이유 및 장기 집권의 명분으로 삼았다.

노태우 정부:
북방정책과 미국 모시기

노태우 정부 때부터는 좀 바뀌었다. 반공이 아니라 평화 공존을 모색하면서 1988년 7.7선언으로 북한과의 적극적인 교류를 제의했고 한-소, 한-중 수교도 제안했다. 물론 미·일의 대북 수교도 제안했지만 한-소, 한-중 수교는 성사된 반면 북-미, 북-일 수교는 협상도 없었다. 이런 와중에 1991년 9월 46차 유엔총회에서 남북한이 동시에 유엔 회원국이 되었고, 1991년 12월에는 남북총리급회담에서 남북이 서로를 공식 인정하면서 불가침과 교류 협력하자는 취지의 남북기본합의서를 남북 총리들의 명의로 채택하였다. 이런 남북관계의 변화는 노태우 정부가 이전 정부와는 달리 북한 평계를 대는 대신 국제정세의 흐름을 잘 판독하고 이용했기 때문에 가능했다.

노태우 정부가 놓치지 않은 국제정세의 변화란 어떤 것이었나? 1980년대 중반부터 소련에서도 개혁-개방^{Perestroika-Glasnost}이 시작되면서 동유럽 국가들의 체제 전환 움직임이 나타나기 시작했다. 소련은 미국과의 우주 경쟁 등을 포기하고 미-소 공존을 모색했다. 연장선상에서 1989년 12월 2-3일 지중해의 몰타섬에서 미국의 조지 H.W. 부시^{George H. W. Bush} 대통령과 소련의 미하일 고르바초프 공산당 서기장의 정상회담이 열렸다. 당시 소련의 최고 권력자였던 고르바초프가 미국에 사실상 항복하면서 동서 냉전이 끝나게 됐다. 노태우 정부는 이런 판세를 잘 읽어내고 적시에 움직였기 때문에 1990년 9월 소련, 1992년 8월 중국과 수교하며 북방정책이 결실을 거둘 수 있었다. 더 이상 반북-반공이 정권의 존재 이유와 정당성의 근거로 쓰이지 않게 된 것이다. 국제질서의 변화가 국내 정치의 통치 명분과 통치 구조를 바꾼 사례라고 할 수 있다.

소련, 중국과의 수교는 경제적 의미가 있을 뿐만 아니라, 두 나라가 군사동맹 수준의 우방국인 북한에게 주는 정치·외교·군사적 지원을 약화시키고 둔화시키는 효과도 있었다. 연결해서 북한으로 인해 발생하는 우리나라의 미국 의존도를 줄이는 효과도 있었다고 할 수 있다. 대표적으로 노태우 대통령이 소련과 수교하면서 빌려준 차관을 무기로 돌려받은 일을 들 수 있다. 소련에 30억 달러를 차관으로 주기로 약속하고 수교했는데, 1차로 15억 달러를 먼저 지급한 후 그에 대한 원리금 상환이 시작되면 2차로 나머지 15억 달러를 주겠다는 조건이었다. 그런데 소련이 1991년에 완전히 쪼개졌고 소련을 승계한 러시아는 경제력이 확 떨어졌다. 세계 최대의 밀 수출국 우크라이나에서 들어오던 돈을 비롯해 소련 시절 연방 가맹 공화국들로부터 오던 돈줄이 끊겨버리자 러시아는 돈이 없다고 차관을 갚지 않았다. 결국 러시아는 1998년 모라토리엄(채무불이행)을 선언했다. 돈을 갚지 않은 상황에서 우리나라에 나머지 15억 달러를 마저

달라고 요구했고, 우리는 합의문대로 원리금 상환이 먼저라고 일축했다. 이에 러시아는 고육지계로 군사 장비와 기술로 차관을 상환하겠다고 제안했고 한국 정부가 이를 수락했다. 바로 '불곰사업'이라고 알려진 것이다. 그때 미국에서 난리가 났다. 미국 입장에서는 한국 무기 체계의 대미 의존도를 100퍼센트로 유지하고 싶은데, 러시아 무기가 차관 상환금 대신 한국에 들어오면 한국의 무기 체계에서 미국에 대한 종속성이 떨어지고 10퍼센트든 20퍼센트든 미국 무기 사는 데 쓰는 돈이 줄어드니까. 무기 시장을 잠식당한다는 생각 때문에 미국이 난리를 쳤지만 우리는 결국 미국의 동의 없이 러시아 무기를 들여왔다. 북한의 무기 체계가 결국은 소련의 무기 체계로부터 시작됐기 때문에 북한 무기 체계에 대한 이해를 높인다는 명분과 우리가 빌려준 돈을 받고 러시아에 2차 차관을 제공하겠다는 약속도 지켜야 한다는 논리로 노태우 대통령이 버텨서 실행한 거다.

노태우 정부 때 북방정책을 추진하는 과정에서 소련 무기를 들여온 것은 우리 무기 체계를 다각화하고, 미국 의존도를 줄이고, 북한 무기를 직접 파악할 수 있게 되면서 지피지기 원리에 입각해 우리가 상대적으로 북한보다 우위에 설 수 있는, 내지는 견제할 수 있는 능력을 갖추는 결과로 이어졌다. 그 덕에 러시아 무기를 모방하거나 역설계해서 독자적으로 만든 무기도 많이 있다. 러시아가 나로호 발사를 도와준 것도 그 연장선이었을 거다. 미국은 절대 우리에게 로켓

기술을 알려주지 않는다. 노태우 정부가 차관 상환금 대신 러시아의 무기를 받은 것은 일타쌍피 정도가 아니라 일타오피였다.

하지만 노태우 정부 역시 미국과는 상하관계였다. 군인이었던 박정희, 전두환은 쿠데타로 대통령 자리를 차지했기 때문에 국민 정서상 정통성을 인정받지 못했다. 그래서 미국이 인정해 주어야만 그나마 정통성이 생기는 구조였다. 우리 국민은 군사정권을 인정할 수 없지만 미국은 항상 옳고 미국이 인정한다면 우리도 따라갈 수밖에 없다는 인식이 있었다. 국민 의식이 그러니 그때 한미관계는 완전히 상하관계가 될 수밖에 없었다.

민주주의는 국민의 자발적인 선거로 뽑힌 사람을 국가의 지도자로 삼는다. 그런데 국민들의 인정 없이 총칼로 권력을 잡은 사람이라도 미국 가서 미국 대통령과 사진 한번 찍고 오면 인정해 주는 건 그 옛날 조선의 세자들이 중국에서 책봉을 받아야만 비로소 정식 왕이 되는 것과 똑같지 않나. 미국이 인정하니까 어쩔 수 없다? 핑계다. 어떻게 보면 한미관계에서 사대자소적 관계가 군사독재 정권의 정통성을 부여하는 명분이 돼버렸다. 미국은 자기들의 동북아 정치에 협조자로 활용하기 위해서 우리 군사정권을 인정했고. 노태우 대통령은 직선제로 뽑혔지만 국민과 당원이 참여하는 경선을 거쳐 대통령 후보가 된 것이 아니라 당시 민주정의당 전두환 총재의 지명으로 됐다. 그리고 노태우 대통령 임기 중 비밀리에 추진한 3당 합당 때문에 정통성을 갖기 어려웠다. 미국은 노태우 대통령이 국내에서의 정치적 정통성이 약하기 때문에 밀어주면 미국 말을 잘 들을 거라고 본 거 같다.

6.25 전쟁 때 대한민국 국군의 전시작전통제권이 유엔군 사령관 즉 주한미군 사령관한테 넘어갔고, 한국 군대가 완전히 미국 군대의 일부가 돼버렸다. 그래서 장교가 되고 별을 달고 준장, 소장, 중장, 대장 올라가는 동안 본인도 모르게 미국화되어 버린다. 군인이 잘나가려면 미국에 갔다 와야 한다고들 한다. 외교부에서도 잘나가려면 주미대사관에서 한번 근무하고 와야 한다. 그렇게 한국 사회에서는 뿌리 깊은 미국 중심의 질서와 문화가 구축되어 있다.

미국이
우리 정통성의 근거인가?

대만 유학 시절 경험 때문에 미국 세상이 된 상황에서 우리 대통령들이 계속 책봉받듯이 미국 가서 사진 찍고 오는 것을 더 유심히 봤던 것 같다.

선거가 아닌 방식으로 정권을 잡은 사람들은 미국 대통령을 만나고 오면 국내 권력이 안정됐다. 5.16 쿠데타로 권력을 잡은 박정희 대통령도 미국에 가서 존 F. 케네디 대통령을 만나고 온 뒤 국내에서 정치적으로 안정이 됐다. 돈을 뿌렸건 애원을 했건 큰 나라 미국이 대한민국 대통령으로 인정했으니 우리가 아무리 떠들어도 소용없다고 받아들이는 사람이 많았다. 전두환 대통령은 광주에서 어마어마한 일을 저지르면서 그야말로 총칼로 권력을 잡은 뒤 미국에 가서 로널드 레이건 대통령을 만나려고 무지하게 애를 썼다. 국가 통치권자로서 정통성이 없으니까 미국 대통령 한번 만나서 사진 찍는 것으로 정통성을 만들려고 한 거다.

5.18 광주민주화운동 과정을 정확하게 알고 있는 미국으로서는 레이건 대통령이 전두환 대통령을 쉽게 만나주면 한국 국민의 반미 감정이 거세질 수도 있겠다는 판단을 했던 것 같다. 그래서 처음에는 굉장히 애를 먹였지만 결국 만나줬다. 미국 놈도 별거 아니었다. 공정한가 했더니, 중간에 무슨 조화가 일어났는지는 잘 모르지만, 결국에는 안 되는 일도 되는 수가 있더라.

노태우 대통령은 체육관 선거는 아니고 직선제로 대통령이 됐기 때문에 정통성 면에서 그렇게까지 꿀릴 건 없었다. 그럼에도 미국 대통령을 한번 만나야만 국내 정치적으로도 시빗거리가 없다고 생각했는지 무조건 만나려고 했다.

참 속상하다. 우리나라에서는 대통령 후보만 돼도 미국으로 날아가서 최소한 국무부 장관하고라도 사진 한 장 찍어야 홍보 자료로 쓸 수 있다고 생각한다. 우리 국민들은 그렇게 사진 찍고 오면 미국에서 인정을 받고 있으니 괜찮겠다고, 당선 가능성이 높다고 여긴다. 그러니 굳이 미국에 가서 미국 대통령이나 국무장관이라도 만나려고 애를 쓰는 것이다. 지금도 취임한 대통령이 미국 대통령을 며칠 만에 만났는지, 맨날 헤아리지 않나.

외교정책의 1번 목표, 안보의 첫 번째 수단은?

그러면 미국이라는 동맹이 우리에게 얼마나 중요한가? 엄격히 말하면 동맹은 안보의 보조 수단이다. 한 국가의 외교정책의 목표는 첫째가 안보Security다. 둘째가 번영Prosperity, 셋째가 권위Authority다. 첫째 목표인 안보의 방법론에서 1번은 자주국방이다. 혼자서 감당 못 할 때 동맹의 힘을 빌리는 것이다. 안보는 먼저 자기 힘으로 확보를 해야지 처음부터 남의 힘으로 보장받으려고 하면 안 된다. 그러면 자칫 속국이 될 수 있다. 세상에 공짜는 없지 않나. 1950-1960년대에는 우리가 자주국방의 힘이 너무 약했고 국력도 북한보다 아래였다. 공산화될 뻔한 것을 미국이 구해줬고, 앞으로도 계속 보호해 주겠다는 약속이 1954년 맺은 한미상호방위조약이다. 그때는 동맹을 중시할 수밖에 없었다. 동맹이 안보 그 자체였으니까. 동맹의 힘으로 안보를 지탱하는 동안에 무슨 일이 있었는가. 경제가 발전했다. 자주국방에 돈을 안 썼으니까. 그런 점에서 동맹이 기여한 바가 있다. 그때 우리가 군사력에 적게 투자해도 군사적으로 위험하지 않게 미국이 보호해준 덕에 우리가 마음 놓고 경제를 키워서 잘살게 됐으니까 미국을 고맙게 생각해야 한다는 얘기는 말이 된다.

하지만 그렇다고 앞으로도 영원히 굽신굽신할 수는 없지 않나. 세계 10대 경제대국에 6대 군사대국이 된 마당에도 계속 동맹 타령을 해서야 되겠는가. 인턴으로 회사 생활을 시작할 때는 보고서의 글자 모양과 크기까지 사수나 팀장에게 묻는다. 하지만 경력이 쌓이면 스스로 이끌고 결정하는 팀장이 되어야 한다. 계속 졸졸 쫓아다니면서 하라는 일만 하면 되겠는가. 다른 나라들이 괄목상대할 만큼 컸으면 이제 자기 안보는 자기 힘으로 챙겨야 하지 않겠는가. 지금도 한미동맹만 외치는 사람들은 아직 1960-1970년대의 안보 개념에서 못 벗어난 거다.

동맹보다 상위개념이 자주국방이다. 동맹은 안보의 첫 번째 방법이 아니라 두 번째 방법이다. 그럼에도 불구하고 한미동맹을 안보의 전부인 것처럼, 동맹 그 자체가 국방의 목표인 것처럼 말하는 사람들이 있다. '미국 품을 벗어나면 위험해. 빨갱이들이 그걸 노리고 있어.' 이건 대미 굴종을 정당화하려는 명분, 핑계일 뿐이다.

4부

미국 일방주의시대, G2로 올라선 중국과 선진국이된 한국

미국의 세력권은
어디까지일까?

미국 중심의 국제질서에서 보자면 미국이 최상부에 있고 넘버2
로 동쪽에는 일본, 서쪽에는 영국이 있다. 그 밑에 넘버3, 넘버4
쯤으로 동쪽에는 한국, 서쪽에는 프랑스, 독일이 있다. 세계는
60년 이상 이런 피라미드 모양을 이루고 있었다.

미국 중심
국제질서의 시작

1972년 미국 리처드 닉슨 대통령이 중국을 방문하면서 미국과
소련이 경쟁하던 세계가 새로운 질서로 들어섰다. 그후 어떤 일이 벌

어졌는지 이야기해 보자.

　냉전시대 초기에는 중국도 소련 중심의 국제질서 안에 들어가 있었다. 하지만 중국은 적어도 한때 아시아 대륙에서 천하를 호령하던 나라였다. 소련의 지도자 이오시프 스탈린이 사망한 뒤, 1950년대 중반부터 중국과 소련 사이에 분쟁이 일어났다. 이념분쟁이 먼저 일어났고 국경분쟁으로까지 번졌다. 중국과 소련이 원수가 되려고 할 때 그 틈을 더 벌어지게 만든 인물이 바로 미국 닉슨 정부의 국가안보보좌관 헨리 키신저^{Henry A. Kissinger} 박사다. 1971년 7월, 파키스탄을 여행하던 대통령 안보보좌관 헨리 키신저는 하루 동안 나타나지 않았다. 아프다고 했던 그는 그 시간에 베이징에서 일급비밀 업무를 수행하고 있었다. 저우언라이^{周恩來} 중국 총리를 만났던 것이다. 1971년 7월 15일, 닉슨 대통령은 중국의 방문 초청을 수락했다고 밝혔다. 1972년 2월 베이징에서 중국의 최고 권력자 마오쩌둥 중국 국가주석을 만나고 저우언라이 총리와 미중정상회담을 한 결과를 2월 28일 '상하이 공동성명'으로 발표했다. 내용은 미국이 중국과 관계를 개선해 나가면서 장차 정식 수교까지 하겠다는 내용이었다. 이로써 중국이라는 큰 덩어리가 팍스 소비에티카에서 떨어져 나갔다. 키신저와 닉슨이 국제질서의 판을 새로 짜고 나가자 2차대전 이후 공산권 위성국가들을 거느리며 군림했던 막강한 팍스 소비에티카의 힘이 현저하게 떨어져 버렸다.

1989년 말 소련의 공산당 서기장 고르바초프는 더 이상 미국과 경쟁할 수 없다고 판단했다. 그동안 미국과 군사 경쟁, 우주 경쟁을 하다 보니 인민경제가 망해서 더 이상은 못 하겠다고 손을 들었다. 1989년 12월 2-3일 이틀 동안 지중해에 있는 몰타공화국 해안에 배를 대놓고 미국의 조지. H.W. 부시 대통령과 소련의 고르바초프 공산당 서기장이 정상회담을 한 결과, 미·소 경쟁시대는 막을 내렸다. 몰타 미소정상회담을 계기로 2차대전 이후 공산권을 호령하던 소련이라는 대제국이 45년 만에 사실상 무너졌고, 미·소-동·서 냉전도 끝난 셈이다. 이로써 미국 중심의 국제질서가 강화되었다. 이후 미국이 전 세계적으로 유일한 슈퍼 파워, 초강대국으로 군림하며 미국 중심의 국제질서가 전 세계를 좌지우지하는 시대가 열렸다. 그러면서 미국의 외교는 미소 냉전시대에 비해 일방적으로 변하기 시작한다. 30여 년이 지난 지금, 미국의 세력은 어디까지 뻗어 있을까?

유럽,
마음의 고향

세계의 많은 나라에 미국 군대가 있다. 미국 군대가 있다는 것은 미국 영향권, 세력권이라는 징표이고, 파견된 미군의 수가 많을수록 미국이 그 지역을 중시한다고 볼 수 있다. 유럽에 있는 미군 규모가 동아시아, 태평양의 주둔 미군보다 작지만 유럽에는 나토의 모자를 쓴 미군이 5만 명쯤 있다. 군대뿐만 아니라 군사 고문단 등 이런저런 명찰을 달고 주둔해 있다. 영국, 독일, 노르웨이에도 300명 이상, 나토 본부가 있는 벨기에에도 1천 명 이상이 상주한다. 유럽 전체를 나토가 관리하고, 전 세계 170여 나라에서 매년 미군이 참여하는 군사훈련을 하고 있다.

미국의 구성원 중에는 유럽에서 온 이민자가 가장 많다. 그러니 유럽을 뿌리로 여기는 사람들도 많지 않겠나. 미국이 2차대전 때 유럽에 공을 많이 들였다. 전쟁 물자를 다 댔고, 전쟁이 끝난 뒤에는 먹여 살리다시피 하며 투자도 많이 했다.

드와이트 아이젠하워Dwight D. Eisenhower 장군과 더글러스 맥아더Douglas MacArthur 장군의 엇갈린 삶에서도 미국이 유럽을 각별히 중요하게 여기는 마음이 드러나는 것 같다. 두 사람 모두 2차대전에서 연합군의 승리를 만들었다는 공통점이 있다.

유럽연합군 최고사령관 아이젠하워는 2차대전에서 나치를 패망시키고, 노르망디상륙작전(1944)으로 전세를 뒤집어 승리를 이끌었다. 아이젠하워는 나중에 미국 대통령이 됐다. 맥아더는 태평양전쟁에서 연합군 사령관으로서 일본의 항복을 받아냈을 뿐만 아니라 6.25 전쟁 때 유엔군을 이끌고 인천상륙작전(1950)을 성공시켰다. 군인으로서의 경력에서는 맥아더가 아이젠하워보다 한 수 위였을 텐데 이후 아이젠하워는 미국 대통령까지 됐고 맥아더는 해임되어 은거했다. 나는 이 차이가 미국이 유럽을 더 중시했기 때문이라고 생각한다.

중동,
석유가 있는 곳

모든 나라가 석유로 경제를 발전시키지 않나. 미국은 석유로 세계경제를 장악하고 세계 경제질서를 움직일 수 있다고 계산하기 때문에 중동지역을 중요하게 여기고 있으며, 그만큼 이 지역에서 미국의 영향력도 크다. 오일 폴리틱스Oil politics라는 말이 나올 정도로 석유를 장악하고 석유 수송로를 통제하면 다른 나라들의 생명 줄을 쥐는 효과가 있다. 중국 등 미국의 이해에 큰 영향을 미치는 국가들에 석유가 들어가는 양과 속도를 조절함으로써 그 나라 경제 상황과 발전속도를 미국이 좌지우지할 수 있는 동력이 중동 장악에서 나온다.

미국이 중동에 군사적 지원을 제공하는 대신 원유 거래 통화를 미국 달러로 지정하도록 만들면서 모든 나라가 석유를 사기 위해선 필수적으로 외환보유고를 달러로 채워야 하기 때문에 현재와 같이 미국의 석유 패권이 유지된다고 볼 수 있다.

중동의 석유는 미국이 다른 나라들을 죽이고 살릴 수 있는 힘의 원천이자 미국 중심의 경제질서를 확립하고 유지해 나가는 동력이다. 석유가 있는 중동의 국가들이 평화롭게 지낸다면 엄청난 오일머니로 번영을 이루고 힘이 세질 거다. 또 사이좋게 지낸다면 힘을 합해 미국의 이익이 아니라 그들의 이익을 추구할 거다. 미국의 입장에서는 중동 국가들이 서로 갈등하고 충돌하며 따로 움직일수록 이 지역을 장악하기 좋다. 그래서 태생적으로 중동 국가들과 갈등을 안고 있는 이스라엘에 군사적·외교적으로 힘을 보태줌으로써 이스라엘과 각을 세우는 나라들의 힘을 뺄 수 있다. 뿐만 아니라 이슬람교의 수니파와 시아파 사이의 충돌을 부추기는 등 중동지역에 혼란을 조장하는 경우가 많다. 미국이 점령했던 이라크와 아프가니스탄은 미군이 철수한 뒤 큰 어려움을 겪고 있다. 게다가 아랍 국가들의 무기보다 이스라엘 무기가 압도적으로 첨단이다. 이스라엘이 자체 개발한 무기도 뛰어나지만 미국이 이스라엘한테는 최고급 무기를 판다. 일본한테 파는 것보다 더 고급이다. 군사력은 단순히 무기의 수와 화력을 더한 게 아니다. 명중률이 중요한데, 이런 식으로 이스라엘의 군사력을 키우는 데 도움을 주는 것이다.

중동은 경제적·군사적 경쟁 대상이라기보다는 미국의 경제적인 지배권을 더 키우기 위해서 장악해야 하는 중요한 도구다.

중앙아시아,
러시아를 견제하다

과거 소련의 일부였던 중앙아시아의 우즈베키스탄, 카자흐스탄, 키르기스스탄, 타지키스탄 지역도 미국에게 중요하다. 1991년 소련이 해체되는 바람에 러시아로 작아졌지만 아직 중앙아시아 국가들에 대한 영향력은 남아 있기 때문이다. 그래서 미국은 러시아를 견제할 수 있는 요충지로서 우즈베키스탄에 미군을 주둔시키고 있다. 미사일도 배치해 놓았을 거다.

아프리카, 미국의 직접적인
영향권은 아니지만

다음으로 아프리카에 대해 이야기해 보자. 아프리카가 중국 영향권에 있다고? 아직까지는 아니다. 1960-1970년대 중국은 아프리카 국가들에 많은 경제원조(사실은 출혈 원조)를 하면서 자기편으로 끌어들이려고 시도했는데 결국 소용없었다. 아프리카 국가들은 과거 식민 종주국이었던 영국이나 프랑스의 품을 떠나지 못하고 있다. 예를 들면 아프리카 대륙 서쪽에 프랑스 식민지였던 말리, 코트디부아르, 니제르, 기니, 모리타니, 부르키나파소 같은 나라들은 다닥다닥 붙어 있는데도 그 나라들끼리 직접 전화 연결이 안 됐었다. 말리와 코트디부아르가 직접 연결이 안 되고 말리에서 프랑스를 거쳐야 코트디부아르로 연결할 수 있었다. 오래된 일이지만 1970년대 말, 발레리 지스카르 데스탱Valery Giscard d'Estaing이 프랑스 대통령일 때 아프리카 국가 대사관에 근무하던 친구에게 들은 얘기가 놀라웠다. 프랑스 대통령이 아프리카의 식민지였던 나라들을 쭉 한 바퀴 돌면서 한 해 동안 밀렸던 월급을 다 해결해 준다고 했다. GDP 규모가 크든 작든 국가가 예산을 세우고 국민에게 돌아갈 복지 예산, 공무원 임금 등등을 써야 하는데 자기네 세금으로 월급을 못 줬다는 거다. 그러니까 자기 대통령보다는 프랑스 대통령을 더 모신다는 거다.

프랑스 식민지였던 아프리카 국가들 대부분이 독립한 지 60년이 넘었지만 프랑스는 그 나라들에 여전히 강압적으로 영향력을 행사하는 것 같다. 원자재 같은 천연자원을 헐값에 가져가는 등 프랑스가 지금까지 얻었던 이익을 지키기 위해서다. 프랑스가 설계하고 프랑스 재정부가 발행하고 통제하는 CFA 프랑을 쓰는 나라가 아프리카에서 10개국이 넘는다. 프랑스는 심지어 자국만의 화폐를 도입하려는 나라에 위조지폐를 뿌려 경제를 붕괴시키기도 했다. 프랑스의 지배에서 벗어나려는 지도자들을 주저앉히기 위해 암살하고 반군을 지원하고 학살을 묵인했다. 직접 군대를 보내 이들 정부를 무너뜨리기도 하면서 프랑스는 아프리카에서의 영향력을 놓지 않으려 했다. 프랑스가 나쁜 놈들이다. 프랑스 지도층과 결탁해 권력과 이익만 챙기는 아프리카의 지도자들도 문제다. 2006년까지 아프리카에 수출을 가장 많이 하는 나라가 프랑스였고, 2022년 현재 아프리카 55개 나라 중 프랑스어를 공용어로 지정한 나라가 23개국이다. 프랑스는 또한 아프리카 8개국과 방위협정을 맺었고 프랑스 특수부대 1만여 명이 차드, 중앙아프리카공화국, 가봉, 세네갈 등지에 주둔하고 있다. 프랑스 품 안에서만 살아서는 안 되겠다고 각성하는 사람들도 아프리카에서는 아직 힘을 갖지 못하는 것 같다.

영국은 동부 아프리카에서 탄탄한 세력 기반을 갖추고 있다. 케냐에는 주둔군도 나가 있고 7개국의 공식 공용어가 영어다. 아프리카 국가의 수출은 식민 모국과의 관계에 크게 의존하고 있고, 프랑스어와 영어, 두 언어를 공용어, 공동 공용어로 지정한 나라가 40개국이 넘는다. 아프리카는 미국의 직접 영향권은 아니지만 아프리카에 지대한 영향력을 가진 프랑스와 영국이 미국 영향권 안에 있다.

그런데 프랑스가 아프리카에서 민심을 잃고 있고, 중국과 아프리카 국가들의 관계가 급속도로 가까워지고 있다. 중국은 경제면에서 EU에는 뒤지지만 12년 연속(2009-2021) 아프리카 최대 무역 파트너의 지위를 유지하고 있다. 2010년대 내내 아프리카의 3대 경제대국 중 하나인 남아프리카공화국의 최대 교역국도 중국이었다.

아시아 태평양 지역,
G2 중국이 있다

나토 병력을 제외하면 미군이 가장 많이 주둔하는 곳은 아시아 태평양 지역이다. 그중 일본에 주둔하는 미군이 미국 본토를 제외하고 세계 최대 규모다. 일본을 감시하는 측면도 있고, 일본이 태평양을 미국의 바다로 만드는 전초기지 역할도 해주고 있다. 한국에 있는 미군의 숫자는 2만 8천 명 정도로 일본보다는 적지만 한국은 미국에게 일본 못지않게 중요하다. 옛날에는 북한 때문이었다지만 지금은 중국 때문이다. 경기도 평택시에 있는 캠프 험프리스는 미군의 해외 기지 가운데 세계 최대 규모다.

지금 미국에게 동아시아는 유럽이나 중동 못지않게 중요한, 최대 국제정치적 관심사다. 유럽에서는 미국의 국제질서에 도전하는 국가가 안 나오고 중동 세력 중에서도 마찬가지다. 그런데 중국이 갑자기 커지고 있다. 일본이 G2로 미국 GDP에 가장 근접했을 때도 미국 GDP의 40퍼센트 미만이었는데 미국 레이건 정부는 선진국들을 모아 환율을 조정해서 일본을 주저앉혔다. 1985년 '플라자 합의Plaza Accord'인데 사실상 미국이 압력을 넣어 환율 조작을 받아들이도록 한 거다. 그런데 중국의 경우는 미국이 제압할 타이밍을 놓쳤다. 미국이 20세기의 우선순위대로 유럽, 중동에 신경을 쓰는 동안 중국이 급속히 커지면서 일본한테 썼던 방식을 쓸 수 없을 지경이 되어버린 거다. 2010년 G2로 올라선 중국이 GDP 면에서 미국을 따라잡는 속도에는 가속도가 붙은 것 같다. 2010년에 미국 GDP의 40퍼센트를 달성하면서 G2로 올라서더니 2021년에는 74퍼센트까지 치고 올라왔다.

이렇게 빠른 속도로 치고 올라오는 중국에게 멱살을 잡히지 않기 위해 미국은 총력을 다하고 있으나 혼자 힘으로는 역부족이 되니까 동맹국들을 자꾸 끌어들이고 있다. 2020년 미국, 일본, 호주, 인도를 묶는 4자 안보기구인 쿼드가 생겼고, 미국과 영국이 호주의 핵잠수함 건조를 지원한다면서 2021년 호주, 영국, 미국이 오커스AUKUS라는 삼각동맹을 맺었다.

이게 전부 중국을 견제하기 위한 미국의 세계 전략의 일환이다. 그러다 보니 북핵 문제는 우선순위에서 멀어져 버렸다.

2장

중국은
어떻게 힘을 키웠나?

중국은 1972년 미국과의 관계를 개선하는 방향으로 외교정책을 조정하고부터 관계를 적절하게 관리해 나가는 동시에 대국이 되기 위한 준비를 서둘렀다. 1978년 12월 18일 중국공산당 11기 3중전회에서 '4개 현대화'를 당의 노선으로 채택하고 이를 위해 개혁·개방을 본격적으로 추진하기 시작했다. 중국이 개혁·개방을 결정한 뒤에 중국 경제는 미국 전문가들이 생각했던 것보다 훨씬 빠른 속도로 발전했고, 드디어 2010년에 명목 GDP 면에서 일본을 제치고 G2가 되었다. 미국의 턱밑까지 다다른 것이다. 미국에서 중국을 좀 안다는 키신저 박사는 중국의 경제가 빠른 속도로 성장하는 걸 눈치채고 심상치 않다는 말을 한다. 미국 경제는 저성장을 계속할 수밖에 없는데 중국은 고속 성장을 실현할 잠재력을 가지고 있다고 판단한 것이다. 중국은 땅도 넓고 국경을 맞대는 나라가 14개 국가, 정확하게는 일본까지 15개국이나 된다. 그리고 세계에서 가장 인구가 많다. 인구는 소비의 주체이자 동시에 생산의 주체다. 사람이 많으면 먹어 치우는 양도 많지만 만들어 내는 양도 많기 때문에 고속 성장에 압도적으로 유리하다. 이 간단한 논리를 미국의 다른 전문가들이 말하지 못하고 있을 때 키신저 박사는 미국은 이미 쇠퇴하는 국가^{Declining Country}가 돼가고 있고 중국은 상승하는 국가^{Rising Country}가 돼가고 있다는 현실과 다가올 미래를 예측했다.

두 개의 백년의 꿈

키신저 박사는 《헨리 키신저의 중국 이야기》(2012)를 통해서 "미국이 앞으로 중국을 찍어 누르거나 완전히 견제하기보다 사이좋게 살아야 된다. 한때는 중국이 천하를 호령했던 나라인데 미국 밑으로 꼭 무릎 꿇으라고 할 수는 없다"는 얘기를 한다. 그럴 가능성이 있다고 본 거다.

2012년 11월에 시진핑이 공산당 18기 당대회에서 공산당 총서기에 당선되고 이듬해인 2013년 3월에 중국의 국회라 할 수 있는 전국인민대표대회에서 국가주석으로 뽑혔다. 다른 공산국가들처럼 중국도 공산당의 최고 책임자인 총서기가 국가의 최고 책임자인 국가주석을 겸한다. 시진핑이 3월 국가주석으로 뽑히고 6월에 미국에 가서 아직도 중국의 성장을 제대로 인식하지 못하고 있는 버락 오바마 대통령한테 '태평양은 미국과 중국이 나눠 써도 충분할 만큼 넓다'라는 말을 했다. 태평양에서 미국만 활개 치지 말고 중국도 좀 끼어 달라는 뜻이다. 미국과 '신형 대국' 관계를 유지하고 싶다는 얘기도 했다. '과거 미국과 소련이 죽기 살기로 경쟁만 했던 관계는 구형 대국 관계였다. 일단 지금은 중국이 2등이라는 걸 인정하고 미국을 1등으로 모실 테니까 찍어 누르려고만 하지 말고 2등으로 인정해 달라. G1이 되겠다는 생각을 안 한다, 아직은……'

시진핑 시대(2012-) 중국에는 '두 개 백년론'이라는 게 있다. 첫 번째는 중국공산당이 창립된 1921년으로부터 100년이 되는 2021년에는 중국 인민들의 1인당 소득을 1만 달러까지 올려서 모두가 그럭저럭 등 따습고 배부르게 사는 소강小康 사회를 건설하겠다는 거다. 비록 소득 격차가 있어도 굶어 죽거나 아파도 치료 못 하고 죽는 사람이 없는, 전체적으로 그럭저럭 살 만한 세상, 1인당 소득이 1만 달러라는 꿈은 2020년 말 통계로 달성됐다. 그러자 2021년에 북한의 김정은 국무위원장이 축하 친서를 보냈고, 시진핑 주석은 "나는 우리

인민들과 조선의 인민들을 위해서 도울 수 있는 것은 얼마든지 도울 수 있다"라는 내용의 답장을 보냈다. 두 번째 백 년의 꿈은 중화인민공화국이 수립된 1949년으로부터 100년이 되는 2049년에는 GDP 총액 면에서 중국이 미국을 앞질러 G1이 되겠다는 거다.

2049년에 중국의 GDP 총액이 미국을 앞지른다는 보장은 없지만, G2로 올라온 2010년 미국 GDP 대비 40퍼센트에서 약 10년 동안에 74퍼센트까지 치고 올라온 걸 보면 중국이 그렇게 될 가능성은 꽤나 높다고 할 수 있다.

중국의 경제 규모가 미국을 추월하면 부국강병의 원리에 따라 당연히 중국이 군사강국이 될 것이다. 앞서 이야기 했듯 중국은 청나라 때 무력을 키우지 않아 1842년 조그만 영국의 무력에 무릎을 꿇은 이후 절치부심했다. 청나라 말기 걸출한 거물급 정치인 리훙장李鴻章이 양무운동을 통해서 군사강국이 되려 했으나 실패해 청일전쟁에서 일본에 졌고, 청나라 말년에는 서양 여러 나라들에게 땅값을 받고 대륙 여러 곳을 치외법권지대인 조차지로 내놓으면서 중국은 반식민지로 전락했었다. 1937년에는 일본이 중국 대륙 전체를 먹으려고 중일전쟁을 벌일 정도로 중국은 약해졌었다. 그 뼈아픈 역사를 반추하면서 이번에는 군사강국이 돼야겠다는 중국의 생각은 이럴 거다. '미국이 군사강국이 됐기 때문에 태평양전쟁에서 이기고 이후 계속 전 세계를 호령했다. 하지만 이제 미국은 경제력이 더 이상 커질 수 없고 이미 재정 절벽에 부딪히기 시작했다. 지금까지는 과거에 투자한 것으로 군사력 1등 국가이지만 2049년, 중국의 경제력이 미국을 앞지르면 그때는 우리가 하고 싶은 대로 군사력을 강화하면 된다. 민주주의 국가가 아니고 독재국가니까 그냥 정부가 밀고 가면 된다.'

한漢-당唐 이래 명明-청淸 조까지 유지됐던 팍스 시니카가 문화제국이었다면 지금 중국은 군사강국까지 겸한 두 번째 팍스 시니카 시대를 열어야 되겠다는 꿈을 가지고 있다. 그게 중국몽이다. 2049년에는 다시 천하를 호령하는 나라가 되겠다는 중국의 계획이 실현 가능성이 없다고 단정하기는 어렵다.

중국몽 추구는
잘못된 것일까?

모든 국가는 안전, 번영, 권위를 추구한다. 중국몽은 중국이 더욱 번영하겠다는 거다. 경제·군사 최강국이 되어서 권력을 행사하겠다, 즉 다른 나라들을 복종시키겠다는 거다. 권위를 세우는 최종 목적을 다른 말로 하면 중화부흥이고 중국몽이다. 가까이 있는 우리는 더욱 달갑지 않지만 잘못이라 할 수 없고 막을 방법도 없다.

일본몽도 있다. 대동아공영권은 지난 얘기가 아니다. 지금 일본은 자위대의 힘을 키우고 해외 출병이 가능하도록 헌법을 고치려 노력하고 있지 않나. 군사력을 키워놓고 미국의 힘이 빠질 때 그 자리를 차지할 수 있는 나라가 돼야겠다는 거다. 우리는 일본이 밉고 싫지만, 일본의 그런 목표를 비도덕적이다, 비윤리적이다 말할 수 없다. 국제정치도 정치인데 거기에다가 도덕의 잣대를 들이대면 바보다. 국내 정치든 국제정치든 정치는 현실이고 현실은 선악이 아니라 결국 유불리로 결정 나는 거다. 그래서 미국도 패권을 잃지 않고 계속 군림하려고 하는 거 아닌가. 정책가가 러시아의 우크라이나 침략을 옳다 그르다로 판단하는 마인드를 가졌다면 제대로 일할 수 없다. 러시아가 영토를 넓히려는 것은 자연스럽다. 힘이 있으면 번영과 권위를 추구할 수 있다는 마인드로 현실을 읽고 국가의 이익에 부합하는 정책을 실행해야 한다. 때때로 정책가의 자리에 앉아 있는 사람들이 국가이익보다는 여론에 휘둘리거나 자기 머릿속에 들어 있는 잣대에 따라 일하려는 경우를 보는데, 그러면 실패한다. 내 나라의 이익을 추구하는 것이 자국 중심성이고 실용 외교다. 내 나라의 안전, 번영, 권위에 도움이 되는가, 해가 되는가를 따지는 것이 자국 중심성이지 내가 옳다고 믿는 나의 윤리에 맞추어서 행동하는 것은 자국 중심성이 아니다.

그런 식으로 머리가 돌아가기 시작하면 인간적으로는 좀 사악해질 수밖에 없다. 정치판에는 의리도 없고, 설령 있다고 해도 도구처럼 쓰이는 것 아닌가.

정치는 유불리로 움직인다. 선악이 없다. 그리고 유불리를 잘 계산해야 된다. 한쪽에 계속 붙어 있는다고 유리하지 않다.

고속 성장의 잠재력, 인구

인구 6천만 명은 여러 측면에서 중요한 지표다. 인구가 그만한 규모가 돼야 경제 면에서 내수시장이 국제적으로 경쟁력 있는 상품을 많이 개발할 만한 크기가 된다. 그렇게 해서 수출 경쟁력을 갖추어야 빠른 속도로 경제 규모가 커지고 세계 수준에 이를 수 있다. 국제정치 면에서 국가 규모가 그 정도로 커지면 불끈불끈 솟아오르는 힘을 써보고 싶은 사춘기 청소년처럼 전쟁을 하고 싶어진다고 한다. 독일이 1차대전을 일으켰을 때 인구가 6,500만 명이었고, 2차대전을 일으켰을 때가 7,600만 명으로 유럽에서 가장 많았다. 결국 패전국이 됐지만 인구가 많았기 때문에 전쟁을 벌일 엄두를 냈고, 패전했지만 빠른 시간 내에 다시 일어섰다.

한때는 영국, 프랑스의 식민지였던 미국이 영국을 제치고 G1이 될 수 있었던 것은 영국으로부터 독립한 후 미국의 인구가 급속히 늘어났기 때문이다. 독립전쟁을 치른 1770년대에는 영국 인구의 절반에 미치지 못했으나 1830년대에는 영국 인구를 넘어섰고, 1890년대에는 6천만 명을 넘겨 영국 인구의 두 배가 됐다. 전 세계에서 많은 사람들이 계속 미국이라는 기회의 땅을 찾아 들어오고, 그중에는 우수한 인재들도 많다 보니까 기술력이 빨리 성장하면서 경쟁력 있는 물건을 많이 만들었다. 그렇게 해서 세계 시장을 장악해 버린 거다. 우수한 이주민들이 미국의 발전, 특히 과학기술 발전에 기여했다. 그 덕분에 미국은 군사강국이 될 수밖에 없었다.

일본은 인구가 1억 2,600만여 명(2020년 통계)밖에 안 된다는 한계 때문에 미국에 비해 경쟁력이 낮을 수밖에 없고, 그런 점에서 G1이 되기는 쉽지 않다. 인구가 3억 3천만 명이 넘는 미국하고 경쟁이 안 된다. 한국과 일본의 관계에서 일본이 강국이 되고 우위를 점할 수 있는 중요한 요소도 인구다.

헨리 키신저 박사도 중국이 고속 성장을 할 수 있는 잠재력으로 인구를 꼽았다. 중국 인구가 지금 14억 1,170만 명(2021년 기준)이다. "닭이 천 마리면 봉鳳이 한 마리 나온다"라는 속담이 있듯이 인구가 많으니 봉도 많이 나온다. 인구가 많은 만큼 기술력이 높을 수밖에 없다. 덩샤오핑이 1980년대 들어 개혁·개방 속도를 높이면서 선진 기술을 배우라고 미국 유학을 많이 보냈다. 유학생의 반은 미국에 남더라도 반은 돌아와서 조국을 위해 일할 거라면서. 지금 미국에서

컴퓨터나 AI 쪽은 오히려 중국과 인도 사람들이 수적으로는 주류다.

우주 경쟁에서도 중국의 발전 속도는 아주 빠르다. 2003년 첫 유인 우주선 선저우神舟5호가 우주비행 후 무사귀환에 성공했고, 2021년 10월 발사에 성공한 선저우13호는 여덟 번째 유인 우주선이다. 중국은 인구수도 그렇고 기술력이 클 수밖에 없기 때문에 군사강국이 될 가능성이 대단히 크다.

미국과 공존의 체제를 만드는 게 지금은 중국에게 더 요긴하지만 시간이 갈수록 미·중 공존 체제는 미국에게 더 절실해질 거다. 키신저 박사는 이미 알고 있었다.

"나토의 안보에 도전하고 있는 존재"

지금 미국의 대외정책에서 중국 견제가 최대 관심사이지만, 솔직히 확실한 방법은 없어 보인다. 우선 중국을 마냥 우격다짐으로 때릴 수가 없다. 그동안 미국은 중국과 사안별로 협조Cooperation, 경쟁Competition, 대결Confrontation한다는 이른바 3C 전략을 추진하겠다고 공언해 왔지만, 실제로 중국이 가장 큰 적임에도 불구하고 '대결'관계라고 규정하지 않았다. 그런데 최근 이런 기류가 달라졌다.

2022년 6월 29일 스페인 마드리드에서 열린 나토 정상회의에서 조 바이든 미국 대통령은 12년 만에 정치·군사적 우선순위를 업데이트하면서 처음으로 중국에 관한 내용을 넣었다. 중국을 "나토의 안보에 도전하고 있는 존재"라고 언급한 것이다. 미국과 중국 간에 경제적 연계가 없으면 처음부터 '적'으로 규정하고 밀어붙였을 테지만, 중국에 투자한 미국 회사들이 많은 만큼 중국과의 관계를 엎어버리면 미국 경제도 망한다. 트럼프 대통령 때 중국과 무역전쟁을 벌여서 결과적으로 미국 소비자 물가가 상승하고 농민들이 재정난에 빠지는 등 제 발등을 찍었다. 그리고 세계 경제질서를 놓고 경쟁도 하지만 어떤 부분에서는 협조할 수밖에 없는데 굳이 대결해서 분규로까지 번지게 할 필요가 있겠는가. 그러면 누가 이기겠나. 경제가 계속 성장하고 있는 중국이 결국 GDP 총액 면에서 미국보다 커지면 그만큼 중국에서 경제적 이득을 챙겨야 하는 나라들도 많아질 것이고, 그러면 미국이 하자는 대로 할 나라들은 점점 줄어들 수밖에 없다. 많은 나라가 인구 때문에도 최대 시장이자 공장인 중국과 무역하면서 먹고살아야 하는데 어떻게 중국과의 관계를 놓을 수 있겠나. 나는 미국이 중국을 견제하는 데 현실적으로 한계가 있다고 본다.

이렇듯 미국 혼자 힘으로 중국을 견제할 수 있는 형편이 아니어서 동맹국들을 동원해 중국의 힘을 빼고 중국의 부국강병 속도를 늦추는 것이 미국의 전략이라고 봐야 할 것 같다. 그러나 이 또한 한계가 있을 수밖에 없다. 동맹국이지만 이해관계가 다른 국가들이 미국을 무조건 지원하고 참여하던 시절도 지나갔기 때문이다. 국제정치의 세계에는 공짜도 없고 영원한 동맹도 없다. 2021년 9월 미국이 갑자기 호주에게 핵잠수함 기술을 줬다. 중국을 압박하는 데 호주를 앞장세우고 싶은데 호주가 대가 없이 미국의 이익에 장단을 맞춰주지 않아서였을 것이다. 그 바람에 호주에 잠수함 기술을 팔기로 먼저 약속했던 프랑스가 미국한테 뒤통수를 맞았다. 그러자 프랑스가 바로 미국이 하는 일에 어깃장을 놨다. 2022년 미국이 베이징올림픽을 외교적으로 보이콧한다는데도 프랑스 정부 공식 대표단은 베이징올림픽에 간 것이다. 그동안 유럽은 먹고사는 데 미국이 도움이 되고, 유럽에 버티고 있는 5만 명 가까운 나토군을 미국이 통제하며 국제 안보질서를 장악하고 있으니까 함부로 반대하지 못했다. 하지만 프랑스가 결정적인 이해관계를 침해받자 미국과 다른 자기 목소리를 낸 것이다.

미국의
착각과 환상

그런데 주류를 포함한 대다수 미국인은 이러한 현실을 받아들이지 못하고 있는 듯하다. 문맹률이 높고 독재하는 중국 같은 나라는 결코 일어서지 못한다고 방심한 것 같다.

미국은 중국을 까맣게 잊어버리고 유럽, 중동, 아프가니스탄에 관심을 쏟으며 돌아다니다가 2013년에야 중국을 조금 의식하기 시작했다. 키신저 박사의 경고성 발언("Declining Country vs Rising Country")도 있었고, 국력을 키운 중국의 시진핑이 주석이 된 직후인 2013년 6월 미국까지 찾아와 오바마 대통령 앞에서 '태평양을 중국과 미국이 나눠 쓰자'는 투로 말하면서 치받았다. 이제 중국 사람들 입에서 중국몽, 중화부흥이라는 말들도 공공연히 나오고 있다. 중국이 군사력을 강화하고 미국 중심의 국제질서가 흔들릴 수 있는 수준까지 부상하자 불안해진 미국은 아시아에 힘을 쏟기 시작했다. 미국은 외교·군사정책의 중심을 중동에서 아시아로 이동시키겠다는 '피봇 투 아시아Pivot to Aisa' 그리고 아시아에서 미국의 영향력을 확대하겠다는 '리밸런싱 아시아Rebalancing Asia' 정책을 정립했다. '리밸런싱 아시아'는 미국이 중국보다 월등한 우위에 있는 동안 중국은 한참 밑에 있었고, 그것이 미국에게는 정상이었는데 중국이 갑자기 치고 올라오기 시작했으니 다시 찍어 눌러서 미국이 압도적 우위였던 예전 상태로 되돌려 놓겠다는 거다.

미국의 절대 다수 전문가들은 중국을 무시한다. 팍스 아메리카나는 영원하리라는 오만과 WASP(White, Anglo-Saxon, Protestant)만을 주류로 여기는 편협함 때문이다. 라틴계인 이탈리아, 스페인도 주류로 생각하지 않고 북유럽은 앵글로색슨이 아니라고 구분한다. 게다가 중국이 자신들이 멸시하는 공산독재국가이기 때문에 역설적이게도 더 빠른 속도로 발전하고 있다는 이 불편한 진실을 못 받아들이는 것 같다. 민주국가들은 민주국가는 무한정, 무한대로 발전할 수 있다고 믿지만 독재국가는 발전에 한계가 있다고 본다. 환상이고 착각이다. 독재가 좋은 건 아니지만, 독재국가이기 때문에 발휘할 수 있는 잠재력이 따로 있다. 대표적으로 북한은 2005년 9월 미국이 방코델타아시아(Banco Delta Asia: BDA)의 북한 계좌를 동결한 뒤 17년째 금융 제재를 받고 있다. 또 2006년 10월 1차 핵실험 이후 6차 핵실험까지 북한에 가해진 유엔안보리 제재가 15-16개다. 그럼에도 불구하고 아직까지 체제가 유지되고 있는 것은 불가사의한 일이 아닐 수 없다. 더구나 그런 제재 속에서도 경비가 적지 않게 드는 핵실험과 미사일 개발을 계속하는 것을 보면, 자유민주주의만이 경제를 발전시킨다는 믿음은 미국이 믿고 싶은 신화일 뿐이고 대북제재 유지를 정당화하는 명분일 뿐이라는 생각을 하지 않을 수 없다.

미국은 중국이 더 이상 크지 못하게 막고, 2차대전 이후 동아시아에서 행사해 온 헤게모니를 계속 유지해야겠는데 턱밑까지 치고 올라오는 중국과 무력으로 싸울 수는 없으니 중국 압박을 정당화하는 명분을 자꾸 만들어 낼 수밖에 없다. 민주주의, 자유 수호, 인권,

동맹 등이 그런 용도로 강조되고 쓰이는 중이다. 미국의 국력이 큰 흐름으로 볼 때 쇠퇴하고 있지만 과거의 영광에 대한 추억은 남아 있다. 현실을 재인식하기보다 어떻게든 동맹국들을 이렇게 저렇게 묶어서 잘 끌고 가면 부상하는 중국을 견제할 수 있고, 자신들의 헤게모니를 계속 유지할 수 있을 것 같다는 생각이 미국의 속내로 보인다.

　미국은 여전히 미국을 따라올 나라는 없다는 미국 제일주의를 고창한다. 트럼프 대통령이 2016년 대선에서 내세운 구호가 '아메리카 퍼스트', 즉 미국 우선주의다. 미국 국민들은 자국이 쇠퇴하고 있기 때문에 오히려 영광을 재현할 수 있다고 더 기세등등하게 구는 트럼프를 찍은 것 같다. 만일 '미국이 쇠퇴하고 있다. 이 현실을 인정하고 중국하고 같이 나눠 먹어야겠다. 그게 우리가 사는 길이다'라는 식으로 선거운동을 하면 안 찍어줄 거다.

　잘나가는 나라라는 착각과 환상 속에 빠지지 않고 냉정하게 현실을 직시하는 미국 사람들은 많지 않은 것 같다. 세상을 쥐락펴락하는 나라가 제정신 똑바로 차리고 계속 현실을 직시하면서 자기혁신을 해나가면 역사의 주역이 안 바뀌지 않겠나. 영원할 줄 알았던 로마제국도 정신을 못 차려 멸망했고, 천년 이상 아시아에서 천하를 호령했던 중국도 정신을 못 차렸기 때문에 영국한테 망신당했고, 20세기에 제국을 이룬 소련도 끝까지 갈 줄 알았는데 판단 착오로 결국 미국한테 손 들었다. 미국도 그러지 말라는 법, 없다.

1990년대 시작된 미국 일방주의는 시간이 갈수록 점점 더 심해지고 있지만 아직까지는 통한다. 미국의 힘이 쇠퇴 중이지만 아직 그 사실을 인정하고 싶지 않은 사람들이 많다. 중국은 망할 수 있어도 미국은 영원하다는 신화 비슷한 것이 있고, 미국은 그런 믿음에 의지해서 지금 세계를 지배한다고 나는 생각한다.

정치가와 정책가는 반드시 달라야 한다

우리 사회에는 중국을 싫어하는 정서가 있다. 싫어하면 나쁘다고 생각한다. 그런데 좋고 싫고가 옳고 그름이 되면 현실적인 해결책을 내는 데 장애가 된다.

싫어도 함께 살아야 한다고 설득하기 쉽지 않지만 현실에서 정책을 세우고 국정을 이끌어 가는 사람들은 어느 것이 이익이 되는가 먼저 생각하고 현실적인 판단을 해야 한다. 언론인이나 정치가 들이 싫고 나쁘다는 식의 편 가르기에 줄을 서면 여론을 형성하는 주류는 될 수 있다. 혐중嫌中거리를 기사화할 수도 있고 정치가들이 언론인들처럼 여론에 부채질할 수도 있다. 그렇게 해서 국내 정치에서 이득을 볼 수 있을 것이다. 하지만 정책은 여론대로만 할 수 없다. 정책가는 절대로 그러면 안 된다. 정치가와 정책가는 다르다. 정책가는 국가이익을 극대화할 수 있는 쪽으로 생각의 방향을 잡아야 한다. 정치가가 현재의 정권을 친중이니 친북이니 비판하면서 이익을 보려고 했을지라도 일단 정권을 잡으면 정치가로서의 태도를 버리고 정책가의 입장에서 생각해야 한다. 같은 사람이지만 여당을 흔들기 위해서 했던 말들을 스스로 뒤집을 수밖에 없다.

윤석열 대통령을 비롯해 윤석열 정부를 이끄는 사람들은 정권을 잡기 전에는 정치가로서 친중 반미였던 문재인 정부가 한미관계를 망쳤다고 공격하면서 한미동맹을 재건해야 한다고 했다. 그러나 집권한 후 행동은 좀 다르다. 한중무역을 무시할 수 없는 상황이라는 걸 알기 때문에 야당 시절에는 반중 정서를 자극하던 정치가가 외교부 장관이 되어서는 정책가로서 왕이王毅 중국 외교부장과 통화도 하고 관계를 잘 발전시키려고 노력하지 않나. 또 북한한테 굴종적이었다고 비난했지만 현실적으로 북한에 코로나 방역 지원을 해야만 될 것 같은 거다. 당연한 일이다. 그것을 두고 말을 바꾼다고 비난하면 안 된다. 선전·선동을 능사로 하는 정치가가 아니라 문제를 해결해야 할 책임 있는 장관, 즉 정책가가 된 만큼 국민의 입장에서는 제대로 일하는 걸로 봐줘야 한다. 언론에서 그때는 딴소리하더니 지금 와서 딴짓한다고 공격하는 기사에 휩쓸려 정책가로서 방향을 못 잡으면 국민만 손해다. 정부에 들어와 일하면서 그런 말에 휘둘려서, 그런 말 듣기 싫어서 야당 시절에 했던 대로 하면 나라 망한다. 민주주의 국가에서 정부는 국민 여론에 따라 휘둘릴 수밖에 없는 딜레마가 있지만 정책가는 국가의 이익에 따라서 움직여야만 한다. 실적을 내야 하니까.

3장

미국 일방주의시대의 한국

김영삼 정부:
'버르장머리' 정신과 한미공조

김영삼 대통령은 외교에 있어서 자국 중심성이 있었다. 미국에게 싫은 소리도 서슴없이 하고, 일본 '버르장머리' 고쳐버린다고도 했다. '일본 버르장머리' 발언을 문제 삼는 우리나라 언론이 문제지, 사실 일본의 '버르장머리'는 문제가 있지 않나. 과거 일본이 한참 힘 쓸 때의 지도에도 독도는 조선 땅으로 돼 있었고, 또 현재 실제로 우리 경찰이 지키는, 대한민국이 실효적 지배를 하고 있는 곳이다. 일본 사람 한 명도 살지 않는 곳인데 왜 자기 땅이라고 그러나. 그럼 우리가 침략자인가? 말도 안 되는 소리다. 우리가 침략자면 일본은 유엔에 신고해서 우리를 혼내야지 왜 가만 있나.

　김영삼 대통령이야말로 명실상부 국민 직선제로 뽑힌 대통령이다. 노태우 대통령과 달리 김영삼 대통령은 대선 후보도 당원들의 선거로 됐다. 대한민국 역사상 최초로 집권 여당의 대통령 후보가 추대나 단일후보 찬반 투표가 아니라 경선으로 지명된 것이다. 김영삼 대통령은 문민정부, 문민 대통령이라고 할 수 있었기 때문에 정통성 면에서 굉장히 떳떳했다. '내가 미국의 책봉을 받고 대통령이 된 게 아니고 우리 국민이 나를 뽑았다. 그리고 나는 군인이 아니라 문민이다.'

　자국 중심성 얘기로 돌아가면, 그래서 미국에게도 당당했다. 1993년 2월 25일 대통령 취임식을 했는데 북한이 3월 12일 핵확산금지조약NPT에서 탈퇴한다고 선언하면서 이른바 북핵 문제가 불거졌다. 독자적으로 절대 핵을 개발하지 않는다는 약속을 하고 핵확산금지조약에 가입했는데, 이 조약에서 탈퇴한다는 얘기는 마음 놓고 핵을 개발하겠다는 뜻이었기 때문에 미국이 놀랐다. "A stitch in time saves nine." 지금이면 한 바늘만 꿰매도 되지만 그냥 두면 열 바늘을 꿰매게 된다는 뜻인데, "호미로 막을 것을 가래로도 못 막게 된다"라는 우리 속담의 영어판이다. 빌 클린턴 정부는 그런 핑계 혹은 명분으로 같은 해 4월부터 베를린에서 북한과 비공개 접촉을 했다. 미국이 그런 사정을 우리에게는 알려주지 않았는데 뒤늦게 그 정보가 들어왔다. 소식을 듣고 김영삼 대통령이 난리를 쳤다. "미국이 왜 북한을 달래려고 하느냐. 북한은 거칠게 다뤄야지, 그렇게 달래면 그 버르장머리를 못 고친다"면서 우리 외교관들한테 그 회담을 막으라고 했지만 미국이 그 말을 들을 리가 없었다. 양측이 베를린에서 1993년 4월에 비공개 접촉을 시작해 1993년 6월부터는 제네바로 장소를 옮겨 본격적으로 북미 핵 협상을 시작했다. 김영삼 대통령이 그때 우리가 빠진 데 대해 화를 냈다. "북핵 문제가 우리 문제인데 왜 우리는 못 들어가냐, 들어가도록 하라"고 외교부 장관과 외교안보 수석비서관에게 엄명을 내렸다. 하지만 못 들어갔다. 북한이 우선 반대했다. 북한이 "우리가 핵 카드를 들고 나온 목적은 미국과의 수교를 위해서다. 북미 수교는 미국이 결정하는 건데 아무런 결정권이 없는 남조선이 들어올 이유가 없다. 군사 문제에 관해서는 결정권도 없지 않냐"며 미국과 직접 담판하겠다는 논리로 우리가 제네바 회담에 들어가는 걸 반대했다. 북한이 그렇게 나오니까 미국도 슬그머니 회담이 어떻게 진전되는지 자세히 브리핑해 줄 테니까 그리 알고 결과를 기다리라는 식으로 태도를 바꿨다. 결국 우리는 회담에 못 들어갔다. 대신 회담이 끝나면 제네바에 있는 우리 외교관들이 쏜살같이 미국 대사관으로 쫓아가서 회담 내용을 전해듣고 전문으로 청와대에 보고했다. 그때 미국이 우리의 의지를 거스르고 협상을 시작했고, 협상할 때는 슬그머니 북한 편에 서서 우리를 못 들어오게 하는 걸 보고 김영삼 대통령은 계속 미국에 불만을 가지고 있었다. 내가 1993년 4월부터 1996년 12월까지 청와대 통일비서관으로 일했는데, 그때 일어난 일이라서 자세한 얘기를 하는 거다.

1993년 6월에 시작한 북미 협상은 김일성 주석이 사망한 뒤인 1994년 10월 21일 '북미 제네바 기본합의'로 결론이 났다. 합의문 내용의 요지는 다음과 같다. '북한이 영변 핵시설단지에서 핵 활동을 중단하는 대신 3개월 이내에 미국이 북미 수교 협상을 개시해 준다. 또 핵폭탄을 만들 수 있는 플루토늄을 생산하는 기능이 있는 5천 킬로와트 핵발전소 운영을 중단하는 대가로, 생산 전력 면에서 영변 핵발전소의 400배인 200만 킬로와트짜리 경수로 원자력발전소를 지어준다.'

그런데 미국이 북한에 원자력발전소 지을 돈을 우리더러 70퍼센트 내라고 했다. 김영삼 대통령이 회담에도 못 들어오게 해놓고 왜 돈은 우리더러 내라는 거냐고 반발하니 미국 측이 이렇게 대꾸했다. "당신이 김일성이 죽으니까 북한 곧 망한다는 말을 입에 달고 살지 않았나. 북한이 망하면 당신네 발전소 되는데 당연히 돈 내야지."

김영삼 대통령이 거론한 북한붕괴론을 미국이 역이용하면서 돈을 내라고 압박한 거다. 돈을 낼 수밖에 없는 명분, 핑계를 갖다 붙인 것이다. 북한붕괴론이 부메랑이 돼서 돌아온 거다. 결국 우리가 70퍼센트를 부담하게 됐다. 20퍼센트는 일본이 내기로 했고 10퍼센트는 미국이 낼 줄 알았더니 난데없이 EU에게 갖다 씌웠다. 저 멀리 북한이 핵무기 만드는 게 EU와는 아무 관계가 없지만 EU는 이미 미국의 휘하에 들어가 있으니까 어쩔 수 없었을 거다. 미국 같은 강대국은 상황에 따라 태도나 말을 이리저리 바꾸고 약속을 깨고 때로는 거짓말까지도 외교 전략으로 쓸 수 있다. 하지만 우리에게는 일관성을 요구하는데 그럴 때 억지를 부릴 수 없다. 우리는 말이 되는 소리를 해야 한다.

미국에서 김영삼 대통령이 얼마나 불편했으면 "왜 한국은 냉탕 온탕을 왔다 갔다 하나. 북한은 똑같은 말을 계속해 나중에 지쳐서 그냥 그렇게 합시다 하게 만들망정 일관성은 있다. 한국은 회담하지 말라고 그랬다가, 그 회담에 들어온다고 그랬다가, 또 돈을 못 낸다고 그랬다가, 왜 내야 하느냐고 따진다"고 불평을 했다. 그러더니 1995년엔가 미국은 '우리 동맹끼리 그러지 말자. 앞으로 북핵 문제를 다루는 데 있어서 '한미공조'를 원칙으로 미국과 한국이 계속 협의해 나가자'는 논리로, 우리에게 '한미공조'라는 원칙의 굴레를 씌웠다. 결국 이 네 글자가 미국이 우리를 마음대로 흔들 수 있는 핑계가 됐다. 이제 우리가 미국에게 왜 이렇게 당신네 마음대로 하느냐고 문제 삼거나 미국과 다른 의견을 내면 미국은 '한미공조' 원칙에 합의해 놓고 왜 딴소리를 하느냐, 공조를 깨려는 거냐고 공격했다. 미국은 우리가 끌려갈 수밖에 없는 핑계를 만들어 냈고, 우리는 순순히 끌려

가곤 했다. 꼭 폭력을 행사할 때만 핑계를 대는 게 아니다. 마음대로 쥐고 흔들기 위해서도 명분을 내세운다. 내가 김영삼 정부의 외교안보수석 아래 통일비서관으로 근무할 때는 미국이 동맹이라는 명분을 내세우며 이런 식으로 우리를 가지고 놀았다. 사실 우리는 원칙의 굴레 안에서 미국에 끌려 다닌다는 것조차 인식하지 못했다. 모든 것이 동맹이나 공조라는 명분으로 화장을 했기 때문에…… '한미공조'를 합의할 때 이것이 굴레가 되리라는 걸 김영삼 대통령은 몰랐을 거다. 우리 외교부도 몰랐을 거다. '한미공조'가 나쁜 말은 아니니까. 명분이 그만큼 무서운 거다.

김영삼 정부는 그전 군사정부와 달리 미국에게 당당했고, 독자적으로 자국 중심성을 좀 챙겨보려고 했다. 그런데 미국은 동맹을 앞세우고 행동을 제약하는 '한미공조'라는 원칙의 굴레를 씌워서 결국 또 그들이 하고 싶은 대로 우리를 끌고 갔다.

미국과의 관계에서 일본도 우리처럼 유리한가 불리한가를 얘기하지 못하는 문화다. 하토야마 유키오鳩山由紀夫 총리 내각(2009년 9월 16일-2010년 6월 8일)이 내세운 대외정책 기조에 좀 눈여겨볼 만한 점이 있었다. 그전 일본의 외교 철학은 '아시아를 벗어나서 유럽으로 들어간다'였는데 하토야마 총리는 '아시아 중심의 외교를 하겠다'고 했다. 경쟁관계로 갈 수밖에 없는 중국을 제외했다는 한계가 있었지만 한국, 일본, 인도가 손잡고 아시아 평화를 이룩하자는 개념을 내세웠다. '미국의 품에서 벗어나 일본으로 돌아온다', 미국 중심이 아니라 일본 중심의 외교를 하겠다는 얘기였다. 그런 하토야마 총리가 오키나와 남쪽의 후텐마 미국 해병대 기지로 인한 주민의 피해가 크기 때문에 그 기지를 옮기겠다고 했다. 내가 마침 그때 히로시마평화연구소 초청으로 강연을 하러 일본에 가 있었다. 호텔 측이 객실에 넣어준 〈재팬타임스〉를 보다가 깜짝 놀랐다. 주일 미국대사가 '어떻게 감히 후텐마 기지를 옮긴다는 얘기를 하느냐'라는 식으로 일본 총리를 대놓고 공격하는 내용이 실린 것이다. 귀국해서 한국에 있는 일본인 지인들에게 탐문했더니 일본의 전현직 외교관들이 미국 측에 "하토야마 총리가 말도 안 되는 짓을 한다. 우리가 저항운동을 할 테니까 미국이 눌러라. 미국이 누르고 우리가 치받으면 하토야마는 총리 자리를 못 지킨다"며 공모했다는 거다. 친미 성향의 언론이 공격을 시작하면서 지지도가 떨어진 하토야마 내각은 결국 사퇴할 수밖에 없었다. 미국을 추종하면서 기득권을 쌓은 세력이 일본 정계와 재계, 학계, 언론까지 다 장악하고 있기 때문에 일어난 일이다. 당연히 후텐마 기지 이전도 없던 얘기가 돼버렸다. 나는 그걸 보면서 자주외교의 적은 밖이 아니라 내부에 있다는 사실을 새삼 실감했다.

김영삼 대통령은 미국과의 외교에서 자주적으로 나가려는 철학은 있었지만 관료들을 확실하게 장악해야 한다는 데까지는 생각이 미치지 않은 것 같다. 감히 미국에게 저항할 수 없다는 정서를 가진 국무위원이나 외교관들에게 둘러싸여 있으면 아무리 성격이 강한 김영삼 대통령이라도 꼼짝없이 끌려갈 수밖에 없었다. 당시 대한민국 외교는 대통령의 의지와는 반대로 자국 중심성을 키우지 못했다.

김대중 정부: 설득하고 끌고 갔다

김대중 대통령이 집권한 후로도 미국은 해오던 대로 한국을 관리하려고 했다. 2001년 1월 취임한 조지 W. 부시George W. Bush 대통령과 그 정부는 2000년 6.15 남북정상회담 후 남북장관급회담이 정례적으로 열리면서 남북관계가 빠른 속도로 진전되는 데에 불편해하는 기색이 역력했다. 2001년 3월 워싱턴에서 열린 한미정상회담에서 부시 대통령이 김대중 대통령을 'this man'이라고 지칭해서 논란이 되기도 했다. 그 자리에서 부시 대통령은 김대중 대통령에게 "나는 김정일 위원장에 대해서 '회의적인 생각sceptisism'을 가지고 있다"고 말했다. 김정일 위원장을 어찌 믿고 남북관계를 그리 빨리 끌고 가려 하느냐는 비판을 한 셈이다. 김대중 대통령이 부시 대통령과 가진 첫 한미정상회담에서 부시 대통령의 견제가 있었지만, 그 후에도 남북장관급회담은 정례적으로 열렸다. 그런데 2002년 1월 29일 오전(미국 시간) 부시 대통령이 의회 연설에서 "이란, 이라크, 북한은 '악의 축axis of evil'이다"라고 규정을 하는 '사고'가 났다. 북한과 관계 개선을 통해 한반도 평화를 일궈내려는 김대중 대통령의 햇볕정책이 암초를 만난 것이다. 미국이 협조하지 않거나 방해하면 한반도 평화는 사실상 기대하기 어려운 것이 현실 아닌가. 부시 대통령이 '악의 축' 발언을 한 2002년 1월 29일(한국 시간) 통일부 장관 임명장을 받은 나는 난감했다. 미국이 북한을 '악의 축'으로 규정하고 압박을 강화해 나가면 통일부 혼자서 햇볕정책을 밀고 나가기 어렵기 때문이다. 그런데 김대중 대통령이 직접 부시 대통령을 설득해서 미국도 북한과 대화를 하겠다고 공언하게 만들었다. 그날이 2002년 2월 20일이다.

부시 대통령이 한미정상회담을 하기 위해 한국에 왔고, 2월 20일 오전에 청와대에서 회담이 열렸다. 그리고 오후 3시쯤 남북철도 연결 시발역인 도라산역에서 한미 정상들이 연설을 하게 되어 있었다. 외교·안보·통일 분야 장관들과 청와대 참모들이 김대중 대통령과 함께 서울역에서 대통령 전용열차를 타고 도라산역으로 갔다. 그런데 불과 21일 전 북한을 악의 축이라고 규정했던 부시 대통령이 연단에 오르더니 전혀 예상 밖의 연설을 했다. '나는 북한을 공격할 의도가 없다. 그리고 김대중 대통령의 권고에 따라 미국도 북한과 대화를 하겠다. 인도적 지원사업도 하겠다'라는 요지의 연설이었다. 부시 대통령이 먼저 연설한 다음 김대중 대통령이 연설을 시작했지만, 김 대통령의 연설은 귀에 들어오지도 않고 부시 대통령의 연설 내용만 귓전을 때렸다. 2002년 2월 20일 오전 정상회담에서 무슨 조화가 일어난 것일까?

행사가 끝나고 서울로 돌아오는 기차에 앉아 있는데 대통령 수행 경호원이 우리 칸으로 건너와서 "대통령님께서 통일부 장관님 부르십니다" 하길래 대통령 전용칸으로 갔다. 김대중 대통령이 "건너편에 앉으시오" 하시더니 곧장 "아까 부시 대통령 연설 들었소?"라고 물으셨다. 당연히 들었다고 했더니 "정 장관, 오늘 오전 내가 100분 동안 젖 먹던 힘까지 끌어내서 부시 대통령을 설득했소. 그랬더니 아까 그런 연설을 한 거요. 나는 이제 할 일을 했으니 나머지는 통일부 장관이 알아서 일하시오" 하셨다. 속으로 '아~!' 하는 감탄사가 절로 나왔다. 역시 김대중 대통령이구나 하는 생각을 하면서 자리로 돌아왔다. 김정일 국방위원장에 대해 회의적인 생각을 가지고 있었고 북한을 악의 축으로 규정한 부시 대통령을 설득해 북한을 공격하지 않고, 북한과 대화할 거고, 북한에 인도적 지원도 하겠다는 연설을 하도록 만든 논리와 이론이 궁금했지만 여쭤볼 기회는 없었다.

아무튼 김대중 대통령은 부시 대통령도 설득하고 구슬리면서 통일부가 남북관계 개선을 계속할 수 있는 여건을 만들어 주셨다. 외교부나 국방부, 통상교섭본부 등 한미 안보협력이나 경제협력 담당 부처도 대통령의 협상력과 설득력의 덕을 많이 보았을 것이다.

햇볕정책의 첫 번째 성과는 금강산 관광이다. 김대중 대통령 임기 초인 1998년 11월 18일 시작한 금강산 관광은 김대중 대통령의 결기가 아니었으면 엄두조차 낼 수 없는 '사건'이었다. 미국에 물어보지 않고 독자적으로 저질러 버리는 식으로 결행하고 사후에 미국을 설득했다. 그렇게 결국 미국이 어쩔 수 없도록 만들어 끌고 갔던 것이다. 김대중 대통령은 한미관계, 남북관계를 비롯한 국제정치에 대한 공부를 많이 해서 상당히 탄탄한 이론을 갖추고 있었다. 그리고 대통령이 직접 미국 대통령을 설득했다. 그건 대단한 거다. 이론이 아무리 빵빵해도 엄두를 내어 미국 대통령과 마주한 그 자리에서 직접 설득하는 건 또 다른 문제다. 김대중 대통령이 그렇게 할 수 있었던 건 군사정권에서 모질게 시달리면서도 굴하지 않고 자기 입장을 절대 바꾸지 않으며 계속 버텼던 경험, 결국 대통령까지 된 데서 오는 자신감이 바탕이 된 것 같다.

첫 금강산 관광객을 태운 현대금강호가 금강산 자락 장전항으로 떠난 1998년 11월 18일 클린턴 미국 대통령은 도쿄에 있었고 그 다음다음 날인 11월 20일 청와대에서 한미정상회담이 잡혀 있었다. 클린턴 대통령은 금강산 관광선이 출발하는 장면을 도쿄에서 TV로 보았다면서 이렇게 말했다고 한다. "금강산 관광선 출항 장면은 매우 아름다웠습니다. 축하합니다." 금강산 관광은 그렇게 이루어졌고 이후 미국의 간섭은 없었다. 미리 미국으로 관료들을 보내 구구절절 설명을 하면서 미국의 동의를 구하려고 했다면 당시 국제정세의 상황으로 보아 금강산 관광은 원래 계획대로 시작되지 못했을 것이다.

노무현 정부: '바보 노무현'과 전략적 거래

노무현 대통령이 대통령 취임식에서 전 정부의 화해협력 정책, 햇볕정책을 계승·발전시키되 추진 방법은 약간 수정을 하겠다고 발표했다. 취임식 행사 때 전 정부 국무위원 자격으로 단상에 앉아 그 얘기를 들은 나는 신임 통일부 장관은 일하기 참 쉽겠다고 생각했다. 북한도 이미 김대중 정부가 깔아놓은 궤도를 따라오고 있으니 신임 장관이 자갈밭을 개척할 일은 없을 테니까. 그런데 내가 계속 그 자리에서 일하게 됐다.

노무현 대통령이 김대중 대통령의 햇볕정책을 계승·발전시키겠다는 확실한 의지의 표현 중 하나가 나를 통일부 장관으로 임명한 것이 아닌가 싶다. 나는 노무현 대통령 선거캠프에 가본 적도 없었을 뿐더러 대선 승리의 공신들이 많이 있었다. 당시 대부분의 정치인들이 제일 하고 싶어 하는 자리가 통일부 장관이었다. 김대중 정부 때 남북관계가 활발했기 때문에 통일부 장관이 뉴스에 자주 등장했다. 정치인으로서 지명도가 생기니 더 큰 도약을 하는 데 도움이 되겠구나 싶어서였을 것이다. 그런데 난데없이 나를 통일부 장관으로 계속 임명한 이유는, 방법은 좀 수정 보완할 수 있지만 일단 햇볕정책을 계속 발전시키겠다는 생각 때문이 아니었겠나.

2003년 2월 27일에 다시 통일부 장관으로 취임하고 4월 27-29일, 평양에서 열릴 10차 남북장관급회담을 앞두고 통일부 장관으로서 내가 대통령께 회담 계획을 직접 대면 보고를 했다. 새로 장관이 되거나 대통령이 바뀌는 경우에는 회담 운영 계획을 직접 보고하는데, 그 전에 외교안보수석에게 대통령의 철학이라든지 의지를 듣고 미리 조율한다. 김대중 대통령은 워낙 공부를 많이 하셨기 때문에 회담 운영 계획을 보고하면 "잘 됐구먼, 가서 잘하시오" 격려했고 그렇게 보고가 끝났다. 노무현 대통령은 내가 보고를 하니까 "국회의원 때 뉴스로만 보니까 남북장관회담을 잘 끌고 가는 것 같습니다. 워낙 회담에 경험이 많으시니까 이 일에 대해서는 더 이상 보태고 뺄 얘기가 없습니다" 그러더니 "나는 대북 지원이 인도주의도 아니고 동포애도 아니라고 생각합니다"라고 했다. 대부분 인도주의나 동포애 때문에 쌀 등을 지원한다고 하는데 그게 아니라면 도대체 무슨 이유 때문인지 궁금해서 "아니 인도주의도 아니고 동포애도 아니면 뭡니까"라고 묻지 않을 수 없었다. 그랬더니 "나는 그걸 도리라고 생각합니다"

라는 답변이 돌아왔다. 그야말로 뜻밖이었다. 도리는 반대급부를 바라지 않는 거다. 부모가 자식을 키울 때 부모로서 도리를 다할 뿐이지 나중에 커서 효도하라는 조건이 없듯이. 또 자식이 부모에게 잘하는 것도 그게 도리이기 때문 아닌가. '도리'는 인도주의나 동포애보다 더 크고 포괄적인 개념이라고 볼 수 있다. 그래서 노무현 대통령은 김대중 대통령과 또 다르구나, 화끈하구나 하고 생각했다. 그래서 "알겠습니다. 이번에 제가 평양 가서 북쪽 회담 대표단들한테 확실히 교육을 시키겠습니다. 새 대통령은 인도주의도 동포애도 아닌 도리로 대북 지원을 해야 한다고 생각하는 분이다. 남쪽에 이런 대통령이 있을 때 당신네가 잘하면 여러 가지로 북에도 좋고, 남북관계도 좋은 거 아니냐고 교육을 시키겠습니다" 했더니 "그렇게 해보세요"라고 답했다. 내가 좀 감탄을 했다.

10차 회담 관련한 중요한 얘기가 또 있다. 회담하러 평양으로 떠나기 사흘 전쯤 미국의 동아시아태평양 담당 차관보가 서울에 와서 통일부 장관실까지 직접 찾아와 "북핵 문제를 해결하기 위해서 베이징에서 3자 회담을 한번 해봤는데 별로 효과가 없었다. 5자 회담으로 발전시켜야 할 것 같다. 이번에 북한이 5자 회담을 받도록 평양 쪽을 설득해 달라"고 했다. 미국이 2003년 3월에 중국, 북한과 한 3자 회담에서 진도가 안 나가니까 5자 회담을 할 수 있게 미리 기초공사를 해달라는 요청이었다. 우리가 쌀과 비료를 일정하게 주면서 북한이 고분고분해졌고, 남한이 그나마 북한과 말이 통하고 영향력이 있다는 것이 확인되니까 일부러 회담 전에 미국에서 찾아온 거다. 미국, 한국, 일본, 중국이 한편이 돼서 4 대 1로 북한을 설득하고 압박하면 북한이 쉽게 핵을 포기하지 않겠느냐는 얘기였는데 5자 회담은 우리로서도 나쁠 게 없는 일이었다. 3자 회담에는 우리를 안 끼워줬으니까.

4월 말 평양에 가서 내가 노무현 대통령의 도리론을 설명했더니 북측 회담 대표단장이 열심히 적었다. 내가 봐도 북한 사람들이 감동하는 것 같았다. 아마 '김대중보다도 노무현이 한 수 위'라고 생각했을 거다. 그리고 미국의 5자 회담 의사를 전달했다. 그랬더니 북한은 "중국을 못 믿겠다. 요즘 중국이 완전히 미국 편이다. 그런 중국을 왜 계속 회담에 끌어들이느냐. 미국하고 북한이 일대일로 회담을 해야 한다"며 버텼다. 그래서 내가 "지구상에서 평양 편을 들어주는 데는 중국밖에 없는데 중국을 그렇게 말하면 안 된다. 만약 중국이 못 미더우면 당신들이 러시아를 끌어들여서 6자 회담을 만들어라" 했더니 막 받아 적었다. 미국이 제안한 5자 회담을 6자 회담으로 키워서 북한의 아이디어로 만들라는 것은 대단한 보너스, 팁이었을 거다. 미국으로서는 원하던 다자 회담이고, 북한 입장에서는 질질 끌려가는 모양이 아니니 좋고, 우리 입장에서는 어쨌든 우리가 끼는 다자 회담인 데다 실질적으로 새로운 아이디어까지 주었으니 생색도 나고. 또 중간자, 조정자 역할도 할 수 있게 되어 두루두루 좋은 거였다.

북측 사람들이 7월 서울에 와서 11차 남북장관급회담을 할 때는 북핵 문제가 최대 화두인 상황이었다. 회담의 공동보도문을 보면 "국제적인 대화 방식으로 핵 문제를 해결하기 위하여 남북이 협력하기로 하였다"라고 돼 있다. '다자'라는 말을 너무 노골적으로 쓰면 미국의 말 한마디에 북한이 바로 끌려왔다고 오해받을까 봐서 '국제적인 대화 방식'이라고 했을 거다. 북미 간에 만나도 '국제'니까 틀린 말도 아니고. 결국 자존심 문제다. 7월 서울에서 한 전체 협상 시간을 100으로 둔다면, 그 합의를 끌어내려고 밀고 당기는 데 3분의 2를 썼다. 남북회담에서 합의문을 만들려면 똑같은 말을 몇 번씩 주고받는다. 그래서 남북합의문 만들 때는 끈기가 있어야 한다. 나라의 운명이 걸린 문제인데 그냥 넘어가면 안 되니까. 피곤한 일이다. 그러나 피곤하다고 공무원이 설렁설렁 넘기면 안 된다.

미국은 5자 회담을 공개적으로 얘기했고, 물밑에서 내가 북측에 6자 회담을 아이디어로 줬더니, 북측 대표단이 7월 서울에 와서는 다자 회담을 암시하는 표현인 '국제적인 대화'에 합의를 하고 돌아갔다. 그리고 8월에 "우리의 주동적 발기에 의하여" 하면서 6자 회담을 하자고 역제안하는 식이 됐다. 미국도 호응했다. 우리가 미리 미국에 6자 회담 제안이 나올지 모르니까 받으라고 얘기했다. 그렇게 해서 베이징에서 6국 대표들이 만난 6자 회담이 8월 27일에 열렸다. 그런데 그 회담이 끝난 지 며칠 만에 북한이 미사일 발사를 했다. 당시 나는 북한의 미사일 발사에 대해서 이렇게 생각했다. 아마도 회담에서 미국이, 원래 미국의 구상—5자 회담을 열어서 미·일·한·중이 4 대 1로 북한을 압박하는—대로 회담 운영을 하려고 했기 때문에 북한이 미국에 경고장을 보내는 차원에서 미사일을 발사했다고 말이다. 북한은 회담에서 장외 압박전술을 잘 쓴다. 보통 소국의 장외 압박전술은 자위 수단이다. 강국의 장외 압박전술은 자위 수단이 아니라 게임의 판을 엎으려는 양동작전이고.

잘 나가던 북한이 도발적 장외 압박전술을 쓰니까 노무현 대통령이 갑자기 안보관계장관회의를 소집했다. 그날 안건은 '북한이 회담 직후에 이런 도발적인 행동을 하는데 우리 정부가 김대중 정부 때부터 꾸준히 해오던 쌀 지원, 비료 지원을 계속해야 하느냐'였다. 거기에 대해 통일부 장관이 보고하라면서 통일부 장관의 정책보고서를 놓고 토론해 결정하겠다고 했다. 나는 '그렇기 때문에 그만둬야 한다'가 아니라 '그럼에도 불구하고 계속해야 한다'는 논리로 보고서를 준비했다. "6자 회담은 어떤 우여곡절을 겪더라도 1차에서 2차, 3차로 계속 이어가야만 한다. 북한이 그런 사고 한번 쳤다고 우리가 당장 대북 지원을 중단해 버리면 앞으로 6자 회담에서 우리의 입지는 사라진다. 그나마 북한이 우리 말을 듣는 이유는 쌀과 비료를 일정하게 주기 때문이다. 미국도 그걸 인정하기 때문에 북한을 사전에

교육해 달라고 우리한테 부탁했던 거다. 그러니 북미관계에서 우리가 입지를 가지려면 쌀과 비료 지원을 계속해야 한다"는 방침을 정리해서 가지고 들어갔다.

안보관계장관회의에는 통일부 장관, 외교부 장관, 국방부 장관 등 통일·외교·안보 분야 장관들이 다 모이고 청와대 안보보좌관, 국정원장 그리고 총리까지 참석한다. 남북관계 관련해서 경찰이 움직일 일이 있으면 행자부 장관도 참석한다. 그렇게 열 명 정도 모여 있는 회의실에 대통령이 들어오면서 나를 바라보고 "저 사람들 뭐 맡겨 놨어요?"라고 했다. 순간 나는 대북 지원 끊자는 의미로 알아들었다. 속으로 '계속 줘야 한다고 말하고 그럼에도 불구하고 대통령이 안 된다고 하면 오늘로써 사표 낸다'고 각오하고 준비한 대로 보고를 했다. 노무현 대통령의 표정이 일그러졌다. 할 말이 부글부글 끓어오르는 것 같았다. 노무현 대통령은 대북 지원을 도리라고 생각하기 때문에 줄 때 화끈했듯이 끊을 때도 화끈하게 칼처럼 끊을 수 있을 것 같았다. 전략적이기보다 인간적으로 보였다.

대통령은 통일부 장관 얘기를 반박해 보라는 식으로 토론을 주도했다. 그날 회의에서는 여론이 나쁘니까 대북 지원을 그만둬야 한다는 얘기도 나왔다. 하지만 북핵 문제 해결 과정에서 우리 입지를 그나마 유지하거나 강화하려면 지원을 계속하는 쪽이 맞다는 고영구 국정원장의 주장에 더해 고건 총리가 대통령께 "이번 일은 통일부 장관 손을 들어주시지요"라고 건의를 했다. 그게 그날 회의의 결론이 된 셈이다. 총리까지 그렇게 나오니까 노무현 대통령이 "통일부 장관 마음대로 하세요"라며 일어섰다. 매우 못마땅한 표시가 났다. 그래서 노 대통령 등 뒤에다 대고 "이번에 회담하러 평양 올라가면 확실하게 버르장머리를 고쳐놓겠습니다"라고 했다. 화가 누그러지게 하려면 '교육시켜 놓겠습니다' 같은 점잖은 표현으로는 안 된다. 의지는 관철시키더라도 화가 난 대통령 마음을 풀어드리는 게 모두에게 두루 좋은 일이니까. 그렇게 해서 노무현 대통령의 생각이 바뀌었다. 노무현 대통령은 참모가 잘 설득하면 원위치로 돌아오는 지도자라고 생각했다.

이후 남북관계에는 우여곡절이 많았다. 베이징 6자 회담이 북한 마음대로 잘 안 풀리니까 북한이 2006년 10월 9일 1차 핵실험을 해버렸다. 그러자 노무현 대통령이 바로 노무현 정부 햇볕정책의 기수라고 할 수 있는 이종석 통일부 장관을 계속 그 자리에 놔둘 수 없지 않느냐는 얘기를 했다는 기사가 나왔다. (나는 2004년 6월 30일 통일부 장관 자리에서 물러났다.) 한명숙 총리가 국회에 나가 질의 응답하는 과정에서 햇볕정책을 그대로 끌고 가기 어렵다는 얘기도 공개적으로 해버렸다. '한 당국자에 의하면' 이렇게 인용하는 형식이었지만 총리가 대통령의 뜻을 받아 햇볕정책을 계속 이어갈 수가 없다는 취지의 발언을 하고 나면 돌이키기 어렵다.

김대중 대통령은 노발대발했다. 북한이 핵실험을 한 다음 날인 10월 10일 전남대학교에서 김대중 대통령의 명예박사학위 수여식이 있었다. 김대중 대통령은 먼저 광주에 내려가 계시고 나는 다른 일정 때문에 늦게 갔는데, 비서들은 김대중 대통령이 계신 호텔 방 복도에 긴장해 서 있고 안에는 이희호 여사와 한껏 긴장한 박지원 비서실장만 있었다. 늦게 도착한 연유를 말씀드렸더니 김대중 대통령이 나를 보고 대뜸 "노무현 대통령은 왜 그러는 거요?" 했다. 왜 햇볕정책을 버리려는 거냐는 뜻으로 받아들인 내가 "햇볕정책이 원래 자기 것이 아니지 않습니까" 그랬더니 "그렇지, 알았어요. 그럴 거야"라고 하시면서 화난 표정이 풀렸다. 전임 대통령의 정책을 지금까지 끌고 온 것만 해도 고마운 일인 데다 북한이 사고를 쳤는데도 그 정책을 끝까지 밀고 가라고 하는 것은 지나치다는 생각이 들으셨었던 거 같다. 노무현 대통령이 이해도 되고 훨씬 마음이 풀린 듯 보였다. 그러더니 최경환 당시 공보비서관을 불러서 지시했다. "한명숙 총리한테 내가 그런다고 전하시오. 그런 식으로 얘기하는 사람이 어디 있냐고, 햇볕정책을 함부로 버리느냐고. 노 대통령한테도 내 뜻을 전하라고요." 총리와 청와대에 뜻이 전달됐는지 이튿날 아침 전남대학교에 도착해서 총장 주최 환영 티타임 자리에 있는데 김대중 대통령이 "조금 전에 노무현 대통령한테 전화 왔어요. 참모들하고 협의해서 다시 햇볕정책을 끌고 가겠다는 얘기를 했어요"라고 전해줬다.

2007년 10월에는 노무현–김정일 남북정상회담이 열렸다. 노무현 대통령이 욱하고 화가 나면 장관도 갈아치우지만, 햇볕정책을 계승·발전시키겠다고 취임사에서 선언을 했기 때문에 다시 원위치로 돌아간 것이다. 노무현 정부 시기에 북한이 핵실험을 하기 전까지는 남북장관급회담을 계속했다. 북한이 핵실험을 한 1년 뒤인 2007년 10월에 평양에서 남북정상회담도 했다. 노무현 대통령도 일관성이 있는 분이었고, 햇볕정책을 계승·발전시키겠다는 초심을 잃지 않았다.

이라크 파병, 한미관계 너머 남북관계까지 바라보다

노무현 대통령의 도리론에도 불구하고, 대북 지원 관련해서는 늘 여론이 나쁜 데다 미국 부시 대통령 시절이라 정부 입장에서는 지원을 이어가기가 참 힘들었다. 게다가 미국과의 관계가 김대중 대통령 때보다 어려웠다. 김대중 대통령 때도 미국의 압력이 들어오면 계속 부시 대통령을 설득해야 했지만, 미국은 김대중 대통령을 기본적으로 믿는 구석이 있었다. 미국으로 망명했으니 친미주의자라고 생각했다. 그런데 노무현 대통령은 완전히 다르게 바라봤다. 변방의 장수가 갑자기 나타나서 대통령이 된 데다가 선거 때 "사진 찍으러 미국 안 가면 안 되냐"고 얘기하는 거 보니 반미가 될지도 모른다는 의혹을 품고 있었을 것이다. 그런 미국의 의심을 어떻게 극복하느냐가 사실은 굉장히 중요했다. 미국이 계속 한국 대통령이 하는 일에 비토를 놓으면 우리 국내 여론이 대통령을 반대한다. 국내의 지지를 받기 위해서는 미국의 지지를 끌어낼 필요가 있었다. 치사한 일이지만 현실이 그렇다.

그런데 2003년에 미국이 이라크를 점령했지만 문제가 안 풀리니까 힘을 보태주기를 절실히 바라면서 우리에게 파병을 요청했다. 한국 입장에서는 우리 국가이익과 직접적인 연관도 없는데 파병한다는 것은 말이 안 된다. 베트남 파병과는 다르다. 베트남 파병은 명분으로 민주주의, 동맹을 내세웠지만, 솔직히 돈 때문이었다. 그 돈을 받아서 경제개발을 해야 되니까. 근데 40년이라는 세월이 흐른 2003년쯤 되면 한국이 돈 보고 파병할 수는 없었다. 용병 비슷하게 가서 돈벌이할 상황도 아니었다.

그런데 한국 정부가 거절한다면, 게다가 미국과 거리를 두려고 하는 듯 보이는 노무현 정부가 거절한다면, 미국은 당연히 노무현 정부에 대해서 비협조적으로 나올 수밖에 없었다. 그러니까 파병을 해서 미국의 필요를 충족시켜 주는 대신 신뢰를 얻고, 여기에 더해 미국이 우리에게 빚을 지게 만들면, 후에 미국과 거래를 할 수도 있게 되는 것이다. 미국이 어려울 때 도와줌으로써 일단 투자를 하는 셈이다. "A friend in need is a friend indeed", 어려울 때 도와준 친구가 진짜 친구라는 영어 속담도 있지 않나.

이라크니까 파병이 가능했다는 점도 있다. 미국이 중국을 압박하는 데 가담하라고 하면 중국은 바로 보복할 테고 우리가 치러야 하는 비용이 크니까 못 한다. 중국이 대만을 치는 경우 미국이 개입하면서 우리에게 파병하라고 요구해도 우리는 들어줄 수 없다. 하지만 이라크 파병에 따르는 비용은 크지 않았다. 우선 거리가 멀리 떨어져 있어서 지정학적 영향을 고려하지 않아도 되었다. 불이익이 돌아올 가능성이 굉장히 낮기 때문에 미국과의 다음 거래를 위해 요구를 들어줄 만했다. 우리에게는 전시작전통제권을 찾아오는 문제가 있었다. 그것도 계산에 있었을 것이다. 큰 것을 놓고 미국과 협상하려면 그 정도 요구를 들어줘야만 협상력이 생기니까.

이라크 파병 문제는 미국을 관리해야 한다는 측면에서 전략적으로 좋은 결정이었다고 생각한다. 미국의 입장에 맞춰주고 미국을 우리 편으로 만들어 반대급부로 우리가 남북관계를 주도적으로 끌고 나갈 수 있도록 회유한다는 차원에서 내린 결단이라고 나는 본다. 나는 그때 통일부 장관 자리에서 물러났기 때문에, 그런 결정을 할 때 대통령이 차라리 먼저 파병하고 미국의 환심을 사서 우리가 남북관계에서 주도권을 행사하자고 했는지, 참모 중에 누가 건의를 했는지는 모른다. 청와대에서 대통령이 국무위원들하고 어떤 얘기를 했는지는 대중에게 공개하지 않으니까. 참모들이 얘기했다면 아마 이종석 당시 NSC 사무처장 정도가 그런 전략을 건의하거나 주장했을 거다. 그때 보수 언론에서 외무부는 동맹파, NSC 사무처장을 겸했던 청와대 안보실 차장 이종석 등은 자주파, 통일부 장관 정세현도 자주파 그렇게 동맹파와 자주파로 구분해서 사진 넣고 화살표 표시를 한 도표까지 그려서 보도했었다.

그때 이라크 파병을 결정하는 걸 보면서 '정치인으로서 청문회에서 명패 던지던 사람이, 떨어질 걸 뻔히 알면서 계속 부산에서 출마하던 사람이, 대통령으로서 대한민국 외교에 있어 자국 중심성이라는 더 큰 가치를 찾기 위해서 이라크 파병이라는 전략적 결정을 하는구나' 하고 생각했다. 대통령 선거 유세에서 '당선되면 사진 찍으러 미국에 안 간다'는 말을 공개적으로 했지만, 대통령으로서는 미국을 관리해야 한다는 생각에 이라크 파병을 결정한 거다. 물론 우리가 미국하고 완전한 상하관계는 아니지만 그렇다고 완전히 맞먹거나 멱살잡이를 할 수는 없는 형편이니까.

앞에서도 얘기했듯, 내가 중학생 때 전주역에서 힘 있는 놈이 힘 없는 놈을 깔아뭉개고 무릎 꿇리는 걸 봤고, 대학에 들어가 배운 국제정치학에서 큰 나라와 작은 나라 사이의 관계는 완전히 주종관계일 수도 있고 형제관계일 수도 있다는 것을 알았다. 형제관계는 완전히 주종관계는 아니다. 동생이 대들지 않고 말 잘 듣는 조건으로 어떻게 보면 형은 동생을 보호해 준다. 근데 주인과 종 사이에는 무조건적이고 일방적인 군림과 헌신만이 있다. 노무현 대통령은 미국과의 관계를 주종관계가 아니라 형제관계 정도로 끌고 가려고 했다. 판을 깨지 않으면서 거래를 하는, 살아남고 득을 보는 외교를 하려고 했던 거다. 미국과 적당하게 협조관계를 유지하면서 별도로 우리나라의 국격을 높이거나 국익을 키우는 방향으로 끌고 가려고 할 때는 미국의 절박한 요구를 들어주고 대신 무언가를 받아낼 수 있다. 국제 정치도 기본적으로 거래이고 장사이기 때문이다.

남북관계를 비롯한 외교에서 판을 깰 수는 없을 때, 우리 입지를 키우고 자국 중심성을 조금이라도 확보하기 위해 전략적인 거래를 하는 걸 보고 노무현 대통령에 대한 믿음이 갔다. 그럼에도 불구하고 나는 노무현 대통령이 미국의 요구를 들어줄 수밖에 없는 그 전략적 선택을 하며 기분이 나빴기를 바란다. 국가 지도자로서 기분도 안 나쁘다면 자국 중심성이 없는 거다.

한국군 전시작전통제권 환수 협상, 그 결과는?

또 하나 노무현 정부 시절의 공로로 전시작전통제권 환수 의지 표명을 꼽을 수 있다. 1950년 6.25 전쟁이 일어난 지 19일 만인 7월 14일, 이승만 대통령이 유엔군 사령관한테 넘겼던 우리 군에 대한 전시작전통제권을 찾아오는 협상을 노무현 정부가 2006년에 시작했고, 2012년 4월 17일 한국에 환수하기로 2007년에 한미가 합의했다. 미국은 우리 군에 대한 전시작전통제권을 가졌기 때문에 사실상 주한미군은 고작 2만 8천 명이지만 한국군 65만 명을 부하처럼 부릴 수 있었다. 그럼에도 노무현 정부가 미국과 끈질기게 협상해서 결국 합의를 이끌어 냈다. 6.25 전쟁 때는 북한 군사력이 우세했는지 모르지만 2005-2006년에는 이미 남한의 경제력이 월등하게 높아져 군사적으로도 강국이 됐으니 북한에게 당할 일은 없었다. 이런 상황에서, 미국은 주한미군의 일부를 한국 밖으로 잠깐 내보낼 필요가 있을 경우 주한미군 사령관이 한국군이 있는 한국과 한국 밖에 파견된 미군이 있는 곳을 왔다 갔다 해야 한다. 주한미군 사령관이 한국군 전시작전통제권을 가진 유엔군 사령관을 겸하기 때문이다. 그런데 한국군 전시작전통제권을 한국에 넘겨주면 주한미군 사령관이 굳이 한국에 붙박이로 있어야 할 필요가 없다. 자유롭게 움직일 수 있으니 좋고 한국군이 독자적으로 북한을 억제할 수 있는 데다 급하면 미군이 돌아올 때까지 며칠 정도는 한국군이 감당할 수 있다고 판단한 것이다. 물론 미국이 전시작전통제권을 돌려줄 수 있을 정도로 한국의 힘이 커진 것은 틀림없는 사실이지만, 힘이 커졌다는 걸 알고 미국에게 돌려달라고 얘기하는 건 또 별개의 문제다. 절대로 미군이 우리를 떠나면 안 된다고, 바짓가랑이 붙들고 늘어지는 식의 외교는 안 한다는 의미이기 때문이다. 이건 한국 외교에 있어서 큰 변화고 업적이다. 나는 노무현 대통령이기 때문에 할 수 있었다고 본다. 큰 그림으로 도리를 생각하고, 떨어질 걸 뻔히 알면서도 바보 소리 들어가며 계속 부산에서 출마했던 건 자존심 때문이다. '나 치사하게 계산적으로 하지 않는다. 져도 당당하게 질 거다. 이가 부러지고 코뼈가 깨져도 빌지는 않는다.' 노무현 대통령, 인간적인 매력이 있다.

전시작전통제권 환수는 또한 시각의 문제이기도 하다. 2007년 12월 17대 대통령 선거로 정권이 재창출됐더라면, 노무현 대통령 후임으로 정동영이나 문재인 같은 민주당 후보가 대통령에 당선됐더라면, 전시작전통제권은 미국과 합의한 대로 2012년 4월 17일에 찾아왔을 것이다. 하지만 정권이 바뀌면서 상황은 완전히 달라졌다. 전시작전통제권 환수에 대한 가부 문제는 북한을 어떻게 보느냐, 미국을 어떻게 보느냐와 연결되기 때문이다. 만약 지금 우리가 독립적으로 북한을 상대하기에는 북한의 힘이 너무 센데 괜히 국격이니 자존심이니 하면서 전시작전통제권을 찾아왔다가 결국 북한한테 당한다고 생각한다면, 설령 미국 밑에 있다고 누가 욕을 하더라도 찾아오지 않는 게 훨씬 더 안전하다는 결론을 내리게 된다.

민주당 정부로 정권 재창출이 됐다면 그 정부의 대북관은 노무현 정부가 전시작전통제권을 찾아오기로 판단하는 데 근거가 된 대북관과 근본이 같았을 거다. 남북 간의 체제 경쟁의 결과로 이제 우리가 북한보다 월등하게 우위에 있다. 물론 핵과 미사일에서는 북쪽이 우리보다 우세하지만 그렇다고 그걸 우리한테 쓸 일은 없고, (다만 안심할 수 없는 게 2022년 북한이 대남 공격용으로 핵무기 사용의 가능성을 열어 놓았다.) 군사적으로 우리가 절대로 북한한테 꿀리지 않는 정도까지 왔다. 그렇다면 '미군 주둔은 그대로 두고 필요할 때 도와달라고 하자, 그러나 헌법이 대통령한테 있다고 규정한 국군통수권의 핵심인 전시작전통제권은 찾아오자, 주권의 중요한 요소인 국군통수권의 핵심을 주한미군 사령관한테 맡겨놓는다는 것은 자존심의 문제일 뿐만 아니라 국격과도 연결이 돼 있는 것이다, 전시작전통제권을 회수해 와도 북한한테 안 당할 것이고, 만약 위험한 지경이 되면 우리 땅에 주둔하고 있는 미군에게 도와달라고 하면 되는 거 아니냐' 하는 시각으로 접근을 했을 거다.

북한 입장에서는 전시작전통제권을 가진 한국이 더 무섭다. 그 동안 북한이 위협해도 전시작전통제권을 가진 미국 입장은 국지전도 부담이니 '한 대 맞고 끝내라'였다. 그런데 한국이 전시작전통제권을 가지면 '때릴 수 있는' 것이다. 게다가 한국은 국방비를 매년 8퍼센트 증액하고 있다.

노무현 정부는 한미연합사령부가 행사하도록 되어 있는 전시작전통제권을 우리나라 합참의장이 지휘하도록 찾아오게 만들어 놓았지만, 이명박 정부는 전시작전통제권의 환수 여부조차 향후에 검토하겠다고 했다. 북한이 밀고 내려올 때 미국이 자동으로 개입하도록 하려면 미군이 전시작전통제권을 가지고 있는 편이 우리한테 더 안전하다는 논리였다. 미군이 199개국에 나가 있지만 주둔한 나라 군대의 전시작전통제권을 가지고 있는 경우는 한 곳밖에 없다. 우리 나라, 한국.

이명박 정부:
미국에게만 '이보다 더 좋을 수 없는' 동맹

이명박 정부 때는 직접 정부 안에서 일을 안 했기 때문에, 얘기를 길게 못 한다. 오랫동안 정부 안에 있으면서 최일선에서 남북관계를 다뤄왔던 경험을 바탕으로 얘기한다는 걸 미리 밝혀둔다. 이명박 정부는 우선 대북정책에서 햇볕정책과 차별화한다며 '비핵-개방-3000' 구상을 들고 나왔다. '비핵-개방-3000' 구상의 요지는 북한이 비핵화하고 자진해 개혁·개방을 하면 한국 정부가 국제사회와 협조해서 북한 주민들의 1인당 소득을 3천 달러로 만들어 주겠다는 것이다. 국제사회와 손잡고 북한을 도와준다는 것은 우리가 주도적으로 먼저 도와준다는 뜻이 아니다. 게다가 순서도 거꾸로다. 햇볕정책은 북한이 비핵화하도록 유도하기 위해서는 먼저 남북 교류·협력을 활성화시켜야 한다는 인식을 바탕으로 한다. 그 과정에서 생기는 이득 때문에 한국이 하는 말을 북한이 들을 수밖에 없도록 만들어서, 북한이 핵 문제를 빨리 해결하면 돌아오는 이득이 더 크다는 사실을 깨닫게 하는 식으로 문제를 풀어간다는 것이다. 그러나 '비핵-개방-3000' 구상은 거꾸로 북한이 비핵화하면 북한 경제를 발전시켜 주겠다는 거다. 출구에서 이뤄야 할 비핵화라는 목표를 입구에다 내걸고 비핵화부터 하라고 하니까 북한은 즉각 반발하고 나섰다. 결과적으로 아무것도 못 했다.

그런데도 이명박 정부의 청와대 참모들은 '비핵-개방-3000' 구상이 결국 북한의 변화, 즉 붕괴를 가져올 수 있는 '전가의 보도'로 생각했던 것 같다. 당시 통일부 실무자들한테 들은 얘기가 있다. 정권 출범 직후 대선캠프 출신인 김태효 청와대 통일비서관이 수유리 통일교육원 강당에 당시 김하중 통일부 장관 이하 전 직원을 모아놓고 이명박 정부의 대북정책인 '비핵-개방-3000' 구상에 대해서 강연을 했는데, 그의 정책 설명 요지는 간단했다고 한다. 즉 "'비핵-개방-3000' 구상을 밀고 나가면 반팔 셔츠를 입기 전에 북한이 무릎을 꿇을 것이다"라고 호언했다는 것이다. 그 얘기를 전해 들은 청와대 출입 기자들이 여름이 지나도 북한이 무릎을 꿇을 기미가 보이질 않자 통일비서관에게 "여름이 다 지났는데도 북한이 무릎을 안 꿇었는데 어떻게 된 거냐"고 물었다. 그러자 비서관은 "첫눈이 내리기 전에는 그리 될 것이다"고 답했다고 한다. 통일부 후배들한테 간접적으로 들은 얘기이기 때문에 구체적인 표현이나 문장은 다를 수 있겠지만, 아무튼 이명박 청와대 팀은 북한 붕괴를 강하게 믿고 있었다는 증거가 아닐 수 없다.

이명박 대통령도 북한이 곧 붕괴할 가능성이 높다고 진짜로 믿었던 것 같다. 이명박 대통령은 2010년, 8·15 광복절 경축사에서 느닷없이 "통일은 반드시 온다"며, '통일세' 신설을 제안했다. "통일이 가까운 것을 느낀다"(2010년 12월 9일 말레이시아 동포간담회), "통일은 도둑같이 올 것이다. 그리 오래 걸리지 않을 것"(2011년 6월 21일 민주평통 간부위원 임명장 수여식)이라고도 언급했다. 이명박 대통령이 이렇게 생각한 저변에는 기업인 출신답게 경제결정론이 있었을 것이다. '북한 경제가 어렵다는데 몇 년이나 더 버티겠나. 경제가 나쁘면 나라도 망한다. 북한을 압박하면 내 임기 중에 북한이 망해서 통일이 되고 북핵 문제도 끝낼 수 있는데 쓸데없이 베이징까지 6자 회담 하러 왔다 갔다 할 필요 없다'는 식의 경제만능주의적 사고라고 할까. 상대방을 하청업자처럼 생각한 것 아닐까? 대기업이 하청업체들을 완전히 좌지우지하려면 일단 만나주지 않는다고 한다. 절박해진 하청업자가 몸이 달아서 원청이 시키는 대로 할 수밖에 없도록 만든 뒤에 리베이트를 많이 뗀다는데, 그런 세상을 살아온 탓에 남북관계도 그런 식의 거래 개념, 장사꾼 논리로 생각하지 않았나 싶다. 북한과 남북관계를 너무 쉽게 생각한 거다.

북한이 무정부 상태가 되면 더 위험해진다는 게 상식인데, 이명박 대통령은 북한이 붕괴하면 '내 것'이라고 생각한 것이다. 이런 발언을 했다는 기사를 보고 나는 이명박 대통령이 북한붕괴론자라는 생각을 했다. 북한 붕괴를 믿는 대통령과 정부 참모들 입장에서는 남북관계 개선을 위해 어떤 일도 할 필요가 없고, 북한이 반발하면 욕하고 끝내면 된다고 여겼을 것이다. 그렇게 남북관계를 끊었다. 관계를 끊고 소통이 없으면 자연히 북한이 우리를 위협하거나 군사적인 도발을 할 가능성이 있다고 생각하게 된다. 그러면 그 해법은 계속 미국 무기를 많이 사다놓는 것뿐이고 미국한테 매달릴 수밖에 없다. 그러다 보니 미국에서는 한국의 역대 다른 정부들보다 훨씬 미국 무기를 많이 사주는 이명박 정부 시절에 "한미동맹이 지금보다 더 좋을 수는 없다"는 얘기까지 나왔다. 한미 국방장관 공동기자회견에서 북한의 웬만한 공격에는 미국이 한국을 군사적으로 보호한다는 뜻인 '확장된 억제extended deterrence'라는 표현도 나왔다. 우리가 그만큼 미국 무기를 많이 샀다는 얘기다. 미국은 무기를 판 만큼 보답을 한 거다. 거기에 민주주의 같은 명분을 하나 붙여서 우리는 안보동맹일 뿐만 아니라 가치동맹이라고까지 한미관계를 미화했다. 이명박 대통령은 자신의 정책이 결과적으로 미국 추종인지도 몰랐을 것이다. 기업 CEO의 관점으로 미국의 고객과 대한민국의 고객을 동일시해 버리면, 외교의 자주성이나 자국 우선이라는 개념을 인식하기 어려울 테니까.

이명박 정부는 한중 경제협력 규모가 만만치 않아졌는데도, 미국과 중국 사이에서 적절하게 처신하면서 국익을 최대화하기보다는 확실하게 미국 편에 서버렸다. 우리가 북한과 만날 필요가 없다고 생각했고, 결과적으로 미국도 북한과 회담을 못 하게 만들었다. 노무현 정부 때 북핵 문제를 풀기 위해 미국과 손잡고 시작한 6자 회담에, 이명박 정부는 북한이 비핵화를 안 하고 있으니까 안 가겠다고 했다. 당사국으로 핵 문제 해결이 제일 아쉬운 건 한국인데, 정작 한국이 '북한이 핵을 포기할 때까지 6자 회담에 안 나가겠다'고 하니 미국으로서도 6자 회담을 더 이상 끌고 갈 동력이 없어진 셈이다. 그래서 노무현 정부 때 시작된 6자 회담은 이명박 정부 초년인 2008년 12월에 본회담도 아니고 수석대표들이 베이징에서 한 번 만나 티타임을 가졌는지 그러고는 중단되었다. 결국 다음 해인 2009년 5월 25일 북한이 2차 핵실험을 해버렸다.

그런데도 2009년 1월에 출범한 미국의 오바마 정부는 임기 8년 동안 북한이 핵을 포기할 때까지 인내심을 가지고 기다린다는 '전략적 인내'를 북핵정책으로 표방하고 실천했다. 하기야 북핵 문제의 최대 피해자인 한국 정부가 북한이 핵을 포기하도록 만들려는 6자 회담에 안 나겠다는데 미국이 무슨 일을 하겠는가? 한국의 이명박 정부가 6자 회담도 서두르지 않고 미국의 오바마 정부는 '전략적 인내'라는 해괴한 정책을 견지한 8년 동안 북한은 핵실험을 네 번 더 했다. 2009년 5월 25일(이명박-오바마), 2013년 2월 12일(이명박-오바마),

2016년 1월 6일(박근혜-오바마), 2016년 9월 9일(박근혜-오바마).

이명박 정부 때는 남북관계 관련해서 한 일이 아무것도 없다. 2000년 6.15 남북정상회담 합의로 8월 15일 시작한 이산가족 상봉사업은 김대중 정부와 노무현 정부 때는 해마다 평균 두 번씩 총 16회를 했는데, 이명박 정부 때는 임기 5년 동안 겨우 두 번 했다. 솔직한 얘기로, 이전 정부들에서 이산가족 상봉이 이렇게 정례적으로 이뤄질 수 있었던 것은 1년 내내 쌀과 비료가 가고 있었기 때문이다. 이산가족 상봉사업에 나오라고 하면 북쪽에서는 뭐 좀 생기겠지 기대하고 나오는데 안 주면 다음에 안 나온다. 바로는 못 받더라도 그래도 두 번째 가면 지난번에 받아야 했던 것 받고, 두 번째 것은 다음에 계산해 주겠지라고 할 정도로 믿었는데 안 주니까 더 이상 이산가족 상봉사업에 협조하지 않는 거다. 박근혜 정부 때도 두 번 했다. 우리 쪽에서는 이산가족 상봉사업을 인도주의 사업이라고 주장하지만, 북한 입장에서는 남북의 사는 형편 차이가 너무 드러나는, 체제 우열이 그야말로 그림처럼 드러나는 행사다. 북한으로서는 못사는 걸 보여주기 싫은 게 당연하다. 생기는 것이 있으면 몰라도 말이다.

이명박 대통령 때는 미국한테 찰싹 붙어 중국하고도 거리를 뒀고, 북한과는 관계가 아주 나빴기 때문에 외교력을 발휘할 수 없었다. 한쪽에 탁 붙어버리면 외교력이라는 것은 사라진다. '한국한테 직접 얘기해 봐야 또 미국한테 물어볼 테니까, 아예 미국한테 바로 얘기해야지, 한국과 직접 얘기할 필요 없어.' 이렇게 패싱의 대상이 되어버린다. 원래 통미봉남通美封南은 이런 식으로 시작되고 유지되어 왔다.

일본도 우리를 계속 패싱했다. 우리는 일본을 상대로 일대일로 맞먹겠다고 했지만, 일본은 이명박 정부가 지소미아(GSOMIA, 한일 군사정보보호협정)를 계속 유지하고, 위안부 문제와 강제징용 배상 문제도 일본 뜻대로 해결하라고 우리를 직접 압박하면서, 동시에 미국을 통해서도 압박했다. 미국은 일본 말만 듣고 우리를 찍어 눌렀다. 이명박 대통령은 외교에 있어서 자주성이라든가 독자적인 영역 구축 같은 개념 자체가 없었다고 생각한다. 결국 교육이나 복지 쪽에 쓸 수 있는 국가 예산을 미국 무기 사는 데 많이 썼다. 남북분단 때문에, 그리고 북한의 군사적인 도발 가능성 때문에 햇볕정책 시기에도 한국은 4대 미국 무기 수입국 반열에 있었는데 남북관계를 끊어버리고 '확장되고 확장된 억제extended & extended deterrence'까지 추구하다 보니 이명박 정부 때부터는 한국이 제1의 미국 무기 수입국의 반열에 오르게 되었다. 이런 추세는 박근혜 정부 때까지 계속됐다.

이명박 대통령은 보수 정치인으로서 국내 정치에서 얻는 이익 때문에 미국 편에 서고, 독도까지 직접 가서 사진도 찍었을 거다. 보수 성향 국민들한테 자기의 정체성을 확실하게 각인시키고 인정받고 지지를 끌어내는 것이 사는 길이라고 생각했을 것이다. 그래서 스스로는 남북관계, 한미관계를 비롯해 외교를 약육강식의 원리에 따라 아주 잘했다고 여겼을지도 모르겠다. 노무현 정부가 미국에게서 2012년 4월 17일에 전시작전통제권을 환수받기로 약속받았는데, 이명박 대통령이 2015년 12월 31일로 미뤄버렸고 박근혜 대통령은 핵 문제 해결 뒤로 더 미뤄버렸다. 그러니까 이명박 대통령의 외교정책은 긴 얘기를 할 것이 없다. 이명박·박근혜 정부의 외교에 대해서 길게 얘기한다면 그건 '억지 춘향이'를 만들 뿐이다.

참모의 자세

김대중 대통령이 미국과 사전 협의 과정을 거치지 않고 금강산 관광을 개시하는 결단을 내릴 수 있게 된 데는 그러한 용기를 불어넣어준 참모의 역할이 있었다. 바로 임동원 당시 대통령비서실 외교안보수석비서관이다. 그 조합이 기가 막혔다. 대통령이 어떤 일을 추진하고 싶은데 수석 참모가 '글쎄요, 그래도 미국하고 사전 협의를 좀 해야지 그냥 저질러 가지고 괜찮을까요'라고 했다면 일은 안 됐을 수 있다. 금강산 관광은 현대아산의 정주영 회장이 김대중 정부 초부터 필생의 사업으로 시작한 일이다. 판문점을 거쳐 육로로 소 1,001마리를 끌고 올라가면서 북한의 협조를 끌어내려 했던 사업이다. 김대중 정부로서도 햇볕정책 추진 과정에서 금강산 관광 개시는 상징성도 크지만, 다른 분야의 남북관계에 미치는 파급 효과도 크기 때문에 적극 지원할 필요가 있었다. 그런데 금강산 관광사업 아이디어가 나온 1998년 5월 이후 한반도를 둘러싼 국제환경은 별로 좋지 않았다. 8월 중순 〈뉴욕타임스〉에 북한이 동창리라는 곳의 지하동굴 속에서 비밀리에 핵을 개발하고 있다는 기사가 실렸다. 정보 출처는 익명을 요구한 미군부 당국자였다. 1998년 6월 클린턴 미국 대통령이 한미 정상회담에서 김대중 대통령한테 햇볕정책을 지지한다고 발언한 지

2개월이 지난 시점에 그런 기사가 나오자 미국 내 햇볕정책에 대한 여론이 나빠지고 우리 국내 여론도 당연히 나빠졌다. 설상가상으로 북한이 그해 8월 말에 일본열도 상공을 가로질러 태평양 쪽으로 '대포동-1호'라는 중거리 미사일을 발사했다. 햇볕정책에 대한 국내외 여론은 나빠질 수밖에 없었다. 여론은 안 좋은데 현대아산이 관광선 출항 날짜로 정해 놓은 11월 18일은 바짝바짝 다가오고 있었다.

1998년 11월 15일, 김대중 대통령은 말레이시아 쿠알라룸푸르에서 열린 국제행사에 참석 후 참가국 정상들과 정상회담을 이어가는 도중 수행한 임동원 외교안보 수석비서관을 호출했다. "임 수석, 사흘 후 금강산 관광선을 출항시켜도 되겠소? 어찌했으면 좋겠소?" 이 물음에 임동원 수석은 김 대통령이 내심 관광선 출항을 결행하고 싶어 하는 걸로 감지하고 이심전심인 뜻을 밝혔다. "대통령님, 이럴 때는 모험을 좀 하실 필요도 있다고 봅니다" 하고 건의하자마자 김 대통령이 "그렇지? 그렇게 합시다! 그러면 서울에 연락하시오"라고 했다는 것이다. 이런 상황 전개는 당시 통일부 차관이었던 내가 임동원 수석한테 직접 들은 거다. 아무튼 11월 15일 오후 임동원 수석으로부터 국제전화가 걸려왔다. "강인덕 장관님이 지금 자리에 안 계셔서 차관님께 대통령님 지시를 전달합니다. 금강산 관광 말입니다. 그거 원래 계획대로 추진하라십니다." 내가 반문했다. "저질러 버리자는 말씀이지요?" 그러자 "바로 그거요"라는 답이 돌아왔다. 그래서 강인덕 장관님께 대통령 지시를 보고드리고 현대아산에도 연락을 취했다. 그렇게 해서 금강산 관광선은 원래 계획대로 출항할 수 있었고, 그로부터 이틀 후 청와대에서 김대중 대통령을 만난 클린턴 대통령이 금강산 관광 개시 축하 인사부터 했던 것이다. 그 대통령에 그 참모가 아니었더라면 미국한테 먼저 물어보느니 협의하느니 뭐니 주저하다가 '햇볕정책의 옥동자'라는 별명이 붙었던 금강산 관광은 햇빛을 못 봤을 수도 있다. 책임을 맡은 관료가 잘못되면 내가 물러난다는 각오로 일을 저지를 수 있어야 한다. 대통령과 뜻이 같고 위임을 받았다면 용기 있게 밀어붙여야 한다. 나중에 미국과 불편한 상황이 닥쳤을 때 '죄송합니다. 제가 책임지고 물러나겠습니다' 하면 미국도 찍소리 못 한다. 책임자가 물러나면서까지 저렇게 밀고 나가는 거 보니 괜히 싫은 소리 했다가는 내정 간섭한다는 소리나 듣겠구나 하는 생각을 하게 되기 때문이다. 만만치 않다는 걸 보여주려면 대통령 밑에서 일하는 실무자들이 용기를 가져야 한다. 그래야 대통령이 자주적으로 일관성 있게 일할 수 있다. 김대중 대통령이 임동원이라는 참모를 만나 5년 동안 계속 옆에 두고 의견을 물어가면서 햇볕정책을 추진했기 때문에, 햇볕정책이 그런대로 성과를 내서 노무현 정부가 승계할 수밖에 없도록 만들었다고 할 수 있다.

국제정치는 결국 배짱의 문제

종전선언, 평화협정 체결 모두 결국 미국의 협조가 필요하다. 그리고 주한미군 사령관한테 맡겨놨던 전시작전통제권이 돌아오면 비로소 명실상부한 군사주권이 생기는 거다. 2012년 4월 17일로 합의했던 전시작전통제권 환수가 이명박 대통령 때문에 2015년 말로 연기됐고, 박근혜 대통령 때문에 북핵 문제가 해결된 뒤로 미뤄졌다. 문재인 정부가 찾아오겠다고 대선공약으로 내걸었지만 임기 내에 실현하지 못했다. 전시작전통제권이 미국 손아귀에 있어도 때로는 노무현 대통령 때처럼 거래 개념으로 접근하든지, 김대중 대통령처럼 설득을 해서 미국이 우리 입장에 따라오도록 만들 수 있다. 그 기본은 '미국이 싫어하는 일도 나는 할 수 있다'는 배짱이다. 배짱이 있어야 한다. 미국과 관계가 나빠지면 우리가 위험해진다고 믿는 사람이 많다. 6.25 전쟁에서 북한에게 당한 경험 때문일 텐데, 이미 30년 전, 즉 탈냉전 후부터 북한은 그렇게 두려운 존재가 아니었다. 한국은 지금 세계 6대 군사대국이다. 미국, 러시아, 중국, 인도, 일본, 한국, 그 밑에 프랑스가 있다. 독일은 14등, 북한이 28등이다. 6등과 28등이 팔씨름 하면 누가 이기나. 북한도 죽기 살기로 해서 28등인데. 군사력이 누가 더 빵빵하냐의 문제가 아니라 의식의 문제다.

남북관계를 주도적으로 풀어나갈 수 있는 역량과 조건을 이미 갖추었는데도, 무엇이든 미국의 사전 승인을 받아야 뒤탈이 없다는 프레임에 갇혀 외교를 하는 사람들이 가끔 집권을 하고 정부를 끌고 간다. 하지만 우리가 알아서 해야 할 일마저 미국이 이러쿵저러쿵하면 그건 간섭이 되지 않겠나. 미국이 내정 간섭을 하고 나서면 우리 여론이 나빠지고 반미 감정으로 연결될 수 있으니 미국도 손해다. 한때 '양키 고 홈'이라는 얘기가 많이 나왔다. 미국이라고 동맹국이 하는 일을 일일이 막을 수 있겠나. 그런 배짱으로 밀고 나가야 이 험악한 국제정치의 판에서 우리가 원하는 결과를 얻을 수 있다. 미국에 묻지 않고 일을 시작해도 뒤탈이 없었던 경우는 많다. 다만 그런 걸 사람들이 기억을 잘 못 할 뿐이다.

5부

21세기 G2시대,
다시 격동하는 국제질서

1장

21세기 G2시대
한국 외교는 어떤가?

국제질서 격변기에
서 있는 한국

미국 주류는 WASP가 특별히 우월하다고 여긴다. 나머지는 다 저열하고 끝까지 밑에 있어야 한다고 생각한다. 한때 아시아에서 욱일승천하듯이 커지던 일본도 원자탄 두 방으로 찌그러뜨렸는데, 하물며 '이제야 기지개를 펴는 중국쯤이야'라고 생각할지 모른다.

한국에도 미국식으로 생각하는 사람들이 많다. 지금으로부터 40여 년 전인 1981년 가을, 중국이 개혁·개방을 시작한 지 만 3년이 채 안 됐을 때 내가 제출했던 박사학위 논문의 결론 초안은 다음과 같았다. "중국이 지금 막 시작한 개혁·개방을 제대로 해서 경제력이 커지면 부국강병의 원리에 따라 반드시 군사대국이 될 거다. 그러면 그 옛날 주변 국가들을 속국으로 거느리고 천하를 호령했던 시절의 국제질서를 다시 구축해서 과거 중국의 영광을 재현하려고 할 것이다. 중국이 그렇게 나가려고 할 때 중국과 지근거리에 있는 우리나라가 어떤 외교를 펼쳐나갈 것인가를 지금부터 고민할 필요가 있다."

그때 심사위원 다섯 명 중 대부분이 미국에서 박사학위를 땄거나, 미국의 학문적 영향을 많이 받은 교수들이었는데 다들 내 결론이 말도 안 된다고 단정적으로 말했다. 교수들의 논리는 이랬다. "중국 경제가 발전하면 도농격차, 빈부격차 문제 때문에 분란이 일어날 수밖에 없고, 중국의 지배 세력인 한족漢族을 제외한 55개나 되는 소수민족 중 웬만한 큰 세력들은 독립하려고 할 것이다. 베이징 정부가 그런 흐름을 막을 수는 없을 것이다. 그렇게 되면 중국은, 과거 역사에 5호 16국 시대가 있었듯이, 적게는 6개, 많으면 20개 이상의 국가들로 쪼개질 수 있다. 원래 경제발전과 관련해서 볼 때 공산주의 방식에는 한계가 있다. 따라서 중국 중심의 국제질서는 다시 구축되기 어렵다. 일어날 수 없는 일을 전제로 대비해야 한다는 말은 할 필요가 없다. 그러니 결론을 중국 중심으로 단정하지 말고 좀 부드럽게 수정하는 게 좋겠다. 결론을 수정해서 최종본을 제출하는 조건으로 이 박사학위 논문을 통과시키자." 학위가 절실하게 필요했던 나로서는 심사위원들의 뜻에 따를 수밖에 없었다.

그 교수들이 말한 시각이 바로 미국의 시각이었고 지금도 큰 변화는 없는 것 같다. '황색 인종은 저열하다, 공산주의는 발전에 한계가 있다, 더구나 중국이 강제로 끌어안고 있는 소수민족들이 조금만 눈을 뜨면 다 독립하려고 할 것이다, 막강한 국력을 가진 하나의 중국은 현실적으로 존재할 수 없다.'

한국에도 중국을 그렇게 믿는 사람들이 많다. 그런데 내가 그때 쓰려고 했던 논문의 결론이 곧 현실이 될 것 같다. 미국은 국력이 쇠퇴하고 있고 중국은 상승기에 들어섰다.

이런 상황에서는 한미동맹만 강조하며 미국 중심의 국제질서 속에서 먹고산다는 생각을 버려야 한다. 우리는 일본과 사정이 다르다. 경제관계에서 일본은 한국보다 대중 의존도가 낮다. 일본은 워낙 일찍부터 시장을 넓게 잡아놓은 덕분에 중국이 경제적으로 보복해도 큰 타격을 안 입는다. 그런데 우리나라는 대외무역의 4분의 1이 한중무역이다. 한미무역과 한일무역을 합친 것보다 크다. 그리고 일본과의 무역은 구조적으로 적자다. 기본적으로 한국 경제가 일본 기술을 이용해서 발전했기 때문에 원천기술에 대한 로열티를 많이 내느라고 적자를 본다. 미국과의 무역은 약간 흑자다. 그런데 중국과는 적어도 최근까지 압도적으로 흑자였다. 윤석열 정부가 들어서면서 2022년 5월부터 흑자 폭이 줄어들고 있다고는 하지만 말이다. 솔직한 얘기로, 우리나라는 중국에서 돈을 벌어 미국 무기를 사는 거

1 21세기 G2시대 한국 외교는 어떤가?

다. 지리적으로 중국에 가깝고 경제적으로 중국과 훨씬 밀접하게 연결된 상황을 가볍게 생각해서는 안 된다. 특히 반중 외교는 경제적으로나 정치외교적으로 자살골이다. 미국이 종용하는 대로 적극적으로 미국 편에 붙어 대중국 안보전선, 군사전선에 들어가면 중국은 제2의 한한령을 내릴 거다. 2017년 사드 배치 때문에 한한령이 떨어져 여행사와 호텔 등 관광산업과 명동, 인사동의 기념품 가게까지 모두 큰 타격을 입지 않았나. 중국에 진출한 한국 기업들도 피해를 입었고 중국에서 잘나가던 한류 방송 콘텐츠들은 방송이 금지됐었다. 한미동맹 지상주의자들은 중국한테는 우리가 전략적으로 잘 설명하면 된다고 말하는데, 중국이 세 살 먹은 애인가. 그들이 실익을 모르겠나. 외교 경험이 우리보다 못한가. 면전에서 듣기 좋은 얘기 하고 돌아서서 하는 일이 다르면 중국 사람들도 다 안다.

한국 외교가 미국 중심의 국제질서 속에서 순종하면 살 수 있었던, 대미 편향 외교를 지향하는 시대는 끝나간다고 봐야 한다. 갑자기 미국과의 관계를 약화시키면서 중국과의 관계를 강화하는 쪽으로 가자는 말이 아니다. 우리는 미국과 떨어지려고 해도 떨어질 수 없다. 하지만 국제질서의 격변기를 앞둔 이 시점에 중국 중심의 아시아 국제질서가 무너지던 19세기 말 조선과 일본이 어떠했는가 되짚어볼 필요가 있다. 변두리 의식으로 열등감에 쌓여 있던 일본이 일찌감치 유럽 문명으로 눈을 돌려서 부국강병을 이루고 맨 처음 치고 들어온 데가 조선이다. 1868년 메이지유신 이후 10년도 지나지 않은 1875년 9월 운요호라는 배로 강화도를 침범해 들어왔다. 새로운 국제질서의 태동을 눈치채지 못하고 중국 중심의 시대가 지나가는 줄도 모른 채 낡은 중화의 국제질서 속에서 소화를 자처하다가 결국 변방의 일본에게 먹혔던 적이 있지 않나. 어차피 국제정치 질서에서는 최종 보스가 있고 그다음 중간 보스, 졸개가 있기 마련인데, 우리는 어떤 질서에서건 또다시 일본 밑에 깔리는 위치에 있어선 안 된다. 일본도 야심이 보통이 아니다. 미국이 어느 날 중국한테 밀리기 시작하면 '이 동네 원래 우리 동네'라고 일본이 들고 나올 가능성이 있고, 그들이 대륙으로 나가려면 우리부터 치고 들어올 수밖에 없다.

지정학적으로 우리는 '너희들끼리 놀아' 하며 문 걸어 잠그고 살 수 없다. 한반도는 미국이나 중국, 일본, 러시아 같은 나라들과 자꾸 얽히고설키면서 살 수밖에 없는 위치에 있다.

지금처럼 국제질서가 움직일 때는 앞서 말한 이용희 교수의 '중심과 변방의 이론'에 따라 우리가 변방으로서 위치를 잡는 것도 괜찮다. 중국의 GDP가 미국을 추월할 것으로 예상되는 2049년경까지 우리가 미국과 중국 중간에서 양다리 외교 혹은 등거리 외교를 펼치며 중국과의 관계를 적절하게 유지한다면, 앞으로 중국의 헤게모니가 미국보다 더 커져서 세계를 좌지우지하는 상황이 됐을 때 우리가 중심국으로 들어가는 데 유리할 것이다. 김대중 대통령의 표현처럼

"물이 졸졸졸 흐르는 좁은 도랑에 들어간 소가 오른쪽 둑의 풀을 뜯어 먹고 왼쪽 둑의 풀도 뜯어 먹으면서 유유히 자기 길을 가듯이 한국은 미국과의 관계도 잘 관리하고 중국과의 관계도 잘 관리해야 한다". 요컨대 우리 실속을 차리는 우리의 외교를 해야 한다. 이미 노태우 정부부터 미국의 거센 반대를 뚫고 러시아와 20년 넘게 무기 거래를 하면서도 안보 면에서 미국과 긴밀하게 협력을 해왔다. 중국과 그렇게 못 할 것도 없지 않나.

19세기 말에 중국 바짓가랑이 잡고 있다가 크게 곤욕을 치렀으면 이제는 그런 어리석음에서 벗어나야 하지 않겠나. 냉정한 현실 판단 없이 미국을 정점으로 하는 피라미드 속에 안주해 한미동맹 타령만 하다가 국가와 민족이 또 무슨 손해를 볼지 알 수 없다.

결국 이런 주변 국가들과의 관계에서 우리가 지정학적으로 불이익을 당하지 않으려면 어떻게든지 북한과의 관계를 평화적으로 유지해야 한다. 지금까지의 경험에 따르면 미국과 한목소리만 내서는 남북 간의 평화적 관계를 만들 수 없다. 때로는 미국과 불편해지더라도 일단 남북관계부터 안정적으로 정착시키려는 노력을 해야 한다. 김대중·노무현 정부의 남북관계에서 이미 입증이 되었듯이 우리가 적극적으로 나가면 북한도 우리 페이스에 협조할 가능성이 크다.

박근혜 정부:
북한붕괴론과 미국의 우격다짐

박근혜 대통령은 2013년 2월에 대통령으로 취임한 뒤 처음에는 '한반도 신뢰 프로세스'라는 대북정책을 제시했다. 요지는 "북한을 믿을 수 없기 때문에 조금씩 신뢰를 쌓아서 남북 간의 신뢰가 충분히 깊어지면 웬만한 일은 다 협조적으로 풀 수 있다. 그렇게 해나가면 북핵 문제도 해결할 수 있는 여러 가지 기반을 조성할 수 있다"는 것이었다. 맞는 말이었다. 박근혜 대통령이 취임하기 불과 13일 전인 2월 12일 북한은 3차 핵실험을 감행했다. 이런 험악한 정치상황 속에서 대통령이 됐는데도 불구하고 '한반도 신뢰 프로세스'를 대북정책으로 내놓기에 참 통이 크다고 생각했다. 그런데 '한반도 신뢰 프로세스'는 인수위에서 전문가들이 만들어 놓은 것일 뿐이지 박근혜 대통령의 머릿속에는 안 들어갔던 것 같다. 남북 간의 문제를 풀려면 남북관계를 먼저 발전시켜 나가야 한다는 개념이 '한반도 신뢰 프로세스'인데, 취임 후 박근혜 대통령은 "북한이 먼저 신뢰할 수 있게 나와야 한다. 북한을 신뢰할 수 있게 될 때까지는 남북관계를 시작 안 한다"며 다른 말을 했다. "핵실험 하는 사람들하고 무슨 신뢰냐"면서 신뢰 프로세스는 제쳐놓았다.

이듬해인 2014년 1월 6일 신년 기자회견에서 박근혜 대통령은

'통일대박론'과 아울러 '한반도 통일시대 준비'가 필요하다고 하더니 2월 25일 담화에서는 '통일이 머지않았기 때문에 통일준비위원회를 만들겠다'고 했다. 나는 "이건 북한붕괴론자들이 하는 얘기인데……" 하면서 이상하다고 생각했다. 그러던 중 1월 중순에 이와 관련한 언론보도가 하나 나왔다. 남재준 국정원장이 2013년 연말 국정원 간부들과 송년회를 하는 자리에서 "2015년이 되기 전에 통일이 될 수 있다고 본다. 그때를 위해서 우리 몸 바쳐 일하자"고 건배사를 했다는 것이다. 2014년 신년 기자회견에서 박근혜 대통령이 외쳤던 "통일은 대박이다"는 말과 2013년 말 국정원 송년회 때 남재준 원장의 건배사는 표리의 관계에 있다고 볼 수밖에 없었다. 2014년 7월에 통일준비위원회를 만드는 걸 보고 나니 박근혜 대통령도 보수 진영이 쉽게 빠지는 북한붕괴론자 중 한 명일 뿐이라고 생각하게 되었다. 김영삼 정부 시절 청와대에서 일할 때 대통령과 그 측근 중에 북한 붕괴를 확신하는 사람들이 있었는데 한번 그 논리에 빠지면, 마치 미신에 홀린 듯 거기서 빠져나오지 못하더라. 남북관계 개선은 필요 없고 쓸데없는 일이라고 믿게 된다. "북한은 곧 붕괴할 거고 그게 곧 통일이니까 그때를 기다리면 된다"면서 그 시기를 앞당기는 방법은 미국과의 관계를 강화하는 거라는 논리로 비약한다. '안보를 튼튼히 한다'와 '미국과의 관계를 강화한다'가 동의어가 돼버리는 것이다.

　　나도 김영삼 정부 시절 청와대에서 함께 일했던 분에게서 통일준비위원회에 들어오라는 요청을 받았다. "지금의 북한 정권이 붕괴되면 무정부 상태가 될 테니까 우리가 들어가서 어떻게 수습할지 준비해야 한다"면서 통일준비위원회 참여를 촉구했다. 그런데 이런 이론은 천지분간 못 하는 얘기다. "대한민국 영토는 한반도와 그 부속도서로 한다"는 헌법 제3조만 생각하는 거다. 1991년 9월 18일 남북이 유엔에 동시 가입했기 때문에 남북은 국제법적으로 2개의 국가라는 사실을 잊어버린 거다. 북한이 설사 붕괴한다 해도 우리 영토라고 주장할 수 없다. 그건 침략이다. 국제정치도 모르고, 국제정치사도 모르고, 그런 사건이 있었다는 사실도 모르니 북한 정권이 붕괴하면 우리가 접수하는 게 통일이라고 쉽게 생각했던 거다. 그러니까 통일준비위원회를 만들어 그것도 벼슬이라고 이 사람 저 사람 막 앉혔던 거다. "나는 안 갑니다. 북한 붕괴 일어나지 않습니다"라고 답했다. "대통령께서 확신했는데 대통령이 헛소리하겠냐"라고 하기에 대통령도 헛소리할 수 있다고 답했다.

통일준비위원회를 만드는 것이 나라를 살리는 길이라고 생각했을 수는 있다. 이명박 대통령도 자신의 방법이 안보를 확실하게 지키면서 경제를 발전시킬 수 있는 방법이라고 믿었을 것이다. 그러려면 북한이 장난 못 치게 미리 겁을 줘야 하고, 그러려면 미국 무기를 많이 사는 게 좋다고 생각했을 테다. 박근혜 대통령도 임기 동안에 북한의 핵실험을 두 번, 당선자 시기까지 포함하면 세 번을 겪으면서 북한에 대한 원망이 깊이 뿌리내렸을 거다. "저놈이 죽었으면 좋겠다는 생각을 자꾸 하면 죽는다"라는 말이 믿어지기도 한다. 어쨌든 박근혜 대통령은 북한붕괴론에 빠져 있었고 대통령의 대북관과 남북관계에 자주성은 없어 보였다. 남북관계나 한미관계를 자주성이 없는 관점에서 보는 사람들은 북한 붕괴를 확신하는 성향이 있다. 북한 붕괴론? 북한은 대외의존도가 낮다. 대외경제의존도가 10퍼센트 미만에 불과하다. 따라서 경제적 압박으로 굴복하리라는 생각은 착각에 가깝다.

박근혜 대통령은 아버지인 박정희 대통령이 정치를 잘했다고 믿어서인지, 그때의 대북정책과 대미정책이 옳았다는 믿음에서 벗어나지 못했던 것 같다. 아버지 시대의 한국이 약한 나라여서 자주성을 가지고 미국을 상대할 수 없었다는 사실은 생각하지 못하고, 일제강점기 위안부 문제와 강제징용 배상 문제는 다 해결됐다고 간주하고, 지소미아를 체결한 거다. 그러곤 '아버지 덕분에 우리가 북한보다 잘살게 됐지만 그때는 북한이 붕괴할 지경은 아니었고 내 임기 중에는 북한이 붕괴할 수 있다. 그러면 내가 통일 대통령이 된다' 하는 생각을 했을지 모른다.

미국은 지소미아를 통해 한국과 일본을 군사정보를 공유하는 한 그룹으로 묶어놓고 미국의 필요에 따라 때로는 일본을 쓰고 때로는 한국을 쓰려는 의도를 가지고 있었다고 본다. 박근혜 정부는 일본과의 관계까지 미국이 지시하는 대로 따랐다. 당시 미국은 행패를 부린다고도 할 수 있을 만큼 한국을 완전히 마음대로 좌지우지했다. 그때 나는 박근혜 정부의 자문도 아니고 아무것도 아니었지만 "이럴 때일수록 박근혜 대통령이 중국을 한번 가는 것이 전략적으로 필요하다. 중화인민공화국 수립 기념행사에 참석해서 푸틴 러시아 대통령을 만나는 것도 좋겠다"는 얘기를 했다. 문정인 교수도 같은 얘기를 했다. '우리가 완전히 미국의 손안에 있지 않고, 중국과도 상대할 수 있다는 것을 보여줘야 미국이 우리를 만만하게 안 보고 대접한다'는 논리로 이러한 외교 행보가 필요하다는 얘기였다. 그런데 그게 말이 된다고 생각했는지 박근혜 대통령이 갑자기 중국을 방문했다. 중국의 '항일승전 70주년' 행사에서 인민해방군 열병식에 참석해 시진핑 중국 국가주석, 푸틴 러시아 대통령과 나란히 천안문 사열대에 선 거다. 기본적으로 미국 편에 서 있지만 미국이 완전히 자기 주머니에 들어온 줄 알고 후리지 않도록 중국과도 가까울 수 있다고 시위를 한 거다.

그런데 중국을 갔다 오고는 성주 사드 배치를 결정해 버렸다. 미국으로부터 일정한 거리를 유지하면서 등거리 외교 내지는 중립 외교를 하겠다고 폼을 잡았는데 미국이 세게 밀어붙이니까 무릎을 확 꿇어버린 거다. 미국이 그렇게 강하게 나온 건 중국 방문에 대한 일종의 보복이기도 했을 텐데 박근혜 정부가 감당하지 못했다. 미국은 한국 정부를 동맹이라고 하면서도 우격다짐으로 사드 배치를 밀어붙였다. 우리는 형식적으로 동의하긴 했지만 실제 내용은 굴복이었다. 시진핑 주석 입장에서는 박근혜 대통령이 중국에 와서 대접 잘 받고 돌아가서는 다시 미국 편에 붙어 사드를 갖다 놓았으니 결과적으로 놀림을 당한 셈이다.

중국은 이미 이명박 정부 때인 2010년에 명목 GDP에서 일본을 제치고 G2가 되었다. 이런 현실이 무엇을 의미하는지 이명박 대통령이나 박근혜 대통령 모두 제대로 인식을 못하지 않았나 싶다. 미국 편에 바짝 붙어 있으면 미국이 다 해주고 중국이 우리를 못 때릴 거라고 믿는 상황에서는 중국이 G2이건 G15이건 걱정 없기 때문이다. G2라지만 미국과 중국의 경제력 규모와 경제 효과를 비교하면 두 배 이상 격차가 나고, 나중에 GDP 총액 면에서 중국이 미국을 능가하더라도 1인당 국민소득에서는 미국에 못 미칠 테니 늘 미국이 실질적인 최강국일 것이고, 중국은 '뛰어봤자 벼룩'이라고 생각하는 거다. 그러니까 사드를 들여온 거다.

그럼에도 불구하고 박근혜 대통령은 국방부 장관에게 사드 문제를 조금 천천히 해결하라고 지시했어야 한다. 북한의 핵과 미사일 때문에 한국 영토에 사드 포대를 배치해야 한다는 명분이 중국에게 설득력이 없었다. 중국의 입장에서 사드는 굉장히 뼈아팠을 거다. 만일 만주 쪽에 배치한 미사일이 뜨면 한국에 배치된 사드의 미사일이 바로 공중에서 요격한다는 건데 명중률이 높지 않아도 어쨌든 자기네 땅으로 그 미사일이 떨어지면 피해가 있을 테니 말이다.

"누울 자리 보고 다리 뻗는다"고 만약에 김대중 대통령, 노무현 대통령, 문재인 대통령 때라면 미국은 한국 정부가 사드 배치에 적극적으로 협조하지 않을 것이라 판단했을 테고, 그렇게 밀어붙이지 않았을 거다. 박근혜 정부가 합의서까지 만든 마당이니 그다음에 정권을 이어받은 문재인 대통령도 없던 일로 되돌릴 수는 없었다. 문재인 정부는 중국과의 갈등을 풀고 한중관계를 정상화하기 위해 "사드 추가 배치 계획이 없고, 한국이 미국 미사일방어체계ᴹᴰ에 편입되지 않으며, 한미일 군사동맹으로 발전하지 않는다"는 3불정책을 중국에게 약속했다.

미국이 사드 배치를 요구했더라도 '탐지 거리 2천 킬로미터짜리 엑스밴드 레이더를 가진 사드 포대가 대북용이라는 평계는 웬만한 국민들은 안 믿는다. 말이 되는 소리를 하면서 어떻게 해보라고 해야지 이런 억지로 어떻게 국민을 설득하나. 그런 식으로는 설명 못한다' 하고 버텼으면 미국도 밀어붙이지 못했을 것이다. 그러나 워낙 평소에 시키는 대로 하니까, 천안문에도 갔다 왔지만 그걸 카드로 쓰지 못하고, 박근혜 정부 시절 한국은 그렇게 미국, 중국, 북한에 우스운 나라가 됐다.

투자와 호구의
결정적 차이

어떤 외교적 결정은 전략적 투자고 어떤 외교적 결정은 호구 잡힌 것일까? 이 둘을 어떻게 구별할 수 있나? 바로 이해득실과 가능성을 계산한 거래였는가를 봐야 한다. 노무현 대통령의 이라크 파병과 박근혜 대통령의 사드 배치를 비교해 보자. 노무현 대통령은 물론 참모들의 얘기도 많이 들었겠지만 살면서 자신이 을로서 주고받는 거래 경험이 많이 있었을 것이다. 을은 거래에서 먼저 조건을 내세우거나 이익을 얻기 어렵고 치밀하고 끈질기지 않으면 계속 빼앗기기만 하는 경우가 많다. 그렇게 먼저 투자 차원에서 도와주고 나중에 이득을 챙기는 경험을 해보았기 때문에 이라크 파병 요청을 받고서 미국과 어떤 거래를 할지 전략을 그렸을 거다. 대통령의 머릿속에는 줄 수 있는 것과 받고 싶은 것이 그려져 있어야 한다. 그 계산에 따라 이라크 파병을 해주고 전시작전통제권 환수 협상을 해서 합의를 끌어냈으며 남북관계도 주도적으로 이끌어 갈 수 있었다.

하지만 박근혜 대통령은 인생에서 그런 거래가 없었을 것이다. 일방적으로 떠받들어지는 경험만 하면서 갑으로 살지 않았겠나. 사드 배치를 요구받았을 때 그의 머릿속에 거래라는 개념이 있었을지 나는 회의적이다. 사드 배치를 하는 경우의 득실을 따져보고, 그만큼 우리가 받아내거나 챙길 만한 것들을 뽑아놓고서 협상을 했어야 한다. 북한의 핵과 미사일에 대응한다고 했지만, 사드 포대와 한 세트인 엑스밴드 레이더는 탐지 거리가 2천 킬로미터나 되니까 실질적으로 중국 동북3성에 더해 수도 베이징 부근과 러시아의 블라디보스토크에 있는 ICBM의 움직임까지 탐지할 수 있다. 미국이 북한 핑계를 댔지만 북한은 코웃음을 치면서 대꾸도 안 했다. 지금까지도 사드 배치에 대해서 북한은 노코멘트다. 중국이 알아서 할 일이지 자기들이 나설 필요가 없다는 거다. 미국이 괌에서도 중국이나 러시아에 배치된 미사일의 움직임을 탐지할 수 없기 때문에 우리에게 사드 배치를 요청한 것인데, 그걸 수락하는 대신 미국으로부터 받아낼 게 무엇이 있는지를 계산해 봤어야 한다. 득과 실을 비교해서 남는 장사여야 들어주든지 말든지 하지 않겠나.

참모들이 정책 건의를 할 때는 언제든지 득실을 보고한다. A안, B안을 만들어 놓고 두 가지 안의 득실을 비교한 결과 A안이 우리 쪽에 유리하다고 판단하면 A안을 건의한다. 국제정치도 일종의 거래다. 글로든 말로든 보고하게 돼 있고, 공무원들은 그렇게 훈련이 돼 있다. 하지만 대통령에게 그런 개념이 없으면 굳이 복잡한 과정을 거쳐 얘기를 안 하려 든다. 하물며 대통령이 듣기 싫어하면 더더욱 득실을 계산한 보고를 피하게 된다. 대통령이 한미동맹을 강화하기 위해서 미국이 하자는 대로 하는 게 좋겠다고 한마디 해놓으면, 참모가 거기다 대고 '대통령님, 미국의 요구를 들어주면서 우리가 챙기는 게 있어야 될 거 아닙니까'라고 얘기하기 어렵다. 그렇다고 참모가 할 말을 하지 않으면 안 된다. 참모가 대통령 앞이라고 주저앉으면 비겁한 거다. 충신과 간신의 차이는 거기서 나온다. 생각이 짧은 대통령이라면 기분 나빠할 수 있지만 그렇더라도 참모는 국가적으로 도움이 되는 일을 해야 한다. 당장 대통령이 듣기 좋아하는 소리만 하는 참모는 간신이다.

그러니까 대통령은 국가지도자로서 얻고 싶은 것과 줄 만한 것의 리스트와 득실을 따지는 계산법이 머릿속에 있어야 하고, 참모는 국가지도자가 원하지 않더라도, 모르더라도 제안하고 주장해야 한다.

17세기 조선과
21세기 한국의 평행 이론

지부상소持斧上疏라는 말이 있다. 도끼를 지니고 올리는 상소라는 말인데, 상소를 들어주든지 아니면 이 도끼로 내 목을 쳐달라는 뜻이다. 이 정도로 강하게 의사 표시를 하는 제도가 민주주의 국가도 아닌 전제군주시대인 조선에 있었다.

우리는 조선이라고 해야 한다. 이씨조선이 아니다. 고조선과 구별한다며 단군 때 조선을 기자조선, 이성계가 세운 조선을 이씨조선이라고 부른 건 일본 놈들이다. 이럴 때는 일본 사람이 아니라 일본 놈이라고 써야 한다.

조선이 500년이나 갈 수 있었던 데는 지부상소하는 선비들의 결기가 큰 힘이 됐다고 생각한다. 부족한 임금일지언정 목숨을 걸고 하는 신하들의 건의를 받아줄 도량이 있었고, 결국 이들의 상소를 채택하고 실시해 국가적으로 득이 되는 일을 했기 때문에, 조선왕조가 끊어질 듯하면서도 (후사가 없어서 밖에서 꾸어오는가 하면 폭군도 있었고, 전란으로 왕이 피난 다닌 때도 있었지만) 500년을 이어간 것이다.

좀 샛길로 빠지는 얘기가 될지 모르지만, 국제정치와 관련해서 중요하니까 광해군 얘기를 좀 해보자. 광해군을 폐위시킨 조선의 사대주의자들이 내세운 명나라의 재조지은과 한국의 한미동맹에는 공통점이 있다고 생각해서다. 광해군은 연산군과 함께 폭군으로 찍혔지만 둘의 사정은 전혀 다르다. 선조의 뒤를 이은 광해군은 중종반정(1506)으로 쫓겨난 연산군처럼 문란하고 포악한 임금이 아니었다. 선조의 장자는 임해군이었는데 포악했고 둘째 아들인 광해군이 똑똑해서 세자가 됐다고 한다. 하지만 4색 당쟁 속에서 서인들이 정권을 잡으려고 임금인 광해군을 패륜아로 몰아붙여 인조반정(1623)을 정당화시킨 것이다. 친명親明을 내세우면서 인조반정을 일으킨 세력들이 내세운 또 하나의 명분은 광해군이 임진왜란 때 나라를 구해준 명나라의 재조지은을 팽개치고 명나라를 위협하는 신흥세력 후금後金(훗날의 청淸나라)과 가깝게 지내는 외교를 폈다는 것이었다. 명나라의 속국을 자처했던 조선 조정은 임진왜란으로 망하게 생긴 나라를 명나라가 도와주고 다시 나라를 만들어 줬기 때문에 재조지은을 입었다고 강조하면서 철저하게 명나라만 숭배하게 되었다. 그런데 광해군이 볼 때 명나라는 기울고 있고, 지리적으로 조선과 훨씬 가까운 만주에서 일어나는 후금의 기세가 명나라를 밀어내고 장차 천하를 호령할 듯했다. 광해군은 명나라와의 관계가 오래되었고 중요하지만, 우리가 놓인 지정학적 위치를 감안한다면 지금부터 신흥세력 후금과 교역도 하고 잘 사귀어야 훗날 후금이 중국의 주인이 됐을 때 우리의 입지가 불리해지지 않으리라고 생각했던 것이다. 그래서 광해군은 후금, 명나라 모두와 외교관계를 맺으려 했고, 임금이 되어 실제로 그렇게 했다. 그런 점에서 광해군은 동아시아 세력 판도의 변화를 감지하면서 국제정세를 널리 보고, 판단할 수 있는 국가지도자였다. 광해군光海君의 '광' 자를 '빛 광'이 아니라 '넓을 광廣'으로 고치면 더 어울릴 만큼 말이다. 그러자 명나라 지상주의자들이 그를 몰아냈다. 재조지은을 잊고, 명나라를 섬겨야 하는 조선의 도리를 어기고, 명나라는 거들떠보지도 않는 야만의 후금과 관계를 맺는 잘못을 저질렀다는 것이 광해군을 폐위시킨 가장 큰 이유였다. 임금이 명나라와 후금 사이에서 중립외교로 나가니까 자신들의 입지가 좁아지고 권력을 뺏길 수 있다고 생각했을 거다. 그 뒤를 이은 인조의 조선은 정묘호란(1627)을 겪고는 명나라와 거리를 두었고, 병자호란을 당해서는 '삼전도의 굴욕적 항복'을 한 후 후금에서 국호를 바꾼 청나라와 군신관계로 통교했다.

임금이 후금 쪽으로 움직일 때 지지하는 신하들도 있었지만, 명나라를 섬기던 선조 때부터 권력을 행사해 온 신하들은 임금이 하는 대로 두면 권력으로부터 밀려난다는 위기감 때문에 당시의 가장 큰 명분인 친명사대親明事大를 구실로 중립외교 세력을 없애고자 했다. 결국 성공은 했으나 훗날 정묘호란·병자호란이라는 환란을 자초하고 말았다. 21세기 대한민국 외교의 방향과 관련하여 많은 것을 생각하게 하는 일이 조선시대에도 있었다.

국제정치를
국내 정치에 이용하면

나는 광해군 폐위와 인조반정에서 국제정치가 국내 정치의 수단이 되는 것을 본다. 이런 상황은 조선 말, 고종 때 특히 심했다. 1864년 대원군 이하응의 둘째 아들이 철종의 뒤를 이어 임금 자리에 오르자 조선 조정은 대원군의 천하였다. 1873년 대원군이 자리에서 물러나고 고종이 친정을 시작하면서 명성황후 민씨의 친족인 여흥 민씨들이 득세해 처음에는 일본 쪽으로 기울었다. 그들은 일본과 불평등한 조약을 맺고 일본의 후원으로 만든 일본식 신식 군대 별기군을 우대했다. 차별받은 훈련도감 출신 구식 군인들이 임오군란(1882)을 일으키자 우리 조정의 요청으로 들어온 청나라군이 이를 진압했다. 그때 들어온 청나라 군인들이 주둔한 곳이 용산이고 그때부터 용산은 외국 군대의 주둔지로 쓰였다.

이때 김옥균, 박영효, 서재필 등 개화파들은 일본의 힘을 빌려 민씨네 세도정치 세력들을 몰아내려고 갑신정변(1884)을 일으켰다. 졸지에 고종을 개화파들에게 뺏기면서 권력을 잃은 민씨네 세력들은 다시 청나라 군대를 불러들였다. 결국 청나라와 일본이 맞붙은 셈이었다. 청나라 군대가 개입하자 일본은 슬그머니 발을 뺐고, 결국 갑신정변이라는 쿠데타의 주동 세력들이 창덕궁에서 청나라 군대에 죽임을 당하면서 인질처럼 잡고 있던 임금을 민씨 세력에게 뺏겼다. 일본이 적극적으로 지지해 줄 거라 믿고 일을 벌였던 김옥균은 간신히 목숨을 건진 후 창덕궁에서 삼청동 쪽으로 도망갔다가 인왕산으로 해서 지금의 이화여대 뒷산, 아현동, 공덕동 효창공원을 넘어가는 비탈길을 지나 마포구에 있는 지금의 서울마포가든호텔 뒤쪽 산길을 내려가 용산나루에서 인천으로 가는 배를 탔다. 원효로에서 마포로 돌아가는 그 낭떠러지가 용이 물을 먹으려고 한강으로 내려오는 모양이라고 하여 그곳 지명이 원래 용산이었다. 김옥균은 거기서 일본 배를 타고 인천에 내려 정박하고 있던 일본 화물선의 짐칸에 숨어들었다. 그렇게 도착한 일본에서 그는 모진 박대를 당했다. 오키나와와 가까운 절해고도인 오가사와라小笠原島섬에 2년 동안 유배되기도 하고 홋카이도에 연금을 당하기도 했다.

개화파는 일본의 힘을 빌려서 민씨 세력을 몰아내려다가 오히려 역습을 당해 망했고, 중전 민씨 세력은 청나라 힘을 빌려서 김옥균 등 친일 세력은 제거했지만 청나라의 간섭을 많이 받아야 했다. 그걸 견제하기 위해 또 러시아를 끌어들였다. 이렇게 국제정치를 국내 정치의 수단으로 삼다 보면 권력을 가진 당사자뿐만 아니라 국가까지 비극을 겪을 수밖에 없다. 조선 말에 친청親淸에서 친일親日로 갔다가 친노親露로, 남의 나라 군대까지 끌어들여 권력을 유지하려는 국내 정치의 왜곡 현상이 마침내 일본에 나라를 뺏기는 결과를 낳았다.

광해군 때 친명 입장이었던 신하들이, 자신들의 권력 유지를 위해서 반정을 일으킨 것도 국내 정치 때문에 국제정치가 수단으로 이용된 경우다. 사드 배치는 미국이 중국을 견제하려는 계산에서 시작된 것이고 북한 핵과 미사일 위협을 감소시킨다는 말은 핑계였을 뿐이다. 그런데 우리 정부는 그 말에 속아서, 사드 배치가 애국인 줄 알고 받아들였던 거다.

모시는 버릇과
머릿속 대미 종속성

우리는 공부 좀 잘하면 무조건 미국으로 유학을 간다. 그리고 돌아와 교수를 하든 관리가 되든 이 나라를 운영하는 지배계층으로 바로 들어간다. 미국에서 교육을 받았으니 미국이 보고자 하는 방향으로 보고 미국 중심으로 생각한다. 그리고 그쪽으로 끌려간다. 오늘날 우리는 그런 불편한 진실을 의식하지 못한 채 미국 중심의 국제질서가 제일 편하고 안전하다고 믿고 미국 중심의 국제질서에 충직한 모범 국가로 익숙하게 살고 있다. 사실 그 뿌리를 따져 올라가 보면 우리는 과거 중국 중심의 국제질서에서도 충직한 모범 국가였다.

그 시절, 임금과 대신들은 스스로 중국에 무조건 복종하고 중국을 불편하게 해서는 안 된다고 믿었다. 부당한 경우도 있지만 그래도 중국이 우리를 버리지 않으면 다행이고, 모든 것을 갖다 바치며 사는 것이 국가이익에 도움이 된다고 생각했던 것 같다. 중국 문화권에서 나온 뒤에는 만 35년 동안 일본을 상국으로 모시며 일본 문화권에서 살았다. 조선이 중국을 모실 때와는 다르게 대한제국 사람들은 임시정부를 만들고 독립운동도 했지만, 절대 다수의 백성들은 일본을 하늘처럼 모셨다. 그리고 일본을 패망시키고 우리 땅에 들어온 미국을 일본을 모시던 버릇대로 모시고 있다. 역사적 전통과 독립운동을 했던 기질을 바탕으로 독자적으로 잘살아 보려고 열심히 노력했고 그렇게 경제가 발전했지만, 우리는 여전히 '모시는' 관계에서 벗어나지 못한 것 같다. 벗어나야 하고 벗어날 수 있는 힘을 가지고 있음에도 불구하고 말이다.

중국을 상국으로 모시던 조선시대의 사대주의적 문화의 뿌리가 해방 후 맺은 미국과의 관계에도 작용하고 있다고 나는 생각한다. 6.25 전쟁 때 미국 군인들이 와서 싸워주고 많이 죽었으니 얼마나 미안하고 고마운 일인가. 그런 데다가 1950-1960년대는 원조가 없으면 못 살 정도였는데 미국이 아무런 요구조건도 내걸지 않고 먹을 것을 보내주고 입을 것까지 무상으로 지원해 줬다. 그렇게 미국 덕분에 우리가 죽지 않고 살 수 있었다는 고마움이 뿌리 깊어서 아직도 어떻게 감히 미국에게 제 주장을 하느냐고 하고, 우리가 희생해서라도 받은 은혜를 갚아야 한다고 말한다. 나는 한국 사람들의 핏속에 사대자소 기질이 흐르고 있다고 생각한다. 임진왜란 때 조선에 원병을 보내준 명나라를 재조지은이라며 모셨듯이 미국을 고마워하는 마음이 결국 미국을 하늘처럼 떠받드는 정서로 발전되지 않았나 싶다.

일본에게는 기어코 승복하지 않으려고 하는 반면, 미국에는 왜 이 정도로 승복하는가. 나는 그 차이가 우선 시간에 있다고 본다. 우리가 미국 영향권 안에 있던 세월이 일제 식민지에서 살던 때보다 두 배나 길다. 일제강점기에는 그래도 민족혼이 살아 있었는데 미국에 대해서는 미국이 한국이고 한국이 미국이라는 착각을 하는 사람들이 적지 않다. 그리고 미국은 처음에 일본처럼 우리를 괴롭히지 않았다. 일본은 조급하게 강압적으로 찍어 누르는 식민 통치를 했기 때문에 민족주의와 저항 의식을 가진 사람들이 독립운동을 했다. 하지만 미국은 대제국답게 느긋하게, 마치 옛날 중국이 주변 국가들을 거느릴 때처럼 끌어안는 방식으로 관리해서 복종심을 키워갔다. 일본은 협량狹量을 가졌다. 어떤 면에서는 중국이나 미국 같은 대제국의 주인이 될 도량이 없다. 또 미국의 힘이 워낙 세기 때문이기도 하다. 우리는 중국이 지는 꼴도 봤고 일본이 지는 꼴도 봤지만 미국이 지는 꼴은 아직 본 적이 없다. 미국이 1960년대 중반에서 1970년대 초 베트남, 2001년 이후 약 20년간 개입했던 아프가니스탄에서 다소 흠집은 생겼으나 그렇게 결정적인 것 같지 않다. 그러니 우리나라 사람들은 불패의 나라 미국을 불편하게 하거나 건드리면 안 되겠다고 믿는 모양이다. 강대국과 불편해질 일을 하면 망한다는 국민적 정서가 있다고나 할까. 그런 점에서 우리 국민 대다수는 미국과 다소 거리를 두는 독자적인 외교정책을 찬성하지 않는다.

그 논리로 한미관계를 보면 한국은 독자적인 주장을 못 하고 뭐든 미국이 시키는 대로 해야 한다는 얘기밖에 안 나온다. 하지만 조폭의 세계에서도 중간 보스 정도 되면 왕초한테 대들지는 않아도 그렇게 굴욕적으로 굴지 않는다. 한국도 이만큼 성장했으니 우리 국민이 정서나 의식 면에서 미국을 지금까지와는 좀 다르게 대할 수 있으면 좋겠다. 물론 국민을 100퍼센트 다 설득할 수는 없다. 하지만 정치지도자가 줏대 있는 외교를 하겠다, 대한민국 외교에 있어서 자국 중심성을 확립하겠다 하는 자세로 끌고 나가면 국민들도 자연스럽게 관념을 바꾸고 문화 자체를 그렇게 바꾸어 가야 한다고 여길 것이다. 한국이 자주성을 가지려면 가장 먼저 한국 사회의 상층부를 형성하고 있는 지배계급이나 기득권층 또는 중산층 사람들이 자신들의 머릿속에 대미 종속성이 있다는 것을 솔직하게 인정해야 한다. 사실 나는 우리 국민들이 그것을 깨우치면 좋겠다는 생각에서 이 책을 쓰자는 데 동의했다.

2장

우리는 북핵 문제를
어떻게 풀 수 있을까?

2006년 10월 9일에 한 북한의 첫 핵실험은 아주 중요한 의미가
있다. 시작이 반이라는 말이 있지 않나. 노무현 정부 시절인데
그러면 노무현 정부가 잘못해서 북한이 핵실험을 했느냐 하면
그렇진 않다. 그러면 누구의 책임인가. 인과관계를 따져보자.

북핵 문제,
누구의 책임인가

보수주의자들은 북한이 핵무기를 만든 게 무조건 진보 정권 탓
이라고 주장할 것이다. 하지만 북한이 지금까지 핵실험을 여섯 번 했

는데, 그중 네 번을 이명박·박근혜 정부 9년 동안에 벌였다. 그때 남북 대화가 일체 없었다. 판문점에서 잠깐 만나기는 했지만 아주 짧아서 후속 회담으로 이어지지 않았다. 한편 이명박·박근혜 정부 9년 중에 8년은 오바마 정부 집권 시기였다. 오바마 정부의 대북정책은 '전략적 인내'였다. 인내심도 전략이라고 하는 말은 처음 들어봤는데, 이 말의 뜻은 북한이 핵을 포기할 때까지 인내심을 가지고 기다리는 전략을 쓰겠다, 결국 아무것도 안 하고 가만히 있겠다는 것이었다. 북한은 물실호기勿失好機라고 여겼는지 그 기간 동안 핵실험을 네 번이나 했다.

북한의 첫 핵실험, BDA 사건

2003년부터 시작된 6자 회담의 성과라고 할 수 있는 2005년 '9.19 공동성명'에서 북한은 모든 핵무기를 파기하고 NPT, IAEA(국제원자력기구)로 복귀한다는 약속을 했다. 그 대가로 미국은 한반도 평화협정, 단계적 비핵화, 핵무기 불공격, 북미 간의 수교 등을 북한에게 약속했다. 북한이 첫 핵실험을 하기 약 1년 전 일이다. 그런데 '9.19 공동성명'은 그다음 날 사실상 깨져버렸다. 미국 재무부가 9월 20일 자 관보에 마카오에 있는 방코델타아시아BDA를 북한 불법 자금 세탁의 주요 우려 대상으로 지정했다고 게재한 거다. 미국 국무부와 백악관이 '9.19 공동성명'을 만들었다면 바로 그다음 날 미국 재무부가 북한에 대한 실질적인 금융 제재를 가한 셈이다. 그러자 북한은 미국을 믿을 수 없다, 철석같이 약속해 놓고 그다음 날 약속을 깨는 미국과 이제 협상은 없다, 결국 핵을 보유할 수밖에 없다고 공개적으로 반발하면서 핵 활동 상황을 중계방송하듯이 공개했다. '지금 영변 원자력발전소 가동을 시작했다', '원자로 가동을 일시 중단하고 연료봉을 꺼냈다', '꺼낸 연료봉을 재처리해서 플루토늄을 추출했다'. 그러고는 2006년 7월 4일, 미국 독립기념일에 중거리 미사일 한 발을 발사하더니 "10월 3일부터 10일 사이 좋은 날을 잡아 핵실험을 하겠다"고 공개적으로 선언했다. 그리고 2006년 10월 9일 1차 핵실험을 단행했고 성공했다.

북한이 핵무기를 만들 수 있다는 가능성을 탐지해서 6자 회담도 하고 '9.19 공동성명'도 합의했지만, 미국은 그때까지도 북한이 실제로 핵실험을 못 할 줄 알았던 것 같다. '북한이 무슨 핵실험까지 해. 뺑이야'라고 생각했는데 막상 일을 벌이고 나니 미국은 놀랐을 것이다. 미국은 '돈 없으면 아무것도 못 한다'고 생각한다. 북한이 핵무기, 미국 본토까지 날아갈 수 있는 ICBM을 못 만들 거라고 판단했을 것이다. 자본주의식으로만 사고하기 때문인데 북한은 다르다는 것을 염두에 두지 않는다. '고난의 행군'*은 자본주의를 전제로 삼는 미국인들은 꿈도 꿀 수 없는 생존 방식이다.

사실 미국이 북한을 상대하는 걸 보면, 작은 나라나 약소국에 대한 편견을 가지고 있는 듯하다. 예컨대 '저것들이 뭘 하겠어, 미국의 막강한 군사력으로 겁을 주고, 동맹국들을 동원해 압박하고, 또 필요하면 유엔을 통해 제재 결의안을 통과시켜서 북한을 제외한 나머지 모든 국가들이 북한 제재에 동참하면 결국은 손 들게 돼 있다' 하는 믿음을 가지고 있는 것 같다. 그런데 그 믿음이 북한한테는 안 통했다. 사람도 그렇지 않나. 잃을 것이 없는 사람이 악을 쓰고 덤비기 시작하면 잃을 것이 많은 사람은 이기지 못한다. "부자 몸조심"이라는 속담도 있지 않나. 북한이 그런 식으로 핵실험을 성공하고 나니까 비로소 미국 부시 대통령이 노무현 대통령한테 BDA 제재 때문에 사실상 파괴된 거나 다름없던 '9.19 공동성명'에서 합의한 방식으로 북핵 문제를 풀 수밖에 없다는 것을 고백한 바 있다. 북한이 1차 핵실험을 한 다음 달인 2006년 11월 하노이에서 열린 아세안지역안보포럼^{ARF}에 참석했던 한국 대통령과 미국 대통령이 별도로 정상회담을 하면서 말했던 내용이 그렇다. "북한이 핵실험까지 했는데 그대로 놔두면 2차, 3차, 4차로 이어질 거고 결국 사실상 핵보유국이 된다. 초동 단계에서 막아야겠다. 그러려면 당신과 내가 함께 김정일 국방위원장을 만나서 한국전쟁의 공식적인 종료를 선언하는 문제를 협의하자.

---

*   북한이 1990년대 중·후반 극도의 경제적 어려움을 겪은 시기에, 이를 극복하기 위해 제시한 구호

종전선언을 해줘야만 끝날 것 같다." 종전선언을 해준다는 의미는 정전협정을 평화협정으로 바꾸는 협상을 시작한다는 의미다. 그리고 평화협정 협상을 한다는 말은 미국과 북한 사이에 적대적인 군사관계를 끝장낸다는 의미고, 평화협정이 마무리되면 미국과 북한이 외교적으로 수교를 할 수 있는 법적 토대가 마련된다는 것이다. 전쟁했던 나라끼리 평화관계를 유지하자고 합의하면 바로 수교로 건너갈 수 있는 관계로 바뀌는 것이다. '9.19 공동성명'에서 말했던 대로다. 물론 대신 북한이 핵 개발을 포기해야 한다.

　보수적인 입장에 있는 사람들은 '한반도 비핵화는 곧 북한의 비핵화고 북한이 비핵화만 하면 끝나는 거다, 미국이 언제 북한을 핵으로 치겠다고 했느냐, 미국은 좋은 나라니까 그런 가정 자체가 비현실적이다'라고 얘기한다. 그런데 엄밀히 따지면 '한반도의 비핵화'는 북한이 핵을 포기하는 대가로 미국도 북한에게 핵 위협을 하지 않는다는 것을 의미한다. 북한이 첫 핵실험을 하고 나서이지만, 2007년 9월 시드니 APEC(아시아·태평양 경제협력체) 정상회의에서 미국 부시 대통령이 노무현 대통령한테 평화협정을 위한 종전선언으로 시작하자고 했으니 노무현 대통령으로서는 김정일 국방위원장을 만날 준비를 먼저 할 필요가 생긴 셈이었다. 부시 대통령의 의중을 눈치챘으면 주도적으로 김정일 국방위원장과의 남북정상회담부터 준비하는 것이 당연했다. 그래서 2007년 10월에 평양에서 노무현-김정일 정상회담이 열린 것이다.

그런데 미국은 부시 대통령이 노무현 대통령을 만나기 전인, 그러니까 북한이 1차 핵실험을 한 바로 다음 달인 2006년 11월부터 북한과 비공개로 접촉을 시작했다. 직접 북한을 다독여서 더 이상 핵실험을 하지 않도록 만들어야겠다는 생각 때문에 그랬을 것이다. 그 만남에서 북한에게 '왜 핵실험을 했냐'고 추궁했을 텐데 북한의 답은 뻔하다. '공동성명을 만들어 놓고, 다음 날 그 합의서의 잉크가 마르기도 전에 미국 재무부가 BDA의 우리 계좌를 동결시켜서 우리 얼굴에 먹칠을 하는, 말도 안 되는 짓을 했다. 우리한테 나쁜 딱지를 붙여서 우리가 결국 공동성명 합의를 깨고 나가기를 바라는 유도작전 아니냐.' 아마도 이런 얘기를 했을 것이다. 후일 들려오는 얘기로는 북한이 따지고 드니까 미국 측이 "BDA는 문제가 있어서 재무부가 따로 알아서 한 거다. 별거 아니다"라는 말도 안 되는 해명을 했다고 한다. 미국이라는 나라가 둘러대기를 잘한다. 반면에 북한의 요구는 끈질길 정도로 일관성이 있다. 미국도 인정하는 바다. 비공개 북미 협상에서 북한은 "9.19 공동성명'을 언제까지 어떤 순서로 이행할지 합의해서 미국이 착실하게 시행만 하면 우리는 핵 개발을 할 이유가 없다"라고 주장했다. 결국 이 비공개 양자 접촉에서 북한과 미국은 '9.19 공동성명'을 어떻게 이행할 것인지 구체적인 로드맵을 그렸고, 2007년 2월 13일 6자 회담을 소집해서 승인을 받았다. 그게 바로 '2.13 합의'다.

2 우리는 북핵 문제를 어떻게 풀 수 있을까?

'9.19 공동성명'이 깨져서 북한이 첫 핵실험을 했지만 11월에 미국이 '2.13 합의'대로만 했으면 북한은 다시 핵실험을 하지 않았을 것이다. 그러나 일은 그렇게 좋은 쪽으로 풀리지 않았다.

2-5차 핵실험, '비핵-개방-3000'과 전략적 인내

우리는 2006년 11월 하노이 한미정상회담 이후 남북관계를 계속 발전시키면서 남북정상회담 준비를 하고 있었다. 베이징 6자 회담이 열리고 '2.13 합의'까지 나오자 미국이 '9.19 공동성명'을 제대로 이행하려 한다고 믿고, 남북정상회담을 열어서 종전선언 문제를 공식 논의하기로 하고 서둘렀다.

그런데 다시 '9.19 공동성명'으로 돌아가서 북한의 비핵화, 북미 수교, 경제협력 이 세 가지를 하나로 묶어 일괄 타결하자는 '2.13 합의'를 만들어 놓고, 2007년 10월 2-4일에 평양에서 남북정상회담을 하기로 날짜까지 합의된 상황에서, 미국이 태도를 바꿨다. 2008년에 있을 선거를 앞두고 대선 정국으로 들어서면서 미국 부시 정부가 이 사안을 추진할 동력이 없어진 것이다. 그러나 한국으로서는 미국이 그렇게까지 나왔기 때문에 남북정상회담에서 확실하게 대못을 칠 필요가 있었다. '10.4 남북정상선언' 4항에 보면 "한반도와 직접 관련된 3국 또는 4국 정상들이 한반도 지역에서 만나 종전을 선언하는 문제를 추진하기 위해 남북이 협력해 나가기로 하였다"라고 합의했다. 비슷한 내용의 합의문이 10월 3일 베이징에서 열린 6자 회담에서도 나왔다. 미국이 그때까지만 해도 '9.19 공동성명'과 그 추진의 로드맵인 '2.13 합의'를 이행하기 위해서는 결국 '3국 또는 4국의 정상들이 한반도 지역에서 만나 한국전쟁의 공식적인 종료를 선언해야 한다'고 인정했다는 얘기다.

그런데 여기서 잠깐, 3국 또는 4국이라는 말이 왜 나오는지 짚고 넘어가자. 한국전쟁 당사국이라고 하면 한국과 북한 그리고 미국을 떠올리기 쉽지만 거기에는 중국이 들어가 있다. 사실 한국은 1953년 7월 27일 22시에 판문점에서 열린 정전협정 조인식에 들어가지 못해 서명을 못 했다. 왜냐하면 정전협정은 군사령관끼리 하는데 한국군의 전시작전통제권을 유엔군 사령관의 모자를 쓴 주한미군 사령관이 가지고 있었기 때문이다. 당시 대한민국에는 백선엽 장군이 3성 장군으로 육해공군 총참모장으로 있었지만 실질적으로는 미군 사령관의 지휘를 받는 부사령관에 불과했다. 그러므로 정전협정에서 서명 당사자가 될 수 없었고 회담장에도 들어가지 못했던 것이다. 한편 중국 인민지원군은 북한을 돕기 위해 1950년 10월 25일부터 한국전에 참전을 했기 때문에 정전협정의 서명 당사자가 됐다. 한국은 법적으로는 서명 당사자가 못 됐지만 정전협정 관리 과정에서는 사실상의 당사자라고 볼 수 있었기 때문에 정전협정관리위원회 회의에는 한국군 장교도 참석을 했다. 그래서 '3국 또는 4국'이라는 표현이 나온 건데 중요한 점은 그들이 "한반도 지역에서 만나 한국전쟁의 공식적인 종료 문제를 협의하자"고 합의한 부분이다. 이는 남북을 포함한 6자 회담 참가국들이 한반도 지역에서 만남을 가질 때 최소한 남한이 빠져서 안 된다는 점에 합의했다는 뜻이다. '10.4 남북정상선언' 4항과 '10.3 베이징 6자 회담 합의문' 3항에 규정된 '3국 또는 4국'이라는 표현에는 그런 배경이 존재한다.

하지만 안타깝게도 미국에서는 대선 정국 때문에 북핵 문제가 우선순위 면에서 뒤로 밀렸고, 한국에서는 2008년 이명박 정부의 집권으로 '노무현 정부 시절의 합의는 전부 무효'가 되면서, 한국전쟁의 종전선언을 합의한 남북정상회담 합의문이고 6자 회담 합의문이고 다 무효가 되어버렸다. 이명박 정부가 들어선 뒤에도 임기가 1년 남은 부시 정부는 "2.13 합의 이행을 위해 6자 회담을 계속하자"고 했지만, 이명박 정부는 "북한이 핵을 포기할 가능성도 없는데 비핵화를 시킨다고 6자 회담을 하고 남북 대화를 하는 것 자체가 잘못"이라며 거절해 버렸다. 결국 6자 회담은 2008년 12월 수석대표들이 베이징에서 한 번 만나는 걸로 끝이 났다. 1년 뒤 들어선 미국의 오바마 정부는 노무현 정부와 부시 정부에서 했던 것을 계승 발전시킨다는 생각이 없었을 거다. 한국에 노무현 정부를 승계하는 정부가 들어섰다면 6자 회담 합의문을 계속 이행하는 방향으로 북핵 문제를 풀어나가자고 오바마 정부를 설득했겠지만 이명박 정부가 관심을 보이지 않으니 오바마 정부도 '전략적 인내'로 돌아서 버린 것이다.

오바마 정권이 출범한 직후인 2009년 2월 13일에 힐러리 클린턴 국무장관이 아시아소사이어티 초청 연설에서 "북핵 문제를 풀기 위해서는 북한의 비핵화와 북미 수교, 그리고 경제협력 이 셋을 하나로 묶어서 일괄 타결해야만 한다"고 주장했다. 이 연설로 오바마 정부도 초기에는 북미관계 개선과 경제 지원 그리고 비핵화를 하나로 묶는다는 '9.19 공동성명'의 프레임 안에서 북한 문제를 풀 수밖에 없었다는 것을 재확인한 거다. 부시 정부 때 체결된 공동성명이지만 합리적이고 유일한 해결 방법이라는 것을 인정한 것이다. 그런데 한국 정부가 '비핵-개방-3000'을 내세우자 미국의 구상은 메아리 없는 광야의 나팔이 돼버렸다.

그렇게 헤매는 사이에 2009년 5월 25일, 북한이 2차 핵실험을 했다. 1차 핵실험으로부터 만 3년이 안 된 때였다. 이명박 정부가 북한이 비핵화할 때까지 기다리겠다며 6자 회담에 안 나가고, 그걸 보고 미국 오바마 정부가 '전략적 인내'로 돌아선 뒤 북한이 2차 핵실험을 한 거다. 그러자 미국은 서둘러 6월 12일 유엔 안보리에서 대북 제재 결의안을 통과시켰다. 그런 상황에서 미국을 방문한 중국의 외교 담당 국무위원 다이빙궈戴秉國을 만난 힐러리 클린턴 국무장관이 중국도 유엔 대북 제재 결의안 이행에 동참할 것을 요구했다. 그러나 다이빙궈 국무위원은 "중국이 북한과 특별한 관계이기 때문에 유엔 대북 제재에 적극적으로 동참할 수가 없다"며 소극적인 자세를 취함으로써 대북 제재 결의는 처음부터 사실상 유명무실해졌다. 오바마 미국 대통령이 2009년 9월 23일 유엔총회에서 '핵 없는 세계'를 건설하겠다고 큰소리쳤지만 북한은 오바마 대통령의 임기 중에 2차부터 5차까지 핵실험을 4회나 해버렸다. 핵실험을 계속하면 그 나라의 핵능력은 고도화될 수밖에 없다는 게 정설이다. 북한 핵능력 고도화의 책임은 어디에 있다고 해야 할까. 답은 불문가지不問可知다.

정리하자면 BDA 사건이 2006년 10월 9일 1차 북핵실험을 만든바, 그건 미국 때문이다. 2009년 5월 25일 2차 북핵실험은 부시 정부 때 만들어진 '2.13 합의'를 이행하지 않은 한국의 이명박 정부와 미국의 오바마 정부 때문이다. 이후 북한은 2013년 2월 12일에 3차 핵실험, 2016년 1월 6일에 4차 핵실험, 2016년 9월 9일에 5차 핵실험을 했다. 우리 쪽에서는 오바마 정부가 민주당 정권이기 때문에 좀 기대를 걸었는데 오히려 '전략적 인내'라는 말도 안 되는 전략을 내세우면서 북한의 핵 개발을 방관했다. 오바마 대통령이 '전략적 인내'를 내세울 때는 그다지 심하게 비판하지 않던 미국의 전문가들이 대통령 임기가 끝나가자 "전략적 인내Strategic Patience는 사실상 전략적 혼수상태Strategic Coma에 불과했다. 그런 대북정책은 더 이상 나와서는 안 된다"고 목소리를 높였다. 합리적 비판이긴 한데, 좀 비겁해 보였다. 미국 전문가들도 살아 있는 권력 앞에서는 꼬리를 내리고 있더니 떠나려니까 '사또 행차 후 나팔' 부는 식으로 놀더라.

잠깐 박근혜 대통령 임기 중의 남북관계를 되짚어 보자면 북한은 2016년 1월 6일과 9월 9일, 한 해에만 두 번이나 핵실험을 했다. 대개 3-4년 간격으로 핵실험을 하던 북한이 8개월 만에 핵실험을 한 이유가 무엇일까. 내 생각에는 개성공단 폐쇄에 대한 보복 차원이었다고 본다. 박근혜 대통령 취임 13일 전인 2013년 2월 12일, 북한이 3차 핵실험을 했다. 이명박 정부 임기 말이지만, 취임일을 얼마 남겨두지 않은 시점에 핵실험을 당하고 나니 박 당선자로서는 황당했을 것이다. 대통령직인수위원회에서 만든 '한반도 신뢰 프로세스'가 박근혜 대통령의 대북정책으로 연결되지 못하고 인수위에서 끝난 데는 2월 12일의 3차 핵실험도 영향을 미치지 않았을까 싶다. 그러다 보니 박근혜 대통령은 '한반도 신뢰 프로세스'와는 완전 별개로 '북한붕괴론'에 빠지면서 '통일준비위원회' 가동으로 방향을 튼 것 같다. 통일준비위원회 출범(2014년 7월) 1년 6개월 후, 임기 4년 차인 2016년 1월 6일에 북한이 4차 핵실험을 한 데다 2월 8일에는 중장거리 미사일까지 발사해 버렸다. 박근혜 대통령으로서는 화가 날 만했다. 그래서 강력한 유엔 대북 제재를 유도한답시고 2월 10일 개성공단을 폐쇄하고 한국 기업들의 철수를 지시했다. 4차 핵실험에 대한 유엔 대북 제재 결의안은 당연히 채택됐지만, 북한은 개성공단 폐쇄로부터 7개월 만인 9월 9일 5차 핵실험을 했다. 시계열적 개념으로 사건들의 인과관계를 분석할 때, 북한의 이런 조치는 박근혜 정부가 북한체제 붕괴를 전제로 한 '통일준비위원회'를 가동하고, 개성공단까지 폐쇄한 데 대한 북한 나름의 보복성 조치였다고 볼 수밖에 없다. 지렁이도 밟으면 꿈틀하는 법인데 하물며…….

이명박 대통령 때 관광객 피격사건으로 2008년 7월 12일 금강산 관광을 중단했고, 박근혜 대통령 때 4차 핵실험에 대한 독자 제재 차원에서 개성공단 문을 닫으면서 남북 접촉이 일체 끊어지고 남북 관계는 완전히 얼어붙어 버렸다.

따져보면 북한은 미국 대통령 임기로는 조지 W. 부시 정부 때 핵실험을 한 번, 오바마 정부 때 네 번, 트럼프 정부 때 한 번 했다. 국내에서는 노무현 대통령 때 한 번, 이명박 대통령 때 두 번, 박근혜 대통령 때 두 번, 문재인 대통령 때 한 번 했다. 다시 강조하지만 북한이 핵실험을 한 시기와 상황을 보면 "진보 정권이 퍼주기를 해서 북한이 핵실험을 했다"는 말은 도저히 성립이 안 된다.

핵 문제에 관해서는 미국도 비판해야 한다

2017년 9월 3일 북한이 6차 핵실험을 했다. 이건 트럼프 대통령이 2017년 1월 취임 후 계속 말 폭탄을 쏟아내면서 북한 당국과 김정은 국무위원장을 위협하고 자극한 결과로 봐야 한다. 일종의 미국 길들이기였을 수도 있다. 김정은 국무위원장을 '리틀 로켓 맨Little Rocket

Man'이라 조롱하고, 북한이 다시 핵실험을 하거나 ICBM을 발사하면 그때는 '화염과 분노^{Fire and Fury}'에 휩싸일 거라며 겁을 주었다. 그러자 북한은 7월에 미국 본토 서부 지역까지 도달할 수 있는 사거리 1만 킬로미터짜리 ICBM을 발사하고, 9월 3일에는 수소폭탄 폭파 시험이 성공했다며 6차 핵실험을 했다. 이어서 11월 29일 '화성-15형'이라 는, 미국 본토 동부 지역까지 도달할 수 있는 최대 사거리 1만 3천 킬 로미터짜리 ICBM 시험발사도 강행했다. 북한 핵능력의 초고속 고도 화에 대해 잘 모르는 채로, 태평양을 사이에 두고 멀리 떨어진 미 대 륙에 사는 사람들은 아마 북한에서 무슨 일이 일어나고 있는지 몰랐 을 것이다. 하지만 북한과 붙어 있는 땅에서 사는 한국 국민들로서는 공포의 도가니에 빠질 수밖에 없었다. 취임 후 6개월밖에 안 된 문재 인 정부에게 북핵 문제 악화의 책임을 물을 수 없는 상황인데도 불구 하고 문재인 정부에 대한 여론은 안 좋았다. 우리 국민들은 좀 이상 한 데가 있다. 핵이나 미사일 문제 등 한반도 상황 악화와 관련하여 행위자는 북한이지만 사태 악화 원인의 제공자는 미국일 때가 많다. 그런데 북한과 한국 정부를 비판하는 언론이나 전문가는 많아도 미 국을 원인 제공자로 지목하거나 비판하는 경우는 찾아보기 어렵다. 우리가 어려울 때 고맙게 해줘서 그런 건가. 그러나 고마운 건 고마 운 거고 불편한 건 불편한 거다. 불편하다고 말을 해야 상대방도 조 심을 하거나 챙길 것 아닌가. 노골적으로 말해서 미국이 해결하고 말겠다는 결심을 해야만 북한도 비로소 움직일 수 있는 것이 북핵 문제이기 때문이다.

그렇다면 북핵 문제를 풀기 위해서는 우선 한미 외교 채널을 통해 미국에게 빨리 결단을 내려달라고 협조 요청을 해야 하지만, 때로는 미국에 대해서 비판도 할 수 있어야 한다. 국민적 여론도 일어나야 한다. 북한만 욕할 게 아니라 미국도 비판할 수 있어야 미국이 적극적으로 북핵 문제에 임하게 되고, 우리 국민들이 하루라도 빨리 북핵의 늪에서 벗어날 수 있게 된다.

우리한테 요청을 받거나 비판을 받거나 자진해서 움직이거나, 어쨌든 미국이 움직이기 시작해야 북핵 문제와 한반도 상황이 그나마 협상 국면으로 들어갈 수 있다는 것을 입증하는 사례는 많다. 1992년 1월 북한이 주한미군의 계속 주둔을 전제로 북미 수교를 요구했다가 거절당한 뒤 1992년 IAEA로부터 특별사찰을 요구받고 한미연합훈련인 팀 스피릿Team Spirit에 시달리게 되자 1993년 3월 12일 '핵확산금지조약' 탈퇴를 선언하고 나섰다. 미국으로부터의 공격에 대비할 수 있는 자위 수단을 갖기 위해 장차 핵무기를 만들겠다고 선언한 것이다. 그러자 미국의 클린턴 정부가 4월에 곧장 베를린에서 북한과 비밀접촉을 시작했고, 6월부터는 제네바에서 북미 제네바 핵협상이 시작됐다. 그 결과로 1994년 10월 21일 '북미 제네바 기본합의'가 채택됐고, 그로써 북핵 문제가 소강상태로 들어간 적이 있다.

조지 W. 부시 대통령 때도 미국은 2차 북핵 위기관리 차원에서 2005년 9월 베이징 6자 회담을 통해 '9.19 공동성명'을 채택해 놓고 그다음 날 미 재무부가 BDA의 북한 계좌를 동결하는 대북 제재를 가함으로써 이율배반적인 움직임을 보였다. 그 결과로 2006년 10월 9일 북한이 1차 핵실험을 했으니 미국이 그렇게 하도록 만든 셈이다. 북한이 막상 핵실험을 하고 나서자 미국은 11월에 북한과 다시 비밀 협상을 했고, 그 결과로 나온 것이 '2.13 합의'다.

트럼프 대통령이 취임 후 '리틀 로켓맨', '화염과 분노' 등 자신의 말 폭탄으로 촉발한 북핵 사태도 마찬가지였다. 2017년 9월 3일 북한은 6차 핵실험 성공에 이어 11월 29일 태평양을 건너서 미국의 동부 지역까지 도달할 수 있는 사거리 1만 3천 킬로미터짜리 ICBM 시험발사까지 성공하고, 그날로 "이것으로써 국가 핵무력이 완성됐다"라고 선언했다. 미국 입장에서 볼 때는 북한의 핵실험 차수가 늘어나는 것보다 미사일의 사거리가 늘어나 태평양을 건너오는 것이 더 겁나는 일이다. 미사일의 명중률이나 대기권 재진입 기술이 낮아도 위험한 건 마찬가지다. 북한이 '국가 핵무력 완성'에 만족하고 있을 2017년 12월 5일 유엔 사무차장 제프리 펠트먼[Jeffrey Feltman]이 평양에 들어갔다. 트럼프 정부의 의지가 실렸다고 할 수밖에 없는 평양 방문 후 펠트먼은 평양의 지도부에 "오판에 의한 전쟁을 막기 위해서는 협상이 반드시 필요하다"고 말해주고 왔다고 발표했다. 그 결과로

2018년 6월 12일 싱가포르 북미정상회담이 성사됐고, '싱가포르 북미 공동성명'이 나온 것이다.

미국이라는 나라가 이렇게 움직인다. 북한을 위협하고 압박한 결과 북한이 굴복하지 않고 더 세게 반발하면서 사고를 치면 미국은 먼저 북한에게 다가가 비밀협상도 시작하고 합의서도 만들면서 북핵 상황을 관리해 왔다. '결국 그렇게 할 바에야 처음부터 그렇게 좀 하지'라는 말을 미국한테 하지 않을 수가 없다.

2022년 3월 24일 북한은 2018년 선언한 모라토리엄(핵실험 및 ICBM 시험발사 유예)을 깨고 ICBM 시험발사를 했다. 그러자 미국은 북한이 스스로 한 약속도 깼다고 비난했는데 적어도 우리는 북한을 비판하면서 미국도 함께 비판해야 한다. 미국도 책임이 있기 때문이다. 2018년 4월 남북정상회담이 예정되어 있고, 우리가 다리를 놓아 북미정상회담이 거의 확실시되던 4월 18일, 북한은 앞으로 북미 대화가 계속될 것 같다는 희망 속에서 "북미 협상이 계속되는 한 핵실험과 미사일 발사는 당분간 중지하겠다"며 자발적으로 모라토리엄을 선언했다. 거기에는 분명 북한이 원하는 조건이 있었다. 그런데 2019년 2월 하노이 회담이 노딜로 끝난 이후에 미국이 이런저런 핑계를 대며 계속 조건 타령만 하고 협상을 미루니까 북한은 점점 흥취를 잃었다. 그러나 모라토리엄을 깨지는 않았다. 이후 바이든 정부가 들어서면 조금 달라질까 기대했는데 취임하고 1년이 지나도록 아무런 기적도 없으니 2022년 1월 19일 당 정치국회의를 열어서 '이 모라토리엄은 해제할 수 있다'고 결정한 것이다.

미국은 특별한 이유 없이 북한 노동당 정치국회의의 결과가 바뀌지 않는다는 것을 알 것이다. 북한이 앞서 말한 정치국회의에서 예고한 미사일 발사를 어떻게 막아야 할지도 알 것이다. '북미 협상' 카드밖에 없다. 그런데 미국은 협상할 움직임은 보이지 않고, 오히려 북한을 자극했다. 바이든 대통령이 "북한이 핵이나 미사일로 남쪽을 위협하면 확장 억제력을 보장하는 차원에서 전략자산도 한반도에 배치하겠다, 연합훈련도 훨씬 더 세게 해버리겠다"고 공개적으로 발언한 것이다. 그러자 북한이 3월 24일 미사일을 발사했다. 북한이 모라토리엄을 깼다고 비난하기 전에 그들이 내놓은 조건을 보자. "북미 협상이 계속되는 한"이라고 명시되어 있다. 객관적으로 볼 때 미국의 행동은 설득력이 없어 보인다.

북한이 미사일과 핵능력을 지속적으로 고도화하면 결국 언젠가는 미국이 다급해져 협상을 시작할 때가 올 테고, 그때 북한의 몸값은 크게 올라 있을 것이다. 그렇게 해서 북한은 미국으로부터 많은 걸 받아낼 수 있다고 믿을 거다. 오히려 북한은 미국의 압박을 역이용하려고 한다. 지금은 핵 개발이 미국 압박에 대응하는 자위 수단을 키우는 차원이지만 나중에 협상력을 키우는 결과로 이어질 수 있다. 미국이 그런 계산을 못 하고 북한에 제재 압박만 계속하면서 핵을 포기하기를 기다린다면, 언젠가는 북한도 미국과의 협상은 포기하고 핵무기와 미사일을 미국과 사이가 나쁜 나라들에게 팔려고 할 거다. 그러면 본격적인 핵 확산이 시작되는 셈이고, 핵 비확산의 책임을 지고 있다는 미국 입장에서는 완전히 따귀 맞는 거다. 미국의 실리뿐 아니라 명예도 실추되기 십상이다. 그렇게 되면 미국은 핵 확산을 막겠다며 동분서주해야 할 거다. 미국이 계속 게으름을 부린다면 아마 '호미로 막을 일을 이제 가래로도 막을 수 없게 됐구나' 한탄할 때가 오지 않을까 싶다.

어떤 정부든 앞으로 북핵 문제를 푸는 해법을 찾으려 할 때는 우선 북한이 미국과 한국의 어느 정부 시기에 몇 번의 핵실험을 했는지 그 숫자부터 계산하고, 당시 한국 정부와 미국 정부의 대북정책이 무엇이었는지 분석해 보기를 권한다. 그래야 객관적인 결과가 나오지 않겠나.

미국이 CVID(완전하고 검증 가능하며 불가역적인 핵 폐기)니 FFVD(최종적이고 완전히 검증된 비핵화)니 이런 소리만 해서는 북한이 회담에 나올 리 없다. 북핵 문제를 실용주의적으로 풀기 위해서는 북한의 요구가 일리 있다면 어느 정도 들어줘야 한다. 북한의 이러한 행동을 중국은 '합리적 우려'라고 규정한다. 북한은 미국이 약속을 해놓고도 그걸 안 지키고 핑계를 대서 자신들을 언제 칠지 모른다고 걱정하는데, 그건 합리적이라는 취지다. 우선 북한의 행동에 따라 어느 정도 제재를 해제할 수 있다는 사인을 줘서 협상 테이블에 앉히고, 9.19 6자 회담에서 했듯이 북한이 핵시설을 폐쇄하면 미국이 북한의 군사적 안전을 보장하는 구체적 '행동 대 행동' 조치를 약속해야 한다.

외교와 국제 협상의 기본은 상호주의다. 일방적 약속은 패전국이나 한다. 북한은 패전국이 아니다. 북미관계도 일방적일 수 없다. 그러므로 '비핵화', '핵실험과 ICM 발사 않기'를 지키게 하려면 미국의 상응 조치가 있어야 한다. 북한은 미국에 절대 숙이고 들어가지 않을 거다. 약자이기 때문이다. 약자니까 숙이고 들어가면 짓밟힌다는 피해의식이 있다. 그래서 매번 동시 행동, 일대일 상호주의를 요구한다.

진심으로 북한의 핵 위협을 해결하고 싶은 정부라면 미국 정부가 CVID만 반복해 내세우며 북한을 자극하는 것은 우리에게 위험 신호라고 생각하고 어떻게 해서든 북한이 대화에 응하도록 미국을 설득해야 한다. CVID, 말은 멋있지만 공짜일 수 없다. 북핵 문제는 북한이 요구하는 북미 수교나 평화협정, 경제 지원을 약속해야만 해결될 수 있는 목표다. 북한은 무조건 불합리하고 모순덩어리라고 결론을 내기보다 그들의 일리 있는 말, 중국의 표현을 빌어 '합리적인 우려'는 인정하면서 단계별로 우리의 계획을 행동에 옮겨보자. 그러다가 북한이 약속을 깨면 그때 다시 제재를 가하면 된다. 그게 스냅백Snap Back이다.

3장

문재인 정부:
짧았던 한반도의 봄,
무엇을 기억해야 할까?

이명박·박근혜 정부 9년 동안 북핵 문제가 매우 복잡하게 악화돼 버렸고 남북관계도 단절됐다. 문재인 정부는 그런 마이너스의 유산을 물려받았지만 김대중·노무현 정부를 잇는 3기 민주정부로서 햇볕정책의 기조를 유지해 나가려고 애를 썼다.

운 좋게,
평창올림픽

문재인 대통령이 취임한 2017년 한 해는 미국의 눈치를 보느라 선거 과정에서 얘기한 남북관계나 통일 관련 공약을 지키지 못했다. 시도도 못 했다. 4개월 전에 출범한 미국의 트럼프 정부와 문재인 정부가 처음부터 미스매칭된 것이다. 내가 2017년 7월에 한반도평화포럼 이사장이 되고 9월 7일 첫 정책간담회를 열었는데, 그동안 비공개였던 세미나를 세종문화회관에서 공개적으로 진행시켰다. 기조발표 원고를 전날 써놓았는데, 아침에 신문을 보니 문재인 대통령이 '북한을 계속 압박해야 된다'며 트럼프 대통령과 똑같은 이야기를 했다는 기사가 눈에 들어왔다. 블라디보스토크에서 열린 제3차 동방경제포럼 기조연설에서 문재인 대통령이 푸틴 대통령에게 "러시아가 유엔 대북 제재에 좀 적극적으로 참여해 달라"고 요구하자 푸틴 대통령이 "북한은 고난의 행군을 할 때 보니 풀뿌리를 캐 먹으면서도 밖에다 손을 벌리지 않았다"며 대북 제재가 북한의 핵정책을 바꿀 수 없다고 답변했다는 내용도 소개됐다. 그 기사에 자극받은 나는 그날 저녁 한반도평화포럼 정책간담회 기조연설에서 좀 독하게 얘기를 했다. "아침에 신문을 보고 깜짝 놀랐다. 처음에는 일본의 아베 신조 총리가 한 얘기를 '문'이라고 잘못 쓴 거 아닌가 싶어서 다시 읽어봤다. 집권 초기니까 문 대통령이 트럼프 대통령과 보조를 맞춰야만 미국을 우리 편으로 끌어들일 수 있다고 생각해서 그랬는지 모르지만, 내용은 아베 총리가 하는 말과 똑같았다. 나는 미국에 '노'라고 말할 수 있는 대통령이 되겠다는 문재인의 자서전을 읽고서 이런 사람이 우리나라 대통령이 되는 것이 좋겠다 생각해 지지했다. 문재인 대통령 후보 선거캠프의 외곽 조직에 불과했지만 김대중-노무현 정부 장·차관 출신들이 모인 '10년의 힘 위원회' 위원장까지 맡아 문재인을 지지하고 도왔다. 나는 빙긋이 웃는 얼굴에 문재인이라는 이름을 가진 사람을 우리나라 대통령으로 밀었는데 오늘 신문을 보니까 동명이인이 당선이 됐다. 일본 총리 아베와 똑같은 소리를 하는 문재인은 내가 찍은 문재인이 아니다"라는 요지였다. 노트북의 자판을 두드리는 기자들의 손놀림이 빨라졌다. 그러고는 내가 문재인 대통령을 아베 신조 일본 총리에 빗댔다는 기사가 대서특필됐다. 곧이어 당시 더불어민주당의 김경수 의원이 내 얘기를 반박하는 기사가 떴다. "그분이 옛날 얘기를 하신다. 그분이 활동하던 시절의 북핵 문제하고 지금의 북핵 문제는 다르다. 해법이 바뀌어야 되는 걸 모르고 옛날 얘기를 하시는 것 같다"라고 했다는 것이다. 그러면서 "〈시사IN〉의 남문희 기자가 '한나라 개국공신인 한신韓信이 젊은 시절 저잣거리에서 불한당들한테 잡혔는데, 그들이 시키는 대로 가랑이 밑으로 참고 지나갔기 때문에 죽지 않고 살아서 훗날 유방劉邦이 중국을 통일하고 나라를 세울 수 있게 만든 공신이 됐다. 문 대통령이 지금 트럼프 대통령과 비슷한 얘기를 하는 것은 한신처럼 큰 뜻이 있는 행동이다'라고 쓴 기사를 좀 읽어보시면 좋겠다"고 말했다는 내용이었다.

그 다음다음 날인가 열린 어느 세미나에서 내가 김경수 의원의 말에 답변을 했다. "문재인 대통령의 측근이라는 김경수 의원이 내가 활동하던 시절의 핵 문제와 지금의 핵 문제가 다르다고 얘기했다. 내가 북핵 문제가 맨 처음 불거졌던 1993년 봄부터 3년 넘게 대통령 비서관을 하면서 북핵 문제에 대해 현장에서 배우고 대책을 개발했던 사람이다. 그런데 10년 전에도 20년 전에도 북핵 문제의 해법은 똑같았다. 문재인 대통령이 말한 대로 미국도 한국도 북한을 압박했지만 핵 문제는 안 풀렸다. 북핵 문제의 본질이 그때나 지금이나 똑같기 때문에 해법도 바뀐 게 없다." 당시 청와대는 일단 미국의 마음을 얻어야 북핵 문제를 푸는 중간자나 중재자 역할을 할 수 있다고 생각했을지 모른다. 하지만 그런 깊은 뜻을 어떤 국민이 알아주겠나. 2017년 7월에 독일 베를린의 쾨르버재단 초청 연설에서는 "북한이 평창올림픽에 꼭 좀 오기 바란다. 평창올림픽을 평화올림픽으로 만들자"고 해놓고 9월에 블라디보스토크에 가서는 "북한을 압박하고 제재해야 한다"는 발언을 하는 문재인 대통령을 보고서는 그렇게 왔다 갔다 하면 되겠느냐고 비판하기도 했다. 내 말에 대해 청와대에서 상당히 불편해했고 섭섭해했다고 들었다.

북한을 압박하려는 미국의 입맛에 맞춰주는 식으로는 북핵 문제 해결이 가능한 방향으로 미국을 끌고 갈 수가 없다. 적어도 '북한도 문제가 있지만 미국도 문제가 있다'라고 줏대 있게, 그리고 일관성 있게 얘기를 해야 미국도 다시 한번 생각을 하게 된다. 동맹이라고 무조건 미국이 옳다며 따라가기만 하면 우리의 대북정책에 자국 중심성은 없어진다.

초기에 좀 흔들렸지만 어쨌든 문재인 정부는 한편으로 얼어붙은 남북관계를 풀어가려는 시도를 계속했다. 그런데 운이 좋았다. 갑자기 북한이 2018년 평창올림픽에 축하사절단을 보낸다면서, 김정은 국무위원장이 친동생 김여정 부부장한테 '문 대통령의 평양 방문을 초청'하는 내용이 담긴 친서를 들려서 청와대까지 보냈다. 오전에는 친서를 전달하고 오후에 평창올림픽 개막식에 북한 축하사절들도 참석하면서 2018년 2월 9일 평창올림픽이 그야말로 평화올림픽으로 부각이 됐다. 북한의 평창올림픽 참가를 계기로 남북관계가 풀리기 시작하고 4월 27일 판문점에서 남북정상회담을 할 수 있었다. 그걸 토대로 '6.12 싱가포르 북미정상회담'도 열렸고, 그 분위기를 타고 '9.19 평양 남북정상회담'도 열린 것이다. 이렇게 2018년 한 해는 그야말로 한반도에 봄이 온다고 모두가 믿었던 시간이었다.

한반도에 봄이 온다고 우리 국민이 들떠 있던 2018년 2월부터 10월까지 그 아홉 달 동안 물밑에서는 어떤 일이 있었던가.

정상회담,
어떻게 이루어졌나?

북한이 2017년 9월 3일 6차 핵실험을 하고, 같은 해 11월 29일 최대 사거리 1만 3천 킬로미터짜리 ICBM 시험발사에 성공하며 '국가 핵무력 완성'을 선언했다. 미국은 겉으로야 북한의 도발이라고 비난했지만 내심 놀랐을 것이다. 그동안 트럼프 대통령은 북한이 대들면 '화염과 분노'에 휩싸일 것이라고 겁을 줬고, 당연히 북한이 숙이고 들어올 거라고 예상했는데, 그러긴커녕 워싱턴이나 뉴욕까지 때릴 수 있는 ICBM까지 시험발사를 하고 나섰기 때문이다. 문제가 복잡해지자 트럼프 대통령도 클린턴 대통령이나 부시 대통령이 북한을 상대로 썼던 카드를 만지작거리지 않을 수 없었을 것이다. 김정은 국무위원장을 리틀 로켓 맨이라 놀리던 트럼프 대통령의 체면이 있으니 미국 정부가 직접 나서지는 않았다. 미국 국무부의 현직 관리가 직접 움직이면 눈에 띄니까 대신 유엔 사무차장 제프리 펠트먼이 평양에 들어갔다. 북한이 ICBM을 쏜 지 일주일도 안 된 12월 5일이었다. 국무부에서 오랫동안 일했고 차관까지 지낸 제프리 펠트먼은 유엔에 있었지만 미국 국무부의 또 다른 창구라고 봐야 한다. 유엔 사무총장의 지시로 갔다기보다 사실상 미국 정부에서 보냈다고 보는 게 합리적일 거다. 그런 펠트먼이 "북한도 오판해서 전쟁을 일으킬 수 있지만 미국도 오판으로 전쟁을 일으킬 수 있는데, 그건 별로 남는 장사가 아니니까 협상으로 문제를 풀어야 된다, 북한이 움직이면 미국도 체면 구기지 않고 협상에 응할 수 있다"는 얘기를 한 거다.

북한의 핵이 우리에게 위협이기는 하지만 북한이 핵무기로 우리를 공격할 가능성은 아주 낮다. 서울과 평양 사이 거리는 200킬로미터밖에 안 된다. 그 정도면 서울-익산 간 거리다. 핵폭탄을 남쪽을 향해서 터뜨려도 방사능이 북쪽으로도 간다. 그렇기 때문에 우리한테는 핵을 못 쓴다고 봐야 한다. 핵은 미국과 빅딜을 할 때 쓸 협상용 카드다. '핵무기 내놓을 테니까 수교해 주시오', '수교는 안 돼', '그렇다면 핵폭탄 만들 수밖에 없군', '이거 다 줄 테니까 수교해 주시오', '안 돼', '그럼 또 핵폭탄 더 만들 거야', '안 돼', '그럼 미사일 사거리 늘릴 수밖에 없네' 이렇게 옥신각신하다가 마침내 '워싱턴 DC, 뉴욕에 도달할 수 있는 ICBM 만들었는데. 그래도 안 돼?' 하고 나오니 미국이 먼저 움직인 거다. 그런 일이 있었기 때문에 2018년 1월 1일 신년사에서 김정은 위원장이 평창올림픽에 북한 대표단을 보내겠다고 했고 2월 9일 김여정 부부장이 온 것이다. 원인과 결과는 이렇게 생기고 연결된다. 북한 입장에서 볼 때는 유엔 사무차장이 미국 트럼프 대통령의 메시지를 가지고 왔다 하더라도 바로 미국과 회담을 하자고 제안하면 미국이 체면 때문에 응하지 않을 듯하니 '서울을 거쳐서 워싱턴으로 가자. 남한 대통령과 정상회담을 먼저 하고 그걸 디딤돌로 삼아서 미국 대통령과 만나자'고 정한 것으로 보인다.

2월 9일 김여정 부부장이 들고 온 친서에는 정상회담 제안은 없었다. 문재인 대통령이 평양을 방문해 달라는 초청이 주 내용이었다. 문 대통령이 평양에 가서 옥류관 냉면 먹고 그날로 돌아오겠나. 우리도 남북정상회담 할 용의가 있다는 얘기로 바로 알아듣고 평창올림픽이 끝난 뒤 3월 5일에 평양에 특사단을 보냈다. 국가안보실장, 국정원장, 통일부 차관, 국정원 차장, 청와대 국정상황실장, 이렇게 다섯 명이나 보냈다. 김정은 국무위원장은 이 다섯 사람을 직접 만나 "미국이 수교만 해준다면, 종전하고 불가침만 보장된다면, 핵은 얼마든지 내려놓을 수 있다. 미국은 우리가 비핵화 의지가 없다고 자꾸 그러는데 우리가 핵을 가지고 어렵게 살 이유가 없다. 그러나 핵을 내려놓는 순간 군사적으로 치고 들어올지 모르기 때문에 먼저 불가침 보장부터 하라는 거다" 하는 얘기를 전했다.

특사단이 3월 5일에 김정은 국무위원장을 만나고 서울로 와서 문재인 대통령에게 보고한 뒤 3월 8일에 워싱턴으로 건너가 트럼프 대통령한테 그대로 직보했다. 트럼프 대통령은 김정은 국무위원장의 비핵화 의지와 관련된 몇 가지 얘기를 듣고 바로 김정은 국무위원장과 만나겠다고 말했다고 한다. 그 자리에 같이 갔던 우리 측 특사단원들한테 직접 들은 얘기다. 트럼프 대통령도 미국이 북한을 치지 않겠다는 약속을 하고, 즉 평화협정을 맺고 미국이 수교만 해준다면 핵

을 가지고 어렵게 살 이유가 없다는 김정은 국무위원장의 얘기가 일

리 있고 진정성이 있다고 생각한 거다. 배석했던 미국 국무장관, 안

보보좌관 등이 그렇게 즉흥적으로 결정하지 말고 회의를 통해서 검

토한 뒤에 발표하고 통보해도 늦지 않다고 만류해도 트럼프 대통령

은 김정은 국무위원장을 직접 만나겠다며 밀고 나갔다고 한다. 참모

들이 "그러면 최소한 일본과는 긴밀하게 협의해야 할 사안이다"라고

다시 말렸지만 트럼프 대통령은 우리 특사단이 있는 자리에서 바로

아베 총리에게 전화를 걸어 김정은 국무위원장을 만나기로 결심했

으니 그렇게 알라고 통보한 뒤 전화를 딱 끊어버렸단다. 미국은 누구

의 사정도 상관없다. 자기네들의 일정대로 움직인다.

'6.12 싱가포르 북미정상회담'은 그렇게 성사됐다. 우리가 북한

과 미국을 오가며 북한의 정상이 미국의 정상을 만나도록 다리를 놓

는 한편, 트럼프 정부는 북한의 돌발적이고 위협적인 행동의 후과를

걱정해서 비공개로 미국 대통령의 특사가 아닌 유엔 사무차장을 보

내 협상으로 문제를 풀자고 제안했기 때문에 남북정상회담이 성사

되고 6.12 북미정상회담도 이루어진 거다. 그런 점에서 문재인 대통

령은 운이 무지하게 좋았다.

스스로 3기 민주정부 대통령이라고 말한 문재인 대통령은 김대

중·노무현 대통령의 대북정책 또는 대미정책의 연장선상에서 일을

해야 된다는 책임감을 가지고 있었다. 그러니까 북한으로서는 김대

중·노무현을 계승했고 이명박·박근혜와는 반대 입장인 문재인 대통령을 활용해서 미국 대통령과 만날 계기를 만들어 보자는 계산을 했다고 볼 수 있다. ICBM으로 미국에 사인을 보냈지만 바로 미국 대통령을 만나는 것은 비현실적이라고 판단했을 테니까. 우리는 결과적으로 중재자·조정자 역할을 했다고 자부할 수 있지만, 문재인 대통령 등에 업혀서 미국 대통령을 만나야겠다는 계산은 김정은 국무위원장 쪽에서 한 거다. 북한이 어떻게 보면 계산이 빨랐다.

북한으로서는 이 경험을 통해 미국과 톱다운 방식으로 협상을 할 가능성을 발견했고 남북 간에도 실무회담보다는 정상회담을 그 통로로 삼자고 판단한 것 같다. 김정은 국무위원장은 문재인 대통령이 입에 달고 살았던 평창올림픽 참석을 들어주면서, 그 평계로 문재인 대통령을 통해 트럼프 대통령에게 친서를 전달하고, 트럼프 대통령이 북미관계 개선에 대한 자신의 진정성을 알아주기 바란 거다. 2018년 '한반도의 봄'은 이렇게 해서 시작이 됐다.

어쨌든 문재인 정부 입장에서는 임기 초인 2018년 평창올림픽에 북한이 참석만 해줘도 모양새는 나쁘지 않게 된 것이다. 나아가서는 그걸 계기로 북한을 우리 페이스로 끌어들일 수 있는 가능성도 그만큼 커졌다고 할 수 있다. 2018년 3월 5일 우리 특사단은 북한에 가서 김정은 국무위원장한테 직접 들은 얘기들로 북측 나름의 계산을 감지할 수 있었고, 그걸 토대로 우리가 북미관계의 중재자, 조정자 역할을 할 수 있겠다는 계획을 세울 수도 있었던 것이다.

트럼프 대통령을 만나려고 하는 김정은 국무위원장의 계산된 행동은 '화살처럼 날아가는 기회'였는데 문재인 대통령이 낚아챈 셈이다. 2018년 한 해는 김정은 국무위원장도 운이 좋았지만, 결과적으로 문재인 정부도 많은 업적을 낼 수 있었다.

강고한 기득권의 세계, 군산복합체

2018년 6월 12일 싱가포르에서 열린 북미정상회담에서 트럼프 대통령과 김정은 국무위원장이 만나 그야말로 의기투합한 것 같다. 3 대 3으로 마주앉아 회담을 한 결과 공동합의문이 나왔다. 1번은 새로운 북미관계 수립인데, 요컨대 북미 수교를 하겠다는 뜻이었다. 2번이 휴전협정을 평화협정으로 교체한다는 내용인데, 종전선언을 하고 미국이 북한에 대한 불가침을 보장한다는 거다. 그동안 북한이 주제가처럼 불러왔던 북미 수교 그리고 미국이 군사적으로 북한을 치지 않겠다는 약속, 그게 1, 2번이다. 3번은 한반도의 비핵화, 4번은 6.25 전쟁 중에 북한 지역에서 전사한 미군의 유해를 발굴해서 송환해 준다는 거였다. 즉, 미국의 요구를 들어준다는 거다. 그렇게 회담을 끝내고 트럼프 대통령은 일정에 없던 기자회견을 자청해서 "(회담이) 잘됐다, 북핵 문제를 풀려면 종전선언이라는 입구로 들어가야 한다"고 얘기했다. 종전선언이 입구라는 얘기를 트럼프 대통령이 먼저 했다.

미국은 1993년 3월 북핵 문제 발생 이후 일관되게 북한의 비핵화가 먼저라고 주장해 왔는데, 트럼프 대통령이 김정은 국무위원장을 만나서 '한반도의 비핵화'라는 표현을 쓴 걸 보고서는 모두 놀라지 않을 수 없었다. 아마도 미국 실무자들은 겁이 났을 거다. 실무자들 입장에서 볼 때는 종전선언까지 약속하는 트럼프 대통령한테 이 문제를 맡겨뒀다가는 미국 군산복합체의 이해관계가 다 무너져 버릴 수도 있으니 말이다. 무너지더라도 서서히 무너져야 준비라도 하는데 갑자기 무너지게 생긴 거다. 미국 경제는 무기 수출로 유지된다. 군산복합체에 생산품과 양을 배분하는 것이 미국 대통령의 가장 중요한 일이다.

지금 동북아 지역에서 미국의 헤게모니와 군산복합체는 표리관계이다. 미국이 계속 패권을 잡고 영향력을 유지하려면 악마화된 적enemy이 하나 있어야 한다. 그동안 북한이 그 적 노릇을 해왔다. 그런데 트럼프 대통령이 그 악마와 새로운 관계를 수립하도록 그냥 놔둔다면 미국 군산복합체의 입지가 매우 좁아질 수밖에 없다. 무기 시장이 없어지거나 좁아지기 때문이다. 미국의 웬만한 관리들은 정부에서 일하며 정책을 수립하다가 퇴직 후 군산복합체와 연결된 단체로 가거나 싱크탱크에 들어가서 군산복합체와 연결된 프로젝트를 맡아 돈을 벌다가 또다시 정부로 들어간다. 결국 같은 먹이사슬 속에 있다. CIA 국장을 지낸 당시 국무장관 마이클 폼페이오^{Michael Pompeo}도 이런 군산복합체의 카르텔 속에 있다고 봐야 한다. 폼페이오 국무장관이 2018년 7-8월 두 달 동안 평양에 세 번 갔다. 가서 1번, 2번 다 떼고 한반도 비핵화를 위해서는 북한의 비핵화부터 시작해야 하니 북한 비핵화 얘기부터 하자고 했다. 북한은 당연히 1, 2, 3번이 같이 가야 한다 하면서 버텼고 진도는 더 나가지 못했다. 폼페이오 국무장관은 미국으로 돌아가서 '안 되겠다. 북한의 논리대로 1, 2, 3번을 동시에 진행하면 우리가 설 자리는 없다. 솔직히 북핵 문제는 해결되지 않는 것이 차라리 낫다. 북한이 핵을 가지면 남한은 겁이 나서 우리 무기를 많이 사겠지만, 우리는 겁날 게 없지 않느냐. 그렇다면 우리는 북핵 문제를 풀 것처럼 하면서 시간을 끌고, 북한의 핵능력이 고도화되는 모든 책임을 북한한테 넘기면 된다'라는 계산을 했을 거다. 이건 폼페이오 국무장관 한 사람만의 생각이 아니고 미국 정부 관리 대부분의 생각일 수 있다. 공화당 의원들도 정치권 밖에서 굴러들어 온 도널드 트럼프가 대통령이 된 뒤 북핵 문제를 해결해서 노벨평화상을 받고 차기 대통령 선거에 나가는 것을 눈 뜨고 볼 수가 없었을 거다. 그래서 폼페이오 국무장관이 10월 7일 북한에 또 간다.

네 번째였다.

앞서 말했듯 북한의 핵 개발은 미국이 우리나라에게 무기를 많이 팔 수 있는 좋은 기회다. 한국의 공포가 커야 무기시장도 커지니까, 유럽에선 냉전체제가 1980년대 초에 와해됐는데 동북아 지역에서 냉전체제가 끝나지 않은 것은 미국이 원하지 않기 때문이다. 노태우 대통령이 1988년 한국이 중국·소련과 수교하고 북한이 미국·일본과 수교하는 교차 승인을 제안(7.7선언)했지만 미국은 거부했다. '위험국가 북한이 사라지면 무기 시장도 사라진다.' 미국에게 북한과의 수교는 냉전체제에서 구축된 동북아 지역에서의 미국 기득권이 깨지는 문제였다.

사사건건 발목 잡는 '한미워킹그룹'

폼페이오 장관이 북한에 다녀오더니 10월 하순에 미국 쪽에서 '한미워킹그룹' 얘기가 나왔다. 미국은 '4.27 판문점 선언', '9.19 평양 공동선언'을 그대로 놔두면 나중에 남북은 급속도로 가까워지는 반면 미국은 오리알 처지가 된다고 판단한 거다. 더구나 '9.19 군사분야 합의서'는 '4.27 판문점 선언' 내용 중 군사훈련과 관련해 합의한 것들을 구체적으로 이행하기 위한 일종의 행동계획, 실행계획이다. 여기에 포함된 내용 중 비무장지대로부터 5킬로미터 이내에서는 연대급 이상의 훈련을 하지 않는다 등등이 있는데, 미국은 이걸 결국 한국군 전시작전통제권을 가진 주한미군 사령관이 아무것도 할 수 없도록 만드는 합의라고 보았다. 지금까지 2-3만 명 정도의 병력만 가진 주한미군 사령관이 60만 명이 넘는 한국군의 상왕 노릇을 해왔는데, 미국한테 물어보지도 않고 남북이 자기네들끼리 합의한 대로 하면 장차 한미연합훈련도 맘대로 하기 어려워진다고 판단한 거다.

문재인 대통령은 대선공약에서 임기 중에 전시작전통제권을 찾아오겠다고 큰소리쳤지만 결국 미국이 이 핑계 저 핑계 대면서 안 돌려줬다. 우리 정부는 2022년 봄에는 찾아오겠다고 했는데 미국은 여름을 말했다. 차기 정부와 새로 협의할 기회를 노린 거다. 지금은 미국이 한국군을 어디로 보내라고 하면, 우리 군대는 가야 한다. 전시작전통제권을 우리에게 돌려주면 미국은 한국 군대를 마음대로 지휘할 수 없다. 군사적 협조를 구해야 한다. 그러려면 우리 말을 들어줘야 할 거 아닌가. 당면해서 중국을 압박해 들어가는 중인 미국은 중국과 가까운 북한의 요구를 절대로 들어줄 수가 없다. 그렇기에 남북 간의 다른 모든 합의들을 비핵화에 연계시켜야 한다는 판단으로, 그리고 그런 역할을 할 조정기구로서 '한미워킹그룹'을 만들자고 한 거다. 문재인 정부는 '한미워킹그룹'을 만들면 북핵 문제와 남북관계를 선순환적으로 풀어나갈 수 있으리라고 생각했을 것이다. 하지만 '한미워킹그룹'은 '4.27 판문점 선언'이나 '9.19 평양 공동선언'의 이행을 통해 남북관계를 발전시켜 나가려는 한국의 발목을 사사건건 잡았다.

결국 2018년 11월 20일 '한미워킹그룹'을 만든 이후 남북 합의 사항은 하나도 이행하지 못했다. 미국은 심지어 합의 사항에 명시되어 있지 않은 남북 간 의약품 수송도 막았다. 2019년 1월 북한에 독감이 유행하자 우리 정부는 독감 약 타미플루를 보내려고 했는데 미국이 약을 싣고 가는 트럭을 문제 삼았다. 약만 주고 돌아오는데도 수입 금지 품목인 트럭이 북한에 들어가면 안 된다며 막았다. 결국 독감 약을 북한에 보내지 못했다. 미국이 말도 안 되는 짓을 한 것이다. 협상 용어로 '원칙의 굴레'를 쓰면 이렇게 되는데, 문재인 정부의 한미관계 당국자들이 그걸 몰랐다.

북핵 문제가 불거진 후 김영삼 정부 시절인 1990년대 중반 '한미공조' 원칙이 우리에게 굴레가 됐던 적이 있다. 내가 청와대 통일 담당 외교안보비서관으로 일할 때의 일인데, 김영삼 대통령은 북핵 문제와 관련한 미국의 조치나 방침에 자주 제동을 걸었다. 그러자 1995년경 미국 쪽에서 "북핵 문제를 앞에 놓고 동맹끼리 엇박자를 자꾸 내는 건 북한을 오히려 이롭게 한다. 그러니 북핵 문제를 잘 풀어나가기 위해서는 '한미공조'라는 원칙하에 한미가 협의하고 대처해 나갈 필요가 있다"고 전해왔다. 말이 안 되는 건 아닌데 어쩐지 꺼림칙했다. 하지만 내가 담당 비서관이 아니었기 때문에 강력하게 반대를 하고 나설 처지는 아니었다. 결국 "북핵 문제를 해결하기 위해 한미가 긴밀히 공조해 나가기로 했다"는 발표가 나왔고, 외교부 쪽에서는 '한미공조' 원칙 합의는 잘된 일이라는 식의 여론이 도는 것 같았다. 그러나 이후 북핵 문제 앞에서 한미관계는 사실상 상명하복식으로 풀려가기 일쑤였다. 미국이 '한미가 공조하기로 해놓고 웬 딴소리냐'는 식으로 한국의 요구나 입장을 들어주지 않는 것 같았다. 남북회담에서도 체득한 바이지만, '원칙의 굴레'의 구속력은 막강하다. 북한이 회담 벽두에 그럴듯한 명분을 앞세워 원칙성 합의부터 하자고 나서는데, 그럴 때마다 우리 쪽 회담 대표들은 북쪽 대표단이 좋은 말로 씌우려고 하는 원칙의 굴레를 피해온 경험이 적지 않다.

'한미공조'라는 원칙의 굴레로 고통스러운 경험을 해본 사람은 그때로부터 20여 년의 세월이 흐른 2018년 어간에 우리 외교부에 남아 있지 않았을 것이다. 정년퇴직이다 이직이다 해서 후배들에게 경험을 전해줄 수 없었을 것이다. 그렇기에 미국 국무부가 북핵 문제를 빨리 잘 풀어나가기 위해서 한미의 실무자급 '한미워킹그룹'을 만들자고 했을 때 의심하기보다는 좋은 뜻으로 받아들였을 거다. 나중에 역사가들이 정리한 기록은 어딘가에 남겠지만 현장의 관리들은 매일 소화해야 하는 일정에 바빠 역사적 사실들을 살펴볼 겨를이 없다.

미국은 이런 과거의 경험들을 싱크탱크를 통해 계속 축적하고 활용하지만 우리에겐 그런 역할을 하는 조직이 없다.

그러나 싱크탱크보다 더 중요한 것은 대한민국 외교가 근본적으로 '자국 중심성'을 갖는 것이다. 현재 한국 외교의 자국 중심성은 제로에 가깝다고 말할 수밖에 없다. 현 정부건 전 정부건 외교에서 자국 중심성이 필요하다는 의식을 가진 사람이 별로 없는 것 같다. 지금 우리 관료들 중에는 '미국의 관리냐 한국의 관리냐' 하는 질문을 해야 할 정도로 미국 중심의 사고와 문화에 젖어 미국과 다른 목소리를 내는 것 자체를 좋게 보지 않는 사람이 많다고 본다. 그런 사람들이 정부뿐만 아니라 언론계에도 학계에도 정계에도 많다. 너무 많다. 우리나라가 외교에서 자국 중심성을 중요한 가치로 삼으려면 대단한 변화가 필요하다.

한편 2019년 1월 1일 신년사에서 김정은 국무위원장은 금강산 관광과 개성공단 조업은 조건과 대가 없이 바로 시작할 수 있다고 얘기했다. 김정은 국무위원장은 '4.27 판문점 선언'과 '9.19 평양 공동 선언'까지 했으니 문재인 대통령이 약속한 것을 이행하리라고 본 거다. 사전 조율도 없이 문재인 대통령이 평양 능라도 5월 1일경기장에서 15만 평양 시민들을 앞에 놓고 연설을 하게 할 정도로 김정은 국무위원장은 문재인 대통령을 믿었다. 워킹그룹은 한미 간에 협의할 문제이지 우리가 남북관계에서까지 '한미워킹그룹'에 묶여 미국의 간섭에서 빠져나오지 못하리라고 북한은 생각도 못 했을 것이다. 하지만 '한미워킹그룹' 때문에 독감 약마저도 못 보낼 만큼 남북관계는 한 발짝도 못 나갔다. 결과적으로 '4.27 판문점 선언', '9.19 평양 공동 선언'의 합의 사항들은 이행되지 못했다.

타미플루 사건과 하노이 회담 결렬

그러면서 어떤 일이 벌어졌나. 2019년 2월 27-28일, 이틀 일정의 하노이 회담 전까지 북한은 우리나라가 그런대로 미국에 영향력이 있다고 생각했고, 우리도 2차 북미정상회담을 성공적으로 끝내야 남북관계가 앞으로 나아갈 수 있다고 생각했다. 그래서 미국과 긴밀하게 협조해 하노이 회담이 잘 끝날 수 있도록 판을 짜줬다. 그걸 믿고 김정은 국무위원장은 기분 좋게 60시간 넘게 기차 타고 트럼프 대통령을 만나러 하노이까지 갔다. 사전에 한국 정부의 영향력이 미국한테 통해서 북한이 핵과 관련해 일정 정도 행동하면 미국도 화답하듯 수교 관련 협상을 점차 개시하고, 단계적으로 평화협정을 맺어 '굿 이너프 딜Good Enough Deal'로 타결되도록 한국과 미국이 조율해 이를 북한에도 통보해 준 걸로 안다. 북미 수교, 평화협정, 비핵화를 한꺼번에 일괄 타결하는 게 아니라 조금씩 추진해 나가는 방식이었다. 북한으로선 나쁘지 않은 그림이었다.

그런데 이틀 일정의 회담 중에 트럼프 대통령의 마음이 하룻밤 사이에 변했다. 회담 첫날인 27일 저녁, 만찬장에 들어가기 전 김정 은 국무위원장과 30분간 환담을 하고 나온 트럼프 대통령이 기자들 이 묻지도 않았는데 "조금 전에 우리가 20-30분 동안 한 얘기를 여 러분이 알게 되면 깜짝 놀랄 거다"라고 말했다. 김정은 국무위원장도 표정이 밝았다. 누구 할 것 없이 모두 다 잘된 줄 알았다. 남한 정부가 중재자 또는 조정자 역할을 한 결과 북미관계 수립과 평화협정 문제 그리고 비핵화 문제를 단계별로 동시에 해결해 나갈 수 있다는 믿음 이 있었기 때문에 김정은 국무위원장의 표정이 밝았을 거다. 트럼프 대통령이 그렇게 언급을 했고, 그런 말과 표정이 뉴스에도 나왔다.

그런데 트럼프 대통령이 이튿날 아침 회의에 들어가면서 "우리 에게 시간은 많다"라는 말을 했다. 이 말의 의미는 이번엔 김정은 국 무위원장한테 선물을 안 주겠다는 의미다. 그때 김정은 국무위원장 표정이 싹 굳었다. TV를 유심히 보던 나도 깜짝 놀랐다. 트럼프 대통 령이 전날 저녁에는 김정은 국무위원장과 놀랄 이야기를 나눴다고 했는데 오늘 아침에는 시간이 많다고 하다니. 뭔가 변했구나 싶었다. 아니나 다를까, 3 대 3으로 앉을 자리에 갑자기 존 볼턴John Bolton 백악 관 국가안보보좌관이 들어와서 끝자리에 앉았다. 볼턴 국가안보보좌관이 느닷없이 네 번째로 들어와 내놓은 노란 봉투에는 북한이 모든 핵을 완전히 포기하면 그다음에 경제 지원을 해주겠다는 '선 비핵화 후 보상'이라는 내용이 들어 있었다고 한다. 미국 쪽에서는 이걸 빅딜이라고 불렀는데, 완전한 빅딜 아니면 노딜이라고 나오면서 판이 깨지고 하노이 회담은 그렇게 결렬됐다. 김정은 국무위원장이 평양으로 돌아가면서 꽉 믿었던 남한 정부를 무지하게 원망했을 거다. 그런데 트럼프 대통령이 하룻밤 사이에 그렇게까지 변심해서 볼턴 국가안보보좌관을 내세우리라고는 아무도 생각하지 못했다. 북측은 그때부터 남한 정부를 믿을 수 없다는 생각이 더 강해진 것 같다.

남북관계가 이렇게 경색된 이유에는 하노이 회담이 깨지면서 한국에 대한 북한의 신뢰가 줄었기 때문이라고 말하는 사람들이 많다. 하지만, 이미 2018년 11월부터 남북관계는 다시 얼어붙기 시작했다. 앞서 말했던 '한미워킹그룹'이라는 굴레 때문이다. 참 후회스러운 일이다. 천추의 한이 돼버렸다. 2018년 2월 9일 시작한 문재인 정부의 한반도의 봄 프로젝트는 2018년 9월 19일까지였다. 2019년 한 해 동안 문재인 정부는 남북관계와 관련해서 아무것도 할 수 없었다.

악마의 디테일,
'완전한 조율'

트럼프 대통령처럼 그나마 톱다운 식으로 접근할 수 있는 미국 대통령을 만나야 한반도의 봄이 다시 올 수 있을 거다. 그렇지 않으면 미국의 국제정치적 헤게모니와 한 몸인 군산복합체가 결국 기술적으로 사보타주하면서 애를 먹일 수 있다.

2020년 1월 4일 상공회의소 강당에서 신년 하례회가 있었다. 정부 장차관, 대기업 총수, 언론인 들이 오고 나는 민주평화통일자문회의 수석부의장 자격으로 그 행사에 참석했다. 문재인 대통령이 "금년에는 작년과 달리 남북관계가 좀 앞서가면서 북미관계나 북핵 문제가 선순환될 수 있도록 하겠습니다"라고 신년 인사를 했다. '작년과 달리'라는 표현을 쓰기에, 이제는 드디어 배포 있게 나갈 모양이구나 싶었다. 문재인 대통령은 빙긋이 웃기도 하지만 어떤 때는 입을 꽉 다문다. 어렵게 살았기 때문에 필요하면 결기 있게 움직일 수 있는 사람이다. 다행이라고 생각하고 있는데 강기정 정무수석이 나한테 와서 "장관님이 자꾸 문 대통령 아무것도 못 한다고 그러는데 이제 대통령이 제대로 할 테니까 앞으로 좀 도와주세요" 하더라. 그 자리는 그렇게 끝났는데 1월 15일 정식 신년 기자회견에서 문재인 대통령이 "금년에는 작년과 달리 남북관계가 한 발 앞서가면서 북미관계나 북핵 문제가 풀릴 수 있도록 만들어 나가겠다"며 좀 더 분명하게 뜻을 밝혔다. 그런데 바로 다음 날인가 주한 미국 대사 해리 해리스Harry Harris가 '앞으로 남북관계도 한미워킹그룹에서 모든 걸 협의한 뒤에 추진해야 된다'는 식으로 얘기를 했다. 그러자 청와대에서 "부적절한 발언이다"라고 언급하고, 통일부에서도 '대사가 할 얘기가 아니다'는 식으로 상당히 반발하는 모양새를 보였다. 미국 대사가 저렇게 얘기해도 대통령이 밀고 나가겠구나, 청와대도, 통일부도 밀고 나가겠구나 하고 생각했다. 그리고 그때 우리 국민들 정서가 해리 해리스가 무슨 총독이냐고 난리가 날 만큼 미국 대사가 궁지에 몰렸다. 나는 한 인터뷰에서 해리 해리스 미국 대사를 PNG(persona non grata, 기피 인물)로 지정해 출국시켜야 한다는 얘기까지 했다. 보수 쪽에서는 평통 수석부의장이 미국 대사에게 그런 얘기를 하면 안 된다고 난리가 났다.

문재인 대통령이 큰소리를 쳤으나 결국 2020년에도 우리 정부는 남북관계에서 아무것도 못 하고 2021년으로 넘어왔다. 주재국 대통령의 방침에 토를 달고 나선 주한 미국 대사의 말 한마디가 그렇게 위력을 발휘하는 걸 보면서 좌절감을 느끼지 않을 수 없었다.

속상해 하는 와중에 미국에 새롭게 조 바이든 정부가 들어섰다. 바이든 대통령과 정상회담을 통해야만 문재인 대통령이 트럼프 대통령 시절 일궜던 북미관계나 남북관계의 연장선상에서 업적을 낼 수 있었기 때문에 문재인 정부는 참 동분서주했다. 5월 21일 한미정상회담은 미국이 움직이는 사이클에서 볼 때는 상당히 빨랐던 게 맞다. 일부에서는 일본보다 늦었다고 하는데, 미국에게 일본하고 한국은 격이 다르다. 우선 경제력 면에서 우위인 일본은 무기도 우리가 사는 것보다 더 비싸고 좋다. 자체 개발한 무기를 포함해 우리보다 군사력도 더 강하다. 일본이 우리보다 우위에 있는 건 부인할 수 없는 현실이다. 미국의 입장에서 일본은 아주 좋은 고객이자 동맹이다. 일본보다는 한발 늦었지만 1월 20일 미국 대통령이 취임한 날로부터 딱 4개월 만인 5월 21일에 한미정상회담을 한 거니, 굉장히 빨리 했다. 그날도 정상회담이 끝나고, 미국이 북한을 압박하기 위해서 인권대사를 먼저 임명하려는 것을 뜯어말려 가며 대북 특별대표를 먼저 임명하도록 한 것도 잘한 거다. 바이든 대통령이 공동기자회견 중간에 대북 특별대표로 성 김^Sung Kim 전 주한 미국 대사를 직접 소개하기도 했다. 물론 미국이 그렇게 협조적으로 나온 데는 우리 기업들이 미국에 투자를 많이 해준 덕도 있다. 미국 대통령이 직접 청중석에 있는 우리 기업 대표들을 일으켜 세워서 고맙다며 세 번이나 박수를 쳤다.

그런데 함정이 있었다. 나는 공동성명문에서 "남북 대화와 관여 그리고 협력을 적극 지지한다"는 문구만 보고 바이든 대통령이 남북 관계 선행론을 인정한 걸로 해석하고는 이번에 정상회담이 잘됐다고 얘기를 했다. 그런데 문정인 교수에게서 그 뒤에 아주 고약한 문구가 있다는 말을 들었다. "이런 모든 것들은 한미 간에 완전한 조율을 거쳐서 시행한다." '완전'이라는 말이 나쁘지 않고 '조율'이라는 말 역시 나쁘지 않지만 '완전한 조율'은 결국 90년대 중반의 '한미공조'나 트럼프 정부 때 만든 '한미워킹그룹'과 같은 의미다. 결국 문재인 정부는 바이든 정부가 움직이지 않으면 아무것도 할 수 없는 함정에 또다시 빠진 거다.

그래도 문재인 대통령은 초심으로 돌아가서 종전선언은 어떻게든 자기 임기 내에 끝내고 가야겠다고 생각한 것 같다. '4.27 판문점 선언', '6.12 싱가포르 선언', '9.19 평양 공동선언', '9.19 군사분야 합의서'의 정신과 내용을 떠올리면서, 그리고 평양 능라도 경기장에서 대중 연설할 때 북한 주민들로부터 열렬히 환영을 받았던 그 대통령으로서 남북관계를 원만하게 유지해 나가려면 종전선언 입구로 들어가야 한다는 책임감 때문에 9월 22일(한국 시간) 유엔총회에서 그 얘기를 꺼냈다.

그러나 '완전한 조율'에 걸렸는지, 유엔총회연설에서 종전선언 얘기를 꺼내고 연말이 다가오는 90일이 지날 때까지 종전선언은 진도가 안 나갔다. 미국은 종전선언에 협조할 생각이 없었던 것이다. 그뿐만 아니라 10월 12일 미국에서 서훈 안보실장이 백악관 국가안보보좌관을 만난 뒤 문재인 대통령이 미국 쪽에서 들은 얘기는 "종전선언에 대해서 많은 이해를 할 수 있게 됐다"는 것이었다. 속 터지는 소리다. 힘 빠지는 소리다. 아무리 정권이 바뀌었다고 할지라도 북미가 정상회담을 두 번이나 한 마당에 서훈 실장의 설명을 듣고서야 종전선언을 이해했다니……. 참나!

그러더니 우리가 외교부를 통해서 문안 협의를 하자며 쪼아대니까, 10월 27일엔가는 제이크 설리반^{Jake Sullivan} 백악관 국가안보보좌관이 "종전선언 문제와 관련해서 한미 간에 순서, 시기, 조건에 대해 관점이 다를 수 있다"고 말했다. 종전선언에 대해 분명히 선을 그어버린 것이다. 결국 미국은 북한이 바라는 조건으로 지금 종전선언은 못 해주겠다는 말이다. 문재인 대통령이 간절하게 임기 중에 끝내고 가고 싶었을지라도 미국 안보보좌관이 이렇게 나온다면 종전선언은 현실적으로 할 수 없게 된 것이다. 답답한 마음에 서훈 안보실장이 중국의 톈진까지 가서 중국의 외교담당 정치국원인 양제츠를 만나 "종전선언 하는 게 좋다"는 말을 듣고 왔다고 했다. 그러나 종전선언의 핵심 주체는 뭐니 뭐니 해도 미국이다. 북한이 요구하는 종전선언의 핵심은 북미 간에 군사적 불가침을 약속하는 것이기 때문이다. 북쪽에서는 "종전선언을 하려면 대북 적대시 정책을 먼저 철회하라, 이중 기준 적용하지 마라, 우리가 하면 도발이고 너희가 하면 억제고 자위냐"라고 따지며, 군사적 적대시 정책으로 가장 대표적인 한미연합훈련을 하지 말라는 조건을 내걸었다. 북한에게는 그래야만 종전선언이 의미가 있다는 것이다. 북한으로서는 중국이 종전선언이 좋다고 하건 나쁘다고 하건 중요하지 않고, 미국이 평화협정을 맺어 달라고 했다. 그러면 핵을 완전히 포기하겠다는 거다.

원리상 전쟁을 했던 국가들끼리 평화협정을 체결한다는 얘기는 그 두 나라가 정식 국교 관계로 넘어간다는 의미이기 때문에 수교와 평화협정, 비핵화가 나란히 갈 수밖에 없다. 아무리 김정은 국무위원장이 김일성의 손자고 김정일의 아들이고 나쁜 딱지가 많이 붙어 있지만 말은 제대로 한 것이다. 북한 사람들은 "약속을 해놨다가 우리가 조금이라도 준비가 부족해서 이행이 늦어지면 미국은 기다렸다는 듯이 유엔까지 동원해 제재를 한다"는 얘기를 한다. 약속을 어겨도 어떤 대응도 못 하는 북한의 위치에서는 미국이 자신들을 먼저 치지 않겠다는 약속을 해야만 핵을 내려놓을 수 있다는 건데, 미국은 "순서, 시기, 조건이 다를 수 있다"는 말만 했다. 결국 문재인 대통령 임기 중에 종전선언은 없었다.

미국의 동아시아 정책에 중국과 러시아, 북한은 어떤 의미가 있는가? 2차대전 이후 미국 대외정책 연장선상에서 볼 때 미국은 동아시아에서 분란의 소지를 깨끗하게 없애려 하지 않을 것이다.

애써온 문재인 정부에는
미안하지만

내가 이 긴 얘기를 하는 목적은 문재인 정부까지 우리 정부들이 걸어온 길을 쭉 뒤돌아보면서 현 정부 그리고 앞으로 들어설 대한민국 정부가 한미관계와 남북관계를 비롯한 국제관계를 어떻게 끌어가야 할지, 어떤 문제들을 어떻게 해결할 것인지에 대한 나름의 답을 찾아보려는 것이다. 그래서 미안하지만 문재인 정부의 사례도 반면교사로 삼아야 우리가 앞으로 한미관계를 포함한 외교관계에서 어떻게 해야 자주적으로 그리고 국익을 챙기는 방향으로 일을 해나갈지 교훈 또는 시사점이 나올 것으로 보인다.

문재인 정부가 처음부터 한미관계에서 미국의 입맛에 맞게, 미국과 코드를 맞춰줌으로써 협조를 끌어내려고 했던 접근법이 결과적으로 패착이었다고 본다. 처음부터 미국에게 우리 입장을 분명히 밝혀야 했다. 미국한테 우리는 다음과 같이 말해야 한다. 꼭 해야 한다.

'지금은 당신네가 인정하기 싫고 마음에 안 들지 모르지만, 우리가 관련된 문제에서는 우리가 하고자 하는 방식으로 일하지 않으면 문제 해결은 안 된다. 그동안에 우리 한국의 역대 정부 관계자들이 동맹을 강화한다는 명분 아래 미국 말을 너무 많이 잘 들어주다 보니까 결국에는 미국 뜻대로 끌려왔다. 미국 당신들이 한국은 미국이 안 된다면 바로 입장을 바꿔서 순순하게 복종을 하는 나라라고 생각하게 만들어 온 건 사실이다. 우리 선배들이 그렇게 해왔다는 사실을 인정한다. 솔직히 말해서 그때는 우리가 미국에 종속적인 입장을 취해야만 그나마 살아남을 수 있었던 시절이기 때문에 그랬던 거다. 하지만 지금은 다르다. 한국은 개도국에서 선진국으로 지위가 바뀐 나라다. 2021년 7월 유엔총회 산하 정부 간 기구 유엔무역개발회의UNCTAD에서 한국이 주로 개도국이 포함된 그룹 A(99개국)에서 선진국으로 구성된 그룹 B(31개국)로 지위가 변경됐다. UNCTAD 57년 역사에서 처음 있는 일이다. 또 전 세계의 젊은 사람들이 한글을 배우려는 시대가 됐다. 경제적으로는 G10이고 주로 미국에서 사 온 무기지만 군사적으로도 세계 6위에 위치해 있다. 미국, 중국, 러시아, 인도, 일본 그다음이 한국이고 프랑스가 우리 다음이다. 지금 한국은 군사대국이자 선진국이다. 한반도와 관련한 문제는 한국 입장에서 먼저 일을 시작할 수 있도록 위임하고 권한을 줘야 한다.'

처음부터 그렇게 틀을 짰어야 했다. 문재인 후보가 대통령에 당선된 후 대통령직인수위원회가 가동됐더라면, 인수위에서 연구한 결과들을 가지고 정부를 시작했으면 좋았을 텐데 안타깝게도 문재인 정부는 인수위 없이 출범했다. 대통령 취임하는 날 바로 국무총리, 국가정보원장, 청와대 비서실장, 경호실장 등을 소개하고 곧바로 안보실장 들어가고 청문회를 치르는 등 바빠서 5년 동안 국정을 어떻게 운영할지 로드맵을 확실하게 만들지 못한 채 시작했다. 외교 문제도 연습도 없이 바로 실전에 부딪히다 보니 열심히 뛰어다녔지만, 슈팅을 할 기회도 골을 넣을 기회도 만들 수 없었다.

2018년 10월 30일 한국 대법원은 신일본제철 강제징용 피해자에 대한 배상 판결을 내렸다. 일본 아베 정부는 거세게 반발했다. 2019년 7월 1일 일본 정부는 한국에만 변경된 수출관리운영조치, 즉 수출규제조치를 발표했다. 그러자 2019년 8월 23일 한국 정부는 일본에만 변경된 수출관리운영조치 발표에 더해 지소미아 연장 중지를 발표했다. 그러자 일본뿐만 아니라 미국의 국무부 장관, 국방부 장관, 상원, 하원, 언론, 싱크탱크 등 미국의 온갖 기관과 조직이 한국을 비판했다. 국내에서도 비판이 만만치 않았다. 한국 정부는 11월 23일 지소미아 협정 종료 통보 효력 정지를 발표했지만 강제징용 피해자 배상 문제에 대해 굽히지 않았다. 그리고 예상과 달리 한국 경제는 타격은커녕 대일 의존도를 줄이고 소재·부품·장비 산업이 강화되는 결과를 이끌어 냈다.

이 사건에서 무엇을 기억해야 할까? 일본과 관련해서 우리가 목소리를 냈고 관철시켰다는 사실이다. 일본과 한국의 국력 격차가 좁혀졌기 때문에 가능했다. 우리 경제력이 그만큼 커졌기 때문에 일본이 안 주겠다는 소재, 부품, 장비 들을 우리가 개발해서 무역 적자 폭도 줄일 수 있었다. 전화위복이 된 셈이다.

한미관계, 국력만큼 자주적으로 만들어야 할 때

프랑스도 미국이 불편하게 하면 대든다. 독일도 때로는 미국에 상당히 비판적으로 나가고 안보리 상임이사국보다도 훨씬 더 강력한 목소리를 내기도 한다. 국제적 위상이 올라간 만큼 외교에서 자국 중심성을 발휘한다. 독일 사람들의 오기나 민족성 때문이 아니라 독일이 가지고 있는 경제력 덕분이다. 경제력이 있는 나라들이 그렇게 자국 중심적으로 행동하는 걸 봤으면, G10, G9이 돼서 우리를 좌지우지하려는 일본을 걷어찰 수 있는 힘이 생겼으면, 미국과의 관계에 대해서도 다시 생각해 볼 필요가 있다. 앞으로 미국과 중국 사이의 국력 격차뿐만 아니라 한국과 미국 사이의 국력 격차도 좁혀질 거다. 나는 지금이 우리가 1960-1970년대부터 미국이 우리를 다뤄오던 오랜 방식에 순종해서는 안 된다는 자기반성을 할 때라고 생각한다. 그 토대 위에서 그러나 미국이 기분 나쁘지 않도록 우리 대한민국 외교의 자국 중심성을 강화할 수 있는 방법론을 연구해야 한다. 미국을 상대로 일부러 그럴 필요는 없지만, 결정적인 순간에 우리 자존심을 꺾으려거나 경제적인 불이익을 주려고 하면 우리는 한일관계에서처럼 당분간 어려움을 겪더라도 '우리끼리 문제 해결하겠다, 중국에서 좀 얻어다 쓰겠다'라고 할 수 있어야 한다.

그동안 우리가 사거리가 긴 미사일을 만들지 못한 것도 기술이 없어서가 아니라 미국이 제한한 사거리를 감히 어길 수 없어서였다. 사거리 제한의 완전 폐지가 2021년 5월 21일 워싱턴 한미정상회담에서 확정됐는데 미사일 사거리를 늘리는 기술 원천은 미국이 아니라 러시아에서 왔다. 우리가 미국에 종속적일 수밖에 없는 가장 큰 이유는 기술 이전 때문인데 미사일 문제에 있어 미국은 기술도 주지 않을 거면서 발목만 잡고 있었다.

무엇보다 전시작전통제권은 반드시 찾아와야 한다. 전시작전통제권을 미국에 맡겨놓는 한 군사주권은 없다. 군사주권도 없는 나라가 무슨 외교주권을 행사할 수 있겠나.

원론적인 얘기를 해보자. 모든 국가의 외교정책의 첫 번째 목표는 안보다. 그리고 안보의 최우선 전략은 자주국방이다. 북한이 위험하지만 북한 정도는 억제할 수 있고 상대할 수 있다는 자신감을 가져야 한다. 경제력으로 보나, 군사력으로 보나 우리가 자주국방으로 가도 되는 상황이 됐다. 안보 면에서 자주국방에 비하자면 부차적인 방법론에 불과한 동맹만이 안보의 전부인 것처럼 생각하지 말자. 우리가 과거와 달리 고분고분하지 않을지라도 미국은 주한미군을 못 빼 간다. 우리 바로 옆에 중국이 있기 때문에 절대로 그런 짓을 할 수 없다. 우리가 전시작전통제권을 갖고 나면 외교의 자주성도 훨씬 높아질 거다.

국가 외교정책의 두 번째 목표는 번영인데 한국은 지금 G10이다. K-Pop 등 K-컬처 인기와 더불어 세계적으로 한글을 배우려는 젊은이들이 많아졌으니 이제 할 말은 좀 하면서 살자. 그 대상이 미국이면 어떠냐.

국가 외교정책의 세 번째 목표는 권위다. 경제적으로 번영하고 문화적으로 선진국이 되다 보니 나라의 권위도 30-40년 전에 비해 엄청나게 올라갔다. 올라갔으면 올라간 만큼 처신하고 행세해야 한다.

이렇게 번영하고 권위까지 올라간 나라가 왜 아직도 속국처럼 사나. 외교도 국격에 맞게 해야 한다. 북한은 힘도 없는데 소련·중국한테 대들었다. 우리는 힘이 있으면서도 미국한테 대들 엄두를 못 냈다. 미국과 원수지자는 게 아니다. 미국의 힘이 빠지니까 짓밟자는 말도 아니다. 미국과는 불가분의 관계로 얽힌 과거가 있어서 죽었다 깨어나도 떨어질 수 없는 부분들이 있다. 그대로 놔둬야 하는 부분들은 두고 우리의 이익을 위해서는 좀 더 우리 뜻대로 움직이자는 말이다. 기술 투자든 시설 투자든 중국에서 돈을 더 벌 수 있으면 미국과 약간 불편한 관계가 되더라도 중국과의 관계를 발전시켜서 무역 흑자를 더 내야 하지 않겠나. 미국이 투자를 요청할 정도로 우리나라 경제의 몸집이 커졌는데 아직도 어린애처럼 미국 울타리 안에서 살던 시절에 가졌던 태도로 미국을 떠받들고 미국 뜻대로 순종하면 무시당할 수밖에 없다. 우리가 힘이 있어도 여전히 매달리면 미국은 우리를 계속 만만하게 보고 함부로 해도 된다고 여길 것이다.

그리고 미국이 잘못한 것은 제대로 지적해야 한다. 특히 북핵 문제에 대해서는 미국의 게으름과 약속을 깬 잘못들을 짚어야 한다. 북한이 요구한 단계적 이행이 일리가 있으니까 미국도 싱가포르에서 북한과 합의한 게 아닌가. 싱가포르 합의는 미국이 깼다. 미국이 그런 식으로 약속을 깬 게 한두 번이 아니다. 북핵 문제를 이렇게까지 만든 건 한국이 아니라 북한과 미국이다. 책임의 크기로 따지면 미국 쪽이 더 크다. 그런 사실들을 우리도 알고 있어야 하고 지적해야 한다. 우리를 만만하게 볼 수 없도록 만드는 노력은 우리 스스로 해야 한다.

군산복합체를 뚫을 현실적 전략의 모색

우리가 외교에서 자국 중심성을 가지고 평화 체제를 만들고 지키려면 미국 군산복합체의 방해를 뚫고 가야 한다. 그러려면 먼저 남북이 한 덩어리가 돼야 한다. 그리고 미국한테 이렇게 말해야 한다. '우리는 북한과 평화협정 체결해서 사이좋게 살 테니까 미국 너희는 인정하든지 말든지 알아서 해. 그리고 당분간 미군은 그대로 있어도 좋아.' 우리와 북한이 이렇게 합의해 나가다 보면 나중에 서로 긴밀하게 협력하는 관계가 되고, 북한도 국제정치적으로 영향력이 커지면서 미국과 협상을 할 수 있을 것이다. '미군 너희가 남한에 있는 걸 전제로 북한과 평화협정 할래 안 할래. 이제 우리는 딱히 너희가 필요하지 않아. 그러나 중국 등등 여러 가지 이유와 목적으로 미군이 평택에 있어야 한다면 그건 우리가 눈감아 줄게. 북한도 용인했어. 대신 그 대가로 우리가 북한과 체결하는 평화협정에 너희들이 도장을 찍어. 승인해.' 그런 식으로 미국과도 거래를 해야 한다.

더불어 군산복합체의 이해를 뛰어넘는 전략이 필요하다. 나는 훨씬 더 복합적인 전략이 필요하다고 생각한다. 단순한 전략 가지고는 안 된다.

미국 중심의 동아시아 국제질서에서 넘버2의 지위를 누리고 있는 일본을 보자. 일본은 미국의 군산복합체를 주무른다. 일본은 재벌들이 낸 돈으로 미국의 국회의원들이나 싱크탱크에 있는 이른바 전문가들을 관리한다. 미국이 일본의 이익에 도움이 되는 정책을 세우도록 글을 쓰거나 대정부 질문을 하는 사람에게는 응당한 보상을 한다. 그렇기 때문에 미국 정부는 일본을 무조건 지지하는 정책들을 낸다. 일본 재벌들은 이 돈을 기꺼이 낸다. 자본주의 나라에서는 자본의 힘을 빌려야 하는데 우리 기업들은 아직 그것까지 생각을 못 하고 있다. 물론 미국이 나가려고 하는 큰 방향과 반대로 가서 우리 국가이익만 챙길 수는 없다. 게다가 우리 국민들 50퍼센트 이상이 미국과 항상 같이 가야 한다고 생각하는 상황에서 미국을 거스를 수는 없다. 하지만 그런 상황 속에서도 우리 국가이익을 자주적으로 챙길 수 있는 여지를 만들려면 우리 기업들이 미국의 소위 오피니언 리더들, 오피니언 메이커들을 우리 편으로 만드는 데 힘을 써야 한다. 보수가 됐건 진보가 됐건 대한민국이 자국 중심적인 외교를 해나가고 주도적으로 남북관계를 발전시켜 나가고 싶으면 결국 로비밖에 방법이 없다. 일본재단Nippon Foundation처럼 우리도 재벌들이 돈을 내서 미국의 동아시아 정책과 한국에 대한 정책이 우리한테 유리하게 입안되고 추진될 수 있도록 로비를 해야 한다. 물론 이 과정에서 정경유착이 일어나거나 심화되지 않도록 안전장치도 마련해야 할 것이다. 우리나라 관료들도 이전과 달라진 우리의 국격을 현실에 맞게 인식하고, 새로운 전략 틀을 가지고 외교를 해야 한다.

지금 힘 있는 나라가 영원히 강자로 남는 건 아니다. 이문열 작가가 쓴 〈우리들의 일그러진 영웅〉(1987)을 보면 엄석대라는 놈이 초등학교 때 엄청나게 덩치가 크고 무서워서 주인공이 꼼짝 못 했는데 나중에 커서 다시 보니까 그렇게 초라해 보일 수가 없더라는 내용이 나온다. 미국이 그 정도가 됐다는 건 아니지만, 한때 군림하던 나라들도 언젠가는 그렇게 상대적으로 초라해질 수 있다.

잊지 말아야 할
투자 리스트

전 정권에서 투자한 것을 다음 정권에서 협상의 레버리지로 사용할 수 있을까?

문재인 대통령 때 우리 반도체 기업들이 미국에 공장을 짓는 등 투자 약속을 많이 했다. 한국 입장에서는 미국한테 호의를 베푼 건데 이것을 윤석열 정부에서 협상의 지렛대로 쓸 수 있을까? 물론이다. 지렛대가 된다. 윤석열 정부가 쓰고자 하기만 한다면 협상을 우리에게 유리한 쪽으로 끌고 갈 재료가 된다.

2021년 백악관 공동기자회견 자리에서 바이든 대통령은 문재인 대통령을 수행하는 우리 기업인들을 일으켜 세워 "Thank You"를 세 번이나 연발했다. 그만큼 우리 기업들이 투자를 많이 했고, 이건 우리가 미국에 베푼 큰 호의다. 한국 기업이 미국에 일자리를 만들어 줬고 그것이 바이든 대통령의 표로 돌아올 테니까.

트럼프 대통령도 이전 정부들로부터 소외당해서 화가 났다는 백인 노동자, 앵그리 화이트 또는 땡볕에서 엎드려 일해서 목덜미가 빨갛게 됐다는 백인들, 레드넥에게 일자리를 만들어 주면서 얻은 표 덕에 대통령이 되지 않았나. 문재인 대통령 때 우리 대기업들이 미국에 진출해서 미국 국민경제를 살리고 일자리를 창출해 준 것이 대통령 선거에서 유리한 표로 전환될 테니 미국이 우리한테 뭐 좀 줘야 할 거 아닌가.

그 정도 해줬으면 북한과 협상을 시작하라고 쿡쿡 찌를 수 있는 밑자리로 충분하다. '북한의 핵과 미사일 때문에 골치 아파 죽겠는데 우리가 당신네 도와주고 있는 만큼 우리도 좀 살게 해줘라. 전쟁 준비에 쓰는 돈을 줄여 우리도 경제를 살려야 되겠다. 그러려면 빨리 북한과 협상을 해라. 북한에 대한 제재를 조금만 풀어주면서 협상을 시작하면 미국 페이스로 끌려오게 돼 있다. 그렇게 해서 북한이 경제적 목마름을 해결하는 재미 때문에 결국 미국 말을 들을 수 있도록 우리가 기반을 깔아놓을 테니 먼저 움직이는 것을 말리지 말아달라.' 적절한 시점에 이렇게 미국한테 말할 필요가 있다.

문재인 정부 시절 우리 기업의 미국 투자는 미국에 그냥 퍼준 게 아니다. 설사 퍼줬다고 하더라도 현재 정권이 그것을 레버리지로 활용하느냐 못 하느냐는 역량의 문제다. 참모들이 대통령에게 그런 건의를 해야 한다.

4장

우크라이나 사태,
북핵 문제와 우리 외교에
어떤 영향을 미칠까?

우크라이나 사태는 우리에게 국제정치의 민낯을 보여주었을 뿐
만 아니라 북한의 핵 문제를 더욱 긴박한 국면으로 옮겨놓았다.
우크라이나 사태를 지켜본 북한은 더더욱 핵을 포기하려고 하
지 않을 거다. 그런 북한을 어떻게 상대할 것인가는 윤석열 정부
의 발등에 떨어진 과제다. 이 문제는 한미동맹 강화만으로는 해
결이 안 된다.

우크라이나가
믿은 약속

우크라이나가 미국, 영국, 러시아의 약속을 믿지 않았다면, 즉 국제정치의 냉혹함을 잊지 않았다면 핵을 가지고 있었을 거다.

우크라이나는 1994년 '부다페스트 안전보장 양해각서'로 미국과 러시아 등 6개국으로부터 핵과 미사일을 내놓으면 확실하게 체제 안전을 보장해 주겠다는 약속을 받았다. 소련 해체로 핵무기를 보유하게 된 카자흐스탄과 우크라이나, 벨라루스를 비핵화하기 위해 미국 여야가 공동 발의해서 거의 만장일치로 통과시킨 넌-루가^{Nunn-Lugar}법에 따라 미국이 돈을 대고 소련이 핵무기 해체 군사기술을 제공하기로 했다. 미국, 러시아에 더해 유럽의 강자인 영국까지 우크라이나에게 수교와 경제 지원, 체제 안전 보장을 약속했다. 인접 국가인 벨라루스, 폴란드도 우크라이나의 보호를 약속했다. 과거 소련 땅이었던 국가들의 약속은 중요하지 않겠지만, 어쨌든 이들도 우크라이나 보호 약속에 동참했다.

지난 2022년 2월 우크라이나를 침공한 러시아 군대를 막는 데 결국 누가 나섰나. 미국 다음가는 군사강국인 러시아가 국경을 맞댄 우크라이나를 치고 들어오는데 미국은 최강국이지만 멀리 떨어져 있기 때문에 손을 못 쓴다. 그나마 러시아를 경제적으로 압박한다는 미국의 말에 영국은 적극적으로 동조하지만 프랑스만 해도 한 발 거리를 뒀다. 앞서 말했듯 프랑스는 미국한테 삐쳤으니까. 호주에 핵잠수함을 팔아먹으려고 했는데 미국이 중국을 압박하는 데 호주를 끌어들이려고 핵잠수함을 호주한테 그냥 주는 바람에 프랑스가 완전히 장사를 망쳐버린 것이다. 프랑스는 미국이 상도의에서 어긋났다는 명분으로 자기 행동을 정당화하고 싶겠지만 사람들은 국제사회가 그런 데인 줄 몰랐냐고 할 거다. 외교라는 게 다 각자 실속 차리는 일이고, 호주가 프랑스한테 의리 지킬 일이 뭐 있나. 호주는 기본적으로 영국 편이고 영국은 미국 편이다. 프랑스의 잠수함 장사가 그만큼 성사됐던 건 어떤 면에서는 그때 운이 좋아서 아니었겠나. 게다가 프랑스는 앵글로색슨이 아니다. 과거에 영국의 식민지였다가 독립하면서 영연방을 구성한 호주, 뉴질랜드, 캐나다는 완전히 미국 편이다. 주요 국제정치 문제에서 영연방 국가들은 영국과 보조를 같이하니까 미국은 영국 단추만 잘 누르면 영연방 국가들이 우르르 따라 들어온다. 그나마 믿을 수 있는 계보끼리 움직이는 조폭 세계처럼. 영연방은 동남아와 아프리카에도 있다. 인도, 말레이시아, 싱가포르, 남아프리카공화국, 케냐 등등. 그러니까 영연방 내지는 앵글로색슨들이 함께 움직여서 손해를 봤던 프랑스나 독일은 때로 미국과 보조를 맞추지 않고 엇박자로 움직인다.

우크라이나가 무자비하게 짓밟히는데, 러시아가 핵무기를 쓰겠다는데도 미국은 말뿐이지 행동을 못 한다. 그러니 우크라이나가 1990년대 초에 미국과 러시아의 약속을 믿고 그 감언이설에 속아 핵을 내놨던 것이 불행의 원인이 된 것이다.

더 거슬러 올라가 보자. 영국과 미국의 합작품인 2003년 리비아 핵 개발 계획 포기 사건. 카다피는 핵을 개발하지 않겠다고 약속하면 미국이 경제 지원도 해주고 수교도 해준다는 약속을 믿고 핵 개발을 포기했다. 그리고 경제 지원이 들어왔고 3년 후인 2006년 미국과 수교도 했다. 그러나 수교 이후에 미국 쪽 공작의 결과라고 볼 수밖에 없는 반군이 생겨나면서 정부군과 반군이 싸우는 와중에 2011년 10월 20일 카다피는 길거리에서 나토의 지원을 받은 반군의 총에 맞아 죽었다. 카다피가 미국과 영국의 선의를 믿지 않고 계속 핵개발 노력을 했더라면 그런 일은 절대로 없었을 거다.

우크라이나도 미국과 러시아의 선의, 더 노골적으로는 감언이설에 속아서 150개나 되는 핵폭탄과 1,700개의 미사일을 팔지 않았더라면, 핵폭탄을 10개라도 가지고 있었다면 저런 꼴은 안 당했을 것이다. 미사일이 100개만 있었어도 그렇게 건드리지 못한다. 아무것도 없다고 러시아가 마음 놓고 두들겨 패는 거다.

북한에게 이제
CVID는 없다

"우크라이나가 핵을 가지고 있었다면 푸틴이 치고 들어가지 못 했을 것이다"라고 앞서 이야기했는데, 바로 그 대목에서 북한한테는 교훈적 의미가 있다.

우크라이나가 무방비 상태에서 러시아로부터 참혹하게 짓밟 히는 걸 보면서 북한은 수교, 평화협정 그런 미국의 선의를 믿는다는 것 자체가 어리석다는 생각을 안 할 수가 없다. 북한은 이제 CVID는 절대로 안 된다고 생각할 거다. 핵 보유를 기정사실화하고 핵을 가진 상태에서 수교를 해야 한다는 생각을 굳혔을 것이다. 게다가 북한은 그동안 놀고 있지 않았다.

2018년 '6.12 싱가포르 북미정상회담' 때는 평화협정을 체결해 주고 북미 수교해 주면 핵을 포기하기로 약속했는데, 그 뒤에 미국 이 계속 평화협정도 북미 수교도 나중에 하자며 말을 바꾸고 비핵화 부터 하라며 순서를 뒤집으니까, 북한은 셈법이 틀렸다고 반발하면 서 북미 접촉에 나가지 않았다. 북미 접촉에 나가지 않는 그 기간 동 안 북한은 화성 17형 개발에 성공했다고 과시할 정도로 꾸준히 핵미 사일 능력을 강화했고 7차 핵실험을 위한 갱도 보수 작업을 2022년 3월 6일부터 시작했다. 2018년 5월에 다시는 핵실험 안 한다는 의지의 표현으로 2호, 3호, 4호 갱도를 다 폭파했는데 갱도만 깨졌지 굴은 살아 있었던 모양이다. 근데 헌 집 고치기가 새집 짓기보다 어렵다고 갱도를 복구하려다 보니 시간도 많이 걸리고 생각지도 않았던 돈이 많이 들어가서 옆으로 새 길을 낸다는데 그건 2022년 5-6월에 끝났다. 7차 핵실험을 앞둔 마당에 북한은 이렇게 생각할 거다. '우리는 핵보유국이다. 그러니 앞으로는 CVID 같은 거 생각하지 않고 우리가 핵을 가졌다는 것을 기정사실로 두겠다. 미국도 인정할 수밖에 없도록 만들겠다. 남조선은 말할 것도 없고 일본도 물론이다. 그런 조건에서만 우리가 핵무기를 다른 데 안 판다는 핵 비확산 협상은 할 수 있다. 미국이 두려워하는 IS나 미국과 사이가 나쁜 이란에는 핵폭탄을 안 팔겠다. 미사일도 안 주겠다.'

미국은 북한의 핵 보유를 기정사실화하는 협상을 할 수밖에 없는 상황으로 몰릴 거다. 우리는 그게 가능성 낮은 최악의 상황이 아니라 가능성이 높은 상황이라고 생각하고 대비해야 한다. 한미동맹 강화로 CVID 시킬 수 있다? 꿈도 꾸지 마라. 그런 헛된 꿈속에서 헤맬 때가 아니다. 다시 한번 강조하지만, 우크라이나 사태를 지켜본 북한은 절대로 핵을 포기하지 않을 것이다.

북한의 6차 핵실험은
5+1차가 아니다

"시작이 반이다"라는 속담이 있듯이 핵실험도 첫 번째가 중요하다. 그리고 5차 핵실험이 중요한데 5차까지 하고 나면 일반적으로 '사실상의 핵보유국'으로 인정된다고 봐야 한다. 그런데 북핵 문제에서 6차 핵실험은 특히 더 중요하다. 그 이유는 6차라는 차수가 단순히 5+1이 아니어서다. 6차 핵실험에서 수소탄의 원리를 실험했다는 북한의 발표 때문이다. 수소탄 원리를 실험했다는 것은 미국을 겁주려는 의도였고, 그래서 미국이 움직였다. 미국, 러시아, 영국, 프랑스, 중국이 가졌다는 수소탄의 위력은 원자탄보다 훨씬 더 크다고 한다. 6차 핵실험에서 수소탄 원리를 시험했다면 7차 핵실험 역시 수소탄이 될 가능성이 높다. 또는 기왕에 5차까지 성공했던 핵폭탄의 크기를 소형화하고 경량화하는 실험일 수도 있다. 7차 핵실험이 수소탄이면 미국이 절대로 가만 있지 않을 거다. 북한을 때려 죽인다는 얘기가 아니라 서둘러 협상을 할 거라는 얘기다. 그때는 미국이 어떻게든지 북한의 핵이 더 이상 확산되지 않도록, 즉 북한이 핵무기를 다른 나라에 팔지 않도록 북한과 협상을 할 거다. 지금 미국과 적대관계에 있는 나라들이 많지 않나. 북한이 핵무기를 그런 나라한테 팔면 미국한테는 커다란 위협이 되지만 북한은 떼돈을 벌고 그 돈으로 경제를 살릴 수도 있다. 북한에게는 핵 확산이라는 또 다른 카드가 생기고 그 카드가 쓰일 때 한국은 낄 자리가 없을 것이다.

북한이 7차 핵실험에서 소형화·경량화된 핵폭탄 실험에 성공한다면 우리는 아주 어려워진다. 단거리 로켓에 탑재할 소형화된 핵폭탄이라면 그건 대남 위협용이 될 수밖에 없다는 점에서 문제가 복잡해진다. 원래 북한의 핵 전략은 미국이 북한을 공격해 들어올 때 자위 수단으로 쓰겠다고 개발을 시작했지만, 미국이 북한의 비핵화를 요구하는 경우에는 협상용으로 쓸 요량이었다. 실제로 북미가 북핵 협상을 할 때는 북한은 핵을 포기하는 대가로 수교나 평화협정, 또는 경제 지원을 요구했고, 미국은 그런 북한의 요구를 들어줄 것처럼 했다. 그런데 미국의 정권이 여러 번 바뀌고 북핵 협상 전략도 자주 바뀌는 동안 북한은 대미 방어용 수단, 대미 협상용 카드로 쓰던 핵무기의 용도를 실제 공격용으로 바꿨다. 북한은 2022년 9월 8일 최고인민회의에서 "앞으로 비핵화는 절대 하지 않을 것이며 핵 협상도 하지 않겠다"는 방침을 법으로 못 박고 핵무기를 사용할 수 있는 다섯 가지 경우를 명시했다. 요컨대 남한이 미군과 함께 '북한을 공격하는 경우, 또는 그런 공격이 임박했다고 판단되는 경우에는 핵무기를 선제적으로 쓸 수 있다'고 했다. 자위용·방어용에서 대남 공격용으로 쓰일 수 있는 가능성을 열어놓은 것이다. 핵무기를 대남용으로 쓰기 위해서는 사거리가 400-600킬로미터 미만 미사일에 탑재

해야 하기 때문에 폭탄의 탄두가 소형화·경량화될 필요가 있다. 7차 핵실험에서 북한이 핵폭탄의 소형화·경량화에 성공할 경우 우리에게는 큰 위협으로 다가올 수밖에 없다. 혹시라도 핵폭탄을 장착한 미사일이 서울과 같이 휴전선에서 가까운 수도권에 떨어지면 핵폭발의 피해가 북한까지 가겠지만, 먼 곳을 겨냥해 발사한다면 평양은 안전할 수도 있다. 일본 히로시마나 나가사키에 떨어진 핵폭탄이 거기서는 큰 재앙이었지만 도쿄나 오사카, 나고야는 괜찮지 않았나. 이럴 경우 한미동맹을 강화해도 사실 큰 소용이 없다. 7차 핵실험이 소형화시켜 파괴력을 낮춘 전술 핵이라면 우리가 공포의 도가니에 빠질 것이고, 수소탄이라면 미국이 공포의 도가니로 들어갈 것이다. 무엇을 먼저 완성하느냐의 문제지 북한은 두 가지를 다 실험하고 있을 거다. 북핵 문제에서 우리에게 최악의 상황은 이거다. 미국이 북한의 핵 보유를 기정사실화해 주면서 비확산 협상을 해주고 북한이 실제로 경량화·소형화된 핵폭탄을 실전 배치하는 것. 이걸 어찌 막느냐가 정부의 역할이자 책임이다.

한미일 삼각동맹에서
한국의 위치

북핵 문제를 한미동맹 강화로 대응한다면 미국은 우리에게 한미일 삼각동맹을 압박할 테고 그러면 우리는 일본 밑으로 들어가게 될 거다. 하지만 북한은 북중러가 뭉친 삼각동맹에서 맨 밑으로 들어가지 않을 거다. 한국이 국제적으로 더 힘도 세고 자원도 많은데 왜 한국은 일본 밑으로 들어가고 북한은 맞설 수 있는 것일까? 북한 사람들은 1950년대 중·소 분쟁의 틈바구니에서 양쪽으로부터 시달리는 과정을 겪으면서 등거리 외교를 할 수밖에 없었다. 소련은 소련대로 중국과 다투면서 중국과 가까운 북한을 자기편으로 끌어들이려고 했고, 중국은 북한이 조그마한 나라지만 소련 편으로 가면 그만큼 불리해지니까 자기편으로 끌어들이려고 했다. 북한을 두고 소련과 중국이 줄다리기할 때 북한은 절묘하게 등거리 외교를 할 수밖에 없었다. 북한이 독자성을 키우고 싶어서였다기보다 국제정치적인 환경이 그렇게 만들었다. 중국, 소련에 비해 엄청나게 작은 나라라서 한쪽에 붙으면 죽으니까. 국제정치적인 환경이 엎치락뒤치락 바뀌는 와중에 옆에 있는 큰 나라들이 도와주지는 않으면서 간섭을 해오니 '경제에서 자립'이라는 구호 내지 정책이 나오고, 도와주지도 않으면서 자꾸 자기편에 서라고 하니까 '외교에서 자주'를 선언하게 되고, 또 남한에 군사정권이 들어서서 군사력을 키우니까 '국방에서의 자위'라는 개념을 들고 나와 혼자 살아남는 연습을 할 수밖에 없었다. 그게 주체사상으로 종합된 것이다. 그러다 보니 '자주'가 외교의 DNA가 된 거다.

우리도 미국과 그만큼 큰 나라 그 중간에 끼어 있었다면 북한 못지않은 자주적인 DNA를 키울 수밖에 없었을 텐데 우리의 국제정치적 환경에서는 미국이 유일한 강대국이었다. 6.25 전쟁 때부터 지금까지 70-80년 가까이 미국 일변도로, 미국에 붙어서 살아오다 보니 독자적으로 행동하는 것을 불안해 하는 거다. 해본 적이 없으니까. 딱 '마마보이'다. 확실하게 미국에 줄 서서 미국이 하자는 대로 따라가야 그나마 중간이라도 간다는 의존적인 외교 철학이 굳어져 있다.

그걸 벗어나려고 했던 지도자가 노무현 대통령이다. 미국과 중국 사이에서 균형자 역할을 해야 한다는 철학을 가지고 국정을 운영하려고 했는데, 보수 언론과 보수 진영에서 반발이 얼마나 컸던지 결국 균형자 외교를 포기했다. "우리 주제에 감히 무슨 균형자냐, 한미동맹이나 똑바로 챙겨라, 미국에 찰싹 붙는 것만이 살아남는 길이다"고 다들 말했는데 스스로에게 '감히', '주제에' 같은 표현을 쓰는 것이 나는 웃긴다고 생각했다. 이른바 보수 기득권 카르텔인데 그들이 어떤 사람들이냐, 해방 후 미국이 모든 걸 해결해 주는 시기에 미국에 협조하면서 이권을 챙겨왔기 때문에 이것을 잃기 싫은 사람들이다. 이들이 결국 보수 진영이 된 거다. 한때 독자적인 외교를 하고 싶어 했던 노무현 대통령 같은 사람이 버티기가 참 어려웠다. 그래도 이라크 파병과 전시작전통제권 반환을 엮어 협상하고 해결했다. 상대방의 요구를 들어주면서 내 실속을 챙기는 외교를 했다. 문제인 대통령도 대미 일변도로 나가지 않고 중국을 잘 관리했다. 박근혜 대통령 때 결정해 실행한 사드 배치를 되돌릴 수는 없었지만 당시 강경화 외교부 장관이 중국에 가서 사드를 더 이상 늘리지 않겠다는 요지의 3불정책으로 잘 설득하고 안심을 시켰다. 그래서 한한령도 좀 누그러졌다.

미국에 너무 가까이 가면
일본 밑으로 들어갈 수 있다

미국한테 너무 가까이 다가가서 한미동맹을 강화한다고 하면 미국은 틀림없이 한일관계부터 복원하라고 할 거다. 미국이 우리에게 삼각동맹을 들이미는 논리는 이렇다. '미국 중심 질서가 중국 중심 질서보다 낫지 않나. 미국 중심의 국제질서가 중국으로부터 위협받고 있는 이때 한국이 일본과 싸우면 되나. 과거사 문제는 일단 해결됐다고 치고 한미일 삼각동맹으로 중국을 압박하자.' 그런데 미국의 본심은 중국을 압박해야 하는데 힘이 예전 같지 않아 부족하니 일본의 힘을 빌려야겠고, 필요하다면 만만치 않게 힘이 커진 한국도 끌어들이겠다는 거다. 그러니 우리는 일본 밑으로 들어갈 가능성이 있다는 생각을 하면서 한미동맹을 강화하든지 외교를 하든지 하라는 거다. 지금 미국에게 한국은 일본 밑이다. 한미동맹은 절대로 미일동맹 위로 못 올라간다. 미일동맹이 훨씬 더 긴밀한 관계이기 때문에 한일 간의 문제에서 미국은 무조건 일본을 챙기게 돼 있다. 그렇기에 일본은 강제징용이나 위안부 문제 등 과거사 문제에서 우리의 요구를 무력화하는 데 미국의 힘을 빌려 쓰고 있다.

일본에서는 미국이 한국에게 쿼드에 가입하라는데 한국이 말을 안 듣는다는 식의 기사를 자꾸 흘리지만, 한국은 그런 제안을 받지도 않았다. 일본은 어떤 생각인가. 미국의 힘을 빌려 한국이 쿼드 플러스에 들어오고 지소미아도 복원해 한미동맹, 미일동맹을 한일동맹으로, 그리고 한미일 삼각동맹으로까지 발전시키려는 것이다. 그렇게 미국이 갑이고 일본이 을, 그리고 한국을 병으로 하는 위계를 만들고 싶은 거다. 일본은 다시 우리를 호령하고 지휘할 수 있는 상태를 원한다. 한국을 맨 말단 꼬붕으로 만들려는 게 일본의 본심이다. 일본은 팍스 시니카 시절에 조선이 중국 쪽에 섰던 것처럼 팍스 아메리카나에서 완전히 미국 편에 붙어서 얻은 힘을 우리에게도 부리려고 하는 거다. 지금 동아시아에 구축된 미국 중심의 국제질서 속에서 일본은 민족적 자존심이 없나 싶을 정도로 미국을 철저하게 섬기고 미국은 그만큼 일본을 돌봐준다. 일본만큼 미국한테 철저히 사대해서 자소의 혜택을 누리는 나라는 별로 없다. 중국 문화권의 사대자소가 현대 미국 중심의 국제정치 세계에서도 여전히 통한다.

윤석열 대통령이 대선 후보 시절, 토론 중에 "유사시에 (일본 자위대가 한반도에) 들어올 수도 있는 거지만"이라고 한 적이 있다. 만약 윤석열 대통령이 실제로 일본 자위대의 한반도 출병 가능성을 고려한다면 그건 크나큰 화를 자초할 수 있는 굉장히 위험한 생각이다. 실제로 자위대가 해외 출병을 해서 일제 때 일본 군인들이 했던 것처럼 한반도에서 줄 맞춰 구호 외치면 국민 정서는 엄청나게 나빠질 거다. 국민들은 6.25 전쟁 경험 때문에 우리를 도와줬던 미군이 우리 땅에 와서 활개 치는 것을 나쁘지 않게 생각한다. 하지만 일본군이 와서 활개를 치면 일제 35년을 체험하지 못했던 어린애들도 악몽으로 여길 것이다. 역사책에서 그렇게 배웠으니까. "프라이팬 뜨겁다고 뛰다가 불 속에 빠진다"는 영어 속담이 있다. 북한 때문에 한미동맹 강화하려다가 결국 한미일 삼각동맹의 굴레 속에 빠져 3등 국가가 될 것이다. 친미하다 종일從日로 빠질 수 있다.

게다가 한미일 삼각동맹은 북한의 위협을 줄이는 데 도움이 안 된다. 한미일이 삼각동맹으로 뭉치지 않으면 북중러도 한 덩어리가 안 된다. 그런데 한일동맹을 맺어 한미일 삼각동맹이 되면 북중러도

한 덩어리가 되고 만다. 그러면 당연히 동북아 지역의 긴장도가 높아지고 그 위험의 최전선에 한반도, 한국과 북한이 있는 거다.

우리는 미국을 쫓아다닐 게 아니라 설득해야 한다. 한국은 당연히 미국과 동맹을 강화하는 목적을 미국이 불리한 약속도 지키도록 하는 것으로 삼아야 한다. 이것이 한국 외교가 가야 할 길이고 대한민국 외교에서 자국 중심성을 확립하는 길이다.

북핵 문제를 푸는 다른 시각, 남북연합

우리에게 제일 좋은 것은 미국이 북핵 문제 협상에서 전향적인 자세로 나오도록 설득해 협상을 시작하게 하고, 그 협상의 결과로 북한이 핵을 완전히 포기하는 거다. 이것이 가장 바람직하다. 핵이 없는 남한이 핵을 가진 북한과 협상을 하면 절대적으로 불리하다. 핵을 쓸 것처럼 위협하면서 우리의 양보를 요구할 테니까. 우리는 어떻게든지 미국을 설득해서 북핵 협상을 빨리 시작하도록 해야 한다. 하지만 미국이란 나라가 북한처럼 조그마한 나라가 기어오르며 요구하는 걸 다 들어주면서 문제를 해결하지 않는다. 그냥 밀어붙이거나 이런저런 핑계를 대면서 자꾸 미적거리다가 새로운 문제가 제기되면 그 문제에 달라붙는 식이다. 문제가 해결되기보다는 뒤로 밀려서 일상이 되게 만든다. 북한으로부터 핵과 미사일을 뺏어내려면 그만한 보상을 줘야 하는데 미국은 그럴 생각이 없는 것 같다. 미국에게는 북한의 핵 10여 개보다 더 중요한 것들이 많다. 우리만큼 절박하지 않기 때문에 성의를 보이지 않는다. 7천 개가 넘는 핵폭탄을 가지고 있는 미국 입장에서 북한이 핵폭탄을 100개 가졌다 한들 우스우니까. 그런데 북한은 미국이 미적거리는 틈새를 이용해서 핵능력을 강화해 왔고 우리는 북한이 100개가 아니라 10개의 핵만 가지고 있어도 전전긍긍할 수밖에 없다. 미국은 우리와 입장이 다르다. "저 아니면 남"이라고, 특히 국제정치의 세계에서 혈맹이건 동맹이건 내 나라가 아니면 다 남의 나라이다. 우리가 미국과 아무리 친밀한 관계를 유지해도 우리가 미국이 될 수 없고 미국이 절대로 우리의 입장에 설 수 없다는 사실을 잊지 말아야 한다. 우리가 잘해주면 미국이 우리의 이익을 먼저 챙겨줄 것이라고 착각하지 말아야 한다.

북한은 우리 한국이 뭘 해주면 핵과 미사일을 포기하겠다는 게 아니다. 미국이 수교를 약속하고 군사적으로 치지 않겠다는 평화협정을 체결해 주는 한편 미국의 영토에 북한의 대사관을, 북한의 영토에 미국의 대사관을 설립해야 핵과 미사일을 내려놓겠다는 거다. 우리 힘만으로는 해결할 수 없는 문제이지만, 미국만 믿고 있을 수도 없다. 미국과 북한의 협상이 지지부진한 채 시간이 흘러 북한이 사실상의 핵보유국이 돼버린 상황에도 대응할 전략이 있어야 한다. 미국이 북한을 핵보유국으로 인정하지 않고, 북한 비핵화를 정책 목표로 내걸지도 않는다면 우리는 핵을 머리에 이고 사는 형국이 돼버린다. 적어도 북한이 우리한테는 핵을 쓰지 않도록 만들어야 할 것 아닌가. 그것이 한국 외교의 과제다. 무조건 미국에게 북한 핵을 억제해 달라고 부탁하겠다는 접근으로는 위험을 줄이기 어렵다.

우리는 결국 을의 입장이 될 수밖에 없지만 비굴한 을이 되지 않을 길을 찾아야 한다. 궁극적으로는 우리와 중국의 관계처럼 북한이 우리에게 의존하도록 만들어야 한다. 우리 경제가 중국에 의존하는 비중이 크니까 중국을 무시할 수 없지 않나. 경제를 비롯해 여러 부분에서 북한과 협력하면서 그 길로 가야 한다. 경제적으로 북한과 협력관계가 긴밀할수록, 즉 북한이 경제적으로 남한에 의존할수록 북한은 우리를 도발하기 어렵다. 북한과의 경제적 협력은 우리에게 새로운 경제 성장 기회가 되기도 할 것이다.

북한이 미국에게 핵과 미사일을 흔들면서 벼랑끝전술을 쓸 수 있을지라도 우리에게는 도발하지 않도록 하는 길로 가야 한다. 북한이 우리에게 일관되게 요구한 조건은 한미군사훈련을 하지 말라는 거였다. 하지만 한미군사훈련은 반드시 필요하다. 사실 그런 훈련을 통해서 실전 능력을 키워야만 전쟁이 발발했을 때 대처할 수 있으니까. 다만 실전 능력을 키우는 동시에 북한이 겁을 내지 않을 정도로 훈련 규모를 줄일 수는 있지 않겠나.

북한과의 관계에서 군사적인 긴장 완화와 경제협력을 연결할 수 있다. 북한이 우리를 군사적으로 위협하면 그들이 먹고사는 데 바로 타격이 올 수밖에 없을 정도로 남한과 얽히고설키도록, 즉 경제적으로 의존도가 높아지도록 구조화해야 한다. 우리는 핵을 가지고 있는 중국, 러시아와도 수교했다. 우리에게 중국과 러시아의 지정학적 조건은 북한과 크게 다르지 않다. 게다가 두 나라와의 경제협력으로 적어도 우리한테는 핵으로 위협을 하지 않는 상황이 됐다. 북한과의 관계를 바로 그렇게 만드는 거다.

그렇게 되면 통일이라는 단어는 사실상 의미가 없어질 수 있다. 남과 북의 관계를 국가 대 국가의 관계로 인정하고 발전시켜야 한다. 국가명에 모두 코리아라는 말이 들어갔지만 하나의 국가가 아니다. 북한은 the Democratic People's Republic of Korea, DPRK이고 우리는 the Republic of Korea, ROK로서 관계를 형성하고 그 관계를 긴밀하게 발전시켜야 한다. 그러한 관계를 학술적으로는 남북연합confederation이라고 할 수 있을 거다. 남북연합은 미국처럼 50개 주가 하나의 국가를 이뤄서 워싱턴에 있는 미국 정부의 말을 듣는 연방federation과는 다르다. 남북연합은 유럽연합과 비슷한 국가형태라고 볼 수 있다. 유럽연합에 속한 국가들은 각각 국기도 국명도 그대로 사용하고 각자의 군대도 가지고 있지만 경제적으로 밀접한 관계를 맺어 서로 도우며 산다. 또 동남아시아 국가들의 연합체인 아세안 ASEAN도 불교, 이슬람, 가톨릭 등 종교도 다르고 정치 체제도 다르고 언어도 각양각색이지만 지리적으로 붙어 있기 때문에 각자 자기의 정체성을 그대로 유지하면서 경제적으로 밀접한 관계를 맺어 서로 윈-윈하며 살아가고 있다.

남북한도 결국 그런 식으로 가야만 피차 편하게 살지 않겠나. 극단적으로 얘기해서, 통일이라는 말을 계속 입에 달고 살면 서로 적대적으로 나갈 수밖에 없다. 통일을 하려면 정부를 하나로 만들고 군대도 하나만 두고 국기도 하나만 있어야 한다. 결국 둘 중에 하나는 갑이 되고 하나는 을이 돼야 하는데 북한이 을이 되고 싶지는 않을 거다. 그러면 북한은 핵을 가지고 오히려 갑이 되려고 나올 거고 우리도 절대 을이 되고 싶지 않고, 합의가 어렵지 않겠나. 유엔에도 어차피 따로 가입되어 있는 두 나라다. 우리는 그대로 태극기 쓰고 북한도 인공기 그대로 쓰면서 살되 지리적으로 가까우니까 경제적으로 협력해서 서로 잘살자는 거다. 경제협력이 그들에게 도움이 되는 측면도 있지만 우리 역시 거둬들이는 효과가 크다는 것은 이미 알지 않나. 그러니까 적어도 우리 한국을 상대로는 핵을 쓸 수 없고 대외적인 자기 방어 수단으로만 사용하도록 해서 우리가 군사적으로 불안해지지 않으면 되는 거 아닌가. 결국 그런 남북연합으로 가야 할 것이다. 지금은 통일이라는 단어를 버리지 못하고 궁극적으로 통일로 가야 한다고 하지만 앞으로 10여 년이 더 지나면 통일이 아니라 연합이 오히려 현실적인 선택이라는 쪽으로 국민들 생각도 바뀔 거다. 더구나 지금 20-30대 청년들은 통일에 관심이 없다. 그들이 나이 든다고 통일을 생각하지는 않을 거다. 그러니까 지금의 20-30대 젊은이들이 나라의 주인이 될 때를 대비해서라도 남북관계는 연합 형태로 갈 수밖에 없다고 생각한다. 그런 방향으로 정책을 수립하고 추진해 나가야 할 것이다.

정세현의 통찰

첫판 1쇄 펴낸날 2023년 2월 16일
7쇄 펴낸날 2023년 5월 15일

지은이 정세현
발행인 김혜경
편집인 김수진
책임편집 김단희
편집기획 김교석 조한나 유승연 김유진 곽세라 전하연
디자인 한승연 성윤정
경영지원국 안정숙
마케팅 문창운 백윤진 박희원
회계 임옥희 양여진 김주연

펴낸곳 (주)도서출판 푸른숲
출판등록 2003년 12월 17일 제2003-000032호
주소 서울특별시 마포구 토정로 35-1 2층, 우편번호 04083
전화 02)6392-7871, 2(마케팅부), 02)6392-7873(편집부)
팩스 02)6392-7875
홈페이지 www.prunsoop.co.kr
페이스북 www.facebook.com/prunsoop 인스타그램 @prunsoop

* 잘못된 책은 구입하신 서점에서 바꾸어 드립니다.
* 본서의 반품 기한은 2028년 5월 31일까지입니다.